Bayern

Hochberg

Gräfin von Hochberg

Marianne Pirker

zet

Christiane Ruthardt

Grävenitz

Catharina Striffler

aiß

von Krüdener

Amalie Struve

Anna Sutter

Dorothea Keuler

# *Verlorene Töchter*

Historische Skandale
aus Baden und Württemberg

Silberburg-Verlag

*Für Walter*

Dorothea Keuler, geboren 1951, hat Erziehungswissenschaft, Germanistik und Anglistik studiert und als Verlagslektorin gearbeitet. Sie lebt als freie Autorin in Tübingen, schreibt Bücher (Die wahre Geschichte der Effi B., Haffmans 1998; Undankbare Arbeit. Die bitterböse Geschichte der Frauenberufe, Attempto 1993), Hörspiele, Radiofeatures, Anthologiebeiträge und Rezensionen. Ihr Hörspiel »Hurra, wir bauen ein Zuchthaus« wurde beim Mundarthörspielwettbewerb des SWR 2002 mit dem dritten Preis ausgezeichnet.

2. Auflage 2009

© 2009 by Silberburg-Verlag GmbH,
Schönbuchstraße 48, D-72074 Tübingen.
Alle Rechte vorbehalten.
Umschlaggestaltung: Christoph Wöhler, Tübingen.
Druck: Gulde-Druck, Tübingen.
Printed in Germany.

ISBN 978-3-87407-840-5

Besuchen Sie uns im Internet
und entdecken Sie die Vielfalt unseres Verlagsprogramms:
**www.silberburg.de**

# Inhalt

# Frauen,
## *die aus der Rolle fallen*

Das Los, nach einem erfüllten Leben in Ehren vergessen zu werden, war den hier dargestellten Frauen nicht beschieden. Sie wurden notorisch, manche sogar berüchtigt. Man hat sie verlacht, verlästert, verleumdet, bestenfalls bemitleidet. Manche dieser »verlorenen Töchter« hat das Streben nach einem besseren Leben auf Abwege geführt, sie haben Regeln gebrochen und Ärgernis erregt. Andere wurden durch widrige Umstände aus der vorgezeichneten Bahn geworfen.

Mich hat interessiert: Wie kam es zu den Brüchen in diesen Biographien? Vor welchem geschichtlichen Hintergrund wurde ein Fall zum Skandal, und wie ging das Leben danach weiter? Falls es ein Leben nach dem Skandal gegeben hat.

Mein Buch beginnt mit der Hochzeit von Herzogin Sabina und Herzog Ulrich von Württemberg im Jahr 1511, es endet mit dem Jahr 1910 und dem Mord an der Stuttgarter Opernsängerin Anna Sutter, die von einem eifersüchtigen Liebhaber erschossen wurde. Die Schauplätze liegen im heutigen Baden-Württemberg: dem Herzog- und späteren Königtum Württemberg, dem Großherzogtum Baden, der freien Reichsstadt Hall (damals noch ohne »Schwäbisch«), der Deutschordensherrschaft Mergentheim und den kleinen Territorien im Südwesten. Im Folgenden ein kurzer chronologischer Überblick:

*Sabina von Bayern* (1492 bis 1564) wollte alles richtig machen. Als ein »gehorsam Fräulein« ging sie die Ehe mit dem gewalttätigen Ulrich von Württemberg ein. Als ihr klar wurde, dass er ihr Leben bedrohte, verließ sie ihn. Sie bezahlte diesen Schritt mit einem prekären Dasein fernab von allem, was ihr nach Geburt und Stand gebührt hätte.

Die Haller Bürgermeistertochter *Anna Büschler* (1496/98–1552) nahm sich viele Freiheiten heraus, die Frauen ihrer Zeit nicht zugestanden wurden. Ihr Vater, der die Verantwortung für seine Tochter trug, nahm

**Herzogin Sabina verließ ihren gewalttätigen Mann und verlor ihren angestammten Platz in der Gesellschaft.**

das hin, ohne dagegen einzuschreiten. Bis er entdeckte, dass Anna zwei Liebhaber gleichzeitig hatte. Da verstieß er sie. Annas Kampf um ihr Erbe war ebenso langwierig wie vergeblich. Die Macht des Vaters gab ihm Recht.

Mit der Anklage als Hexe war das Schicksal der Mergentheimer Krämerin *Anna Matzet* († 1627) besiegelt. Eine der Hexerei verdächtige Person verlor ihren Platz in der Gemeinschaft der Rechtgläubigen. Sie wurde zur Teufelsbündnerin, zur Verschwörerin gegen Gottes Gesetz – eine aus einem Heer von Übeltäterinnen, die man vernichten musste, um nicht selbst dem Verderben anheimzufallen. Anna Matzet wehrte sich ihrer Haut. Wenn jede Frau eine Hexe sein konnte, dann gewiss auch die Frauen der Verfolger.

Als Mätresse des Herzogs Eberhard Ludwig mischte sich *Wilhelmine von Grävenitz* (1684–1744) in die Regierungsgeschäfte ein und wurde dafür als »Landverderberin« geschmäht. Was sich aus der Sicht ihrer Gegner als Herrschsucht, Raffgier und Machtmissbrauch einer unverschämten Kurtisane ausnahm, erweist sich, aus der Perspektive des Hofes betrachtet, als rationales, geschicktes politisches Handeln. Wilhelmine von Grävenitz machte eine Karriere, wie sie nur wenigen Frauen ihrer Zeit möglich war. Doch mit dem Ende der fürstlichen Gunst endete ihre Macht. Nun zeigte sich, dass sie auch klug genug gewesen war, um für den Fall ihres Sturzes vorzusorgen.

Nicht als strahlender Stern der Stuttgarter Hofoper ist die Sopranistin *Marianne Pirker* (1717–1782) im Gedächtnis geblieben, sondern als Willküropfer eines Tyrannen. Marianne Pirker war eine reife Frau, Mutter dreier Töchter und der schönen, einsamen Herzogin Friederike eine mütterliche Freundin. Friederike litt unter den Affären ihres Mannes Herzog Carl Eugen von Württemberg, über dessen Seitensprünge sie durch Marianne bestens unterrichtet war. Der erzürnte Regent brachte die Sängerin brutal zum Schweigen, indem er sie auf dem Hohenasperg verschwinden ließ. Die Macht des Herzogs fragte nicht nach Recht. Und Marianne Pirker hatte niemanden, der für sie eintrat.

In einem Dorf von kaum 1000 Seelen bleibt nichts unbeobachtet. Verstöße gegen Sitte und Anstand schon gar nicht. Und so war die Leibesfrucht der unverheirateten Schultheißentochter *Anna Maria Ohnmaiß* (1759, Sterbedatum unbekannt) kein Kind, das freudig erwartet wurde, sondern ein Schandfleck, den es um jeden Preis zu vertuschen galt. Ein »lediges Kind« bedeutete den Verlust der Ehre und des Elternhauses, das Ende der Heiratsaussichten, die Vernichtung der sozialen Existenz. Es gab niemanden, dem Anna Maria sich anvertrauen konnte. Ihr blieb nur eins: leugnen, schweigen, so tun, als ob nichts wäre. Bis nach neun Monaten ein Kind geboren wurde. In ihrer Verzweiflung tötete sie das Baby und versteckte die Leiche.

*Elisabeth Gaßner* (1742/43–1788) gehörte zu den Mittellosen, die keine feste Bleibe hatten und ihr Leben auf der Straße fristeten – als Wanderkrämerin, Scherenschleifer, Kesselflicker, Wahrsagerin. Mehr oder weniger kriminell. Denn in diesem von Armut und Unstetigkeit geprägten Milieu gab es kaum eine Chance auf ein ehrliches, gesetzestreues Leben. Durch ihr Geschick als Taschendiebin hob sich Elisabeth Gaßner aus der Masse der kleinen Gauner hervor und zog die Aufmerksamkeit der Justiz auf sich, vertreten durch den Oberdischinger Franz Ludwig Schenk Graf von Castell, genannt »Malefizschenk«. Die aufkommende Kriminalistik, die er mit sportlichem Ehrgeiz betrieb, zog die Maschen, durch die Gauner zuvor noch schlüpfen konnten, immer enger zusammen.

**Juliane von Krüdeners Erweckungspredigten erregten Ärgernis bei der Obrigkeit.**

Auf dem Gebiet der Religion, der Frömmigkeit und der Wohltätigkeit durften sich Frauen allezeit hervortun. Aber *Juliane von Krüdener* (1764–1824) ging ihren Zeitgenossen doch zu weit. Als geistliche Beraterin des Zaren nahm sie Einfluss auf die große Politik der Napoleonischen Ära. Als Reisepredigerin verkündete sie nicht nur das Wort Gottes und speiste die Armen, sondern mischte das Volk auf und prangerte in den Hungerjahren 1817/18 die staatliche Armenfürsorge an, sodass die Obrigkeit sich zum Einschreiten genötigt sah. Die aufrührerische Baronin wurde überwacht, ausgewiesen oder man ließ sie gar nicht erst einreisen, sodass ihre Erweckungszüge in der Bodenseeregion schließlich einer Irrfahrt glichen.

Anders als zur Zeit des Absolutismus, in der eine Grävenitz ihre Liaison mit Herzog Eberhard Ludwig für einen spektakulären Aufstieg nutzen konnte, sah die Situation im aufgeklärten 18. und im moralischen 19. Jahrhundert aus. Mätressen waren nicht mehr en vogue, stattdessen wurden Ehen zur linken Hand (das heißt mit einer unebenbürtigen Frau) gebräuchlicher, sofern der Landesherr seine dynastische Pflicht erfüllt hatte. Von Luise Karoline Geyer von Geyersberg (1768–1820), einem Fräulein aus verarmtem Adel wie die Grävenitz, wurde erwartet, dass sie den alternden Markgrafen Karl Friedrich glücklich machte und sich ansonsten demütig und bescheiden im Hintergrund hielt. Eine Weile ging das gut, aber Luise Karoline wollte mehr als nur die Erhebung zur *Gräfin Hochberg*. Sie wollte mit allen Rechten zur fürstlichen Familie gehören und eine Apanage, die ihr erlaubte, angemessen Hof zu halten, vor allem aber wollte sie das Sukzessionsrecht für ihre Söhne.

Zu einer anderen Zeit, in einer anderen Gesellschaft hätte *Susanna Catharina Striffler* (geboren 1796, Sterbedatum unbekannt) es weit bringen können. Sie war clever, hatte einen Blick für Möglichkeiten, konnte organisieren, reden, sich durchsetzen. Als Tagelöhnerin in der kleinstädtisch-biedermeierlichen Provinz sah sie jedoch nur einen Weg, der Armut zu entkommen: indem sie sich prostituierte. Und hinterher behauptete, geschwängert worden zu sein, um tüchtig nachzukassieren. Und andere Frauen animierte, es ihr gleichzutun. Die Männer, meist angesehene Personen des öffentlichen Lebens, zahlten, um einer Verurteilung wegen Unzucht oder Ehebruch zu entgehen. Als das »Netzwerk« 1824 aufflog und die königlich-württembergische Gerichtsbarkeit ein Exempel statuierte, traf es vor allem die Frauen, während die Männer ziemlich ungeschoren davonkamen.

*Christiane Ruthardt* (1804–1844) wollte, was die meisten Frauen ihrer Zeit wollten: einen guten Mann, einen soliden Hausstand, bürgerliches Ansehen. Ihre uneheliche Geburt verhinderte eine gute Partie, und als sie schließlich einen Mann fand, mit dem sie sich eine gesicherte Zukunft versprach, stürzte der die Familie in Schulden. Christiane Ruthardt erwog die Scheidung, griff dann aber zum Rattengift. Das Gericht rätselte lange, was diese adrette, unauffällige Frau, eine Frau wie jede andere, zu ihrer Tat veranlasst hatte.

**Amalie Struve begleitete ihren Mann auf seinen Revolutionszügen, was nicht nur Reaktionäre anstößig fanden.**

Heute ist es schon beinahe selbstverständlich, dass Frauen sich politisch betätigen. Als *Amalie Struve* (1824-1862) in den Jahren 1848/49 darauf bestand, die demokratische Revolution in Baden nicht nur Fahnen stickend zu unterstützen, sondern ihren Mann Gustav Struve ins Feld zu begleiten, war das nicht nur in den Augen der Reaktionäre höchst anrüchig. Auch Gustav Struves Mitstreiter nahmen Anstoß daran. Amalie musste ihren Mut mit öffentlicher Diffamierung bezahlen.

Im Jahr 1857, ein rundes halbes Jahrhundert nach Anna Maria Ohnmaiß, wurde die Schauspielerin *Wilhelmine von Hillern* (1836-1916) schwanger. Anders als Anna Maria stand Wilhelmine nicht allein mit ihrem Problem da. Der werdende Vater war willens und bereit, sie zu heiraten. Und ihre Mutter, die berühmte Bühnenautorin Charlotte Birch-Pfeiffer, setzte alles daran, den Skandal eines vor der Hochzeit gezeugten Kindes zu vertuschen und der guten Gesellschaft zur rechten Zeit ein »Siebenmonatskind« zu präsentieren. Schließlich stand auch ihr Renommee als Verfasserin moralgesättigter Rührstücke auf dem Spiel. Doch was als Sittenkomödie begann, endete als bürgerliches Trauerspiel, denn um den Schein zu wahren, musste alles geopfert werden, auch das Leben eines Kindes.

Der Soubrette *Anna Sutter* (1871-1910), um die Jahrhundertwende Star und Publikumsliebling der königlichen Hofoper, wurden sogar zwei »Kinder der Liebe« verziehen, und das im biederen Stuttgart! Vielleicht, weil sie auch auf der Bühne Frauen verkörperte, die sich erotische Freiheiten herausnahmen. Ihre »Carmen« war legendär, und wie Carmen musste sie sterben: ermordet von einem eifersüchtigen Liebhaber, der sie noch lange nach der Trennung verfolgte.

◆

**M**einen Leserinnen und Lesern wünsche ich soviel Kurzweil bei der Lektüre, wie ich sie beim Schreiben hatte. Wärmstens danke ich allen HistorikerInnen, auf deren Forschungsarbeiten (siehe Literaturverzeichnis) ich zurückgreifen konnte. Ohne sie hätte ich diese Geschichten erfinden müssen. Herzlichen Dank auch allen, die mir mit Rat und Tat zur Seite standen sowie mit Tipps und Informationen weiterhalfen, insbesondere Luise Besserer, Herta Beutter, Manfred Bosch, Reinhold Breitenmoser, Irene Ferchl, Silja Foshag, Dietlind Karasek, Lioba Keller-Drescher, Thea Koss, Werner Kreitmeier, Andreas Maisch, Jutta Schönberg, Elvira Topalovic, Erich Viehöfer, Jutta Weber-Bock und Eva Wiebel, außerdem dem Bildungszentrum und Archiv zur Frauengeschichte Baden-Württembergs (BAF) sowie dem Verein Frauen & Geschichte Baden-Württemberg. Ein ganz herzliches Dankeschön geht an die Mitarbeiterinnen und Mitarbeiter der Universitätsbibliothek Tübingen, denen ich in den letzten Monaten eine Menge Arbeit gemacht habe. Vor allem aber danke ich meinem Mann, der unseren Umzug allein gestemmt hat, während ich in der Vergangenheit lebte.

*Dorothea Keuler*

# Herzogin Sabina
## *verlässt ihren Mann*

Es war eine Prominentenhochzeit mit allem Drum und Dran, die über alle Kanäle geflimmert wäre, wenn es damals schon Fernsehen gegeben hätte. Doch auch so war das Mega-Event spektakulär genug, dass man Generationen später noch davon sprach. Die Braut zog in erlauchter Begleitung und mit großem Gefolge in Stuttgart ein. Der Herzog kam ihr mit tausend Berittenen entgegen. Ganz in Rot, mit wallendem Federbusch am breitkrempigen Hut, das Festgewand mit Gold und Edelsteinen besetzt, in silbernen Stiefeln mit goldenen Sporen. Vor der Stadt begegneten sich die beiden Züge. Der Bräutigam stieg vom Pferd, die Braut aus ihrem Wagen. Auch sie ganz in Rot. Unter Pauken- und Trompetenklängen und dem Jubel des Volkes umarmten sich die beiden. Am Haupteingang der Stiftskirche wurde das Paar getraut, unter freiem Himmel, wie es üblich war, damit möglichst viele Menschen Zeuge des Ereignisses sein konnten.

Ehen wurden damals bekanntlich nicht aus Liebe geschlossen, Fürstenehen erst recht nicht. Sinn und Zweck der Heirat war die Verbindung zweier Häuser mit gemeinsamen Interessen, ein politisches Geschäft, ein Vertrag zwischen zwei Staaten. Es ging um Allianzen oder Gebietszuwachs, Erweiterung

Sabina von Bayern auf einem Gemälde von Barthel Beham – eine energische, streitbare Frau, theologisch beschlagen und arzneikundig

von Einflussbereichen, Prestige- und Statusgewinn, alles zum Wohle der Dynastie. Ob die zwei, die ein solches Bündnis zu tragen hatten, Tag für Tag, einander liebten oder nicht, spielte keine Rolle. Entstand im Verlauf dieser Ehegemeinschaft Liebe – schön und gut. Wenn nicht – auch gut. Es reichte, wenn die beiden einigermaßen miteinander auskamen …

Sabina von Bayern wurde am 23. April 1492 in München geboren. Anders als Ulrich von Württemberg wuchs sie in der Geborgenheit einer großen Familie auf. Ihr Vater war der Bayernherzog Albrecht IV., ihre Mutter Kunigunde die Tochter Kaiser Friedrichs III. Als Nichten des Kaisers Maximilian waren Sabina und ihre Schwestern begehrte Partien. Die Heiratsabrede mit Württemberg kam auf Betreiben von Sabinas Onkel, dem Kaiser, zustande. Der wollte das Ländle – bestehend aus dem nördlichen Schwarzwald, der Alb und dem Unterland – enger an das Haus Habsburg binden. Als Pufferzone gegen die Schweiz und Frankreich hatte es strategische Bedeutung. Und so arrangierte Maximilian die Verlobung des kleinen schwäbischen Herzogs mit seiner sechsjährigen Nichte.

Dem Kind, das am 8. Februar 1487 als Eitel Heinrich in Schloss Reichenweier im Elsass zur Welt kam, war nicht an der Wiege gesungen worden, dass es einmal als Herzog von Württemberg in die Geschichte eingehen würde. Seine Mutter starb bei der Geburt. Noch als Säugling wurde das Kind seinem geistesverwirrten Vater, Heinrich von Württemberg, fortgenommen. Unter der Obhut von Graf Eberhard im Bart, der viele uneheliche, aber keine ehelichen Kinder hatte, wuchs der Junge in Stuttgart auf. Er bekam den Namen Ulrich, womit sein Pflegevater an die Namenstradition früherer Herrscher anknüpfte. 1495 wurde die Grafschaft Württemberg zum Herzogtum erhoben. Bald darauf, im Februar 1496, starb Eberhard. Der nächste Herzog, Ulrichs Vetter, wurde nach zwei Jahren Willkürherrschaft von seinen eigenen Räten entmachtet. Jetzt war Ulrich an der Reihe, und der war gerade mal elf Jahre alt.

Mit 16 wurde Ulrich für volljährig erklärt, und schon im Jahr darauf verdiente sich der junge Mann als beherzter Kämpfer an der Seite seines zukünftigen Schwiegervaters im Landshuter Erbfolgekrieg seine Sporen. Der junge Herzog sah gut aus, liebte die Musik und konnte sehr liebenswürdig sein, wenn er wollte. Aber meist wollte er nicht, denn seine Zeitgenossen beschreiben ihn als launisch, unbeherrscht und misstrauisch auch gegen die, die ihm nahe standen. Außerdem, da sind sich die Chronisten einig, war er jähzornig, brutal, rachsüchtig und zeitweise geistesgestört.

Die Stuttgarter Märchenhochzeit hatte von Anfang an einen Schönheitsfehler: Die Kaisernichte gefiel dem Herzog einfach nicht. Sabina war hochgewachsen und stattlich, »eine schöne, grade Frau« heißt es, und sie habe manchen Mann überragt. Sanftmütig und liebreizend sei sie nicht gewesen,

Herzog Ulrich mit seinen Kindern Christoph und Anna. Sabina musste sie zurücklassen, als sie floh.

berichten ihre Zeitgenossen, sondern im Gegenteil scharfzüngig und schroff. Auch Männern gegenüber nahm sie kein Blatt vor den Mund, und ihre Briefe beweisen, dass sie über eine spitze Feder verfügte und giftig werden konnte, wenn man sie verärgerte. Stolz und von verletzender Grobheit, habe sie es nicht verstanden, den zum Jähzorn neigenden Gemahl für sich einzunehmen, kritisieren die Chronisten. Ohne Zweifel: Sabina war eine energische, streitbare Frau. Aber auch mit einer Friedenstaube wäre Ulrich auf die Dauer nicht ausgekommen.

Herzog Ulrich hatte die Hochzeit hinausgeschoben, soweit es ging. Sabina war durch ihren kränkend langen Brautstand überhaupt nicht gut auf den zukünftigen Gemahl zu sprechen. Schon bei einem Besuch in München zwei Jahre vor der Hochzeit soll Ulrich ausfallend gegenüber Sabina geworden sein. Überdies wurde sie von »vertrauenswürdigen Leuten« vor ihrem Bräutigam gewarnt. Nicht dass es etwas genützt hätte. Ein Rücktritt vom Eheversprechen stand nicht in der Macht der Verlobten. Es wäre gegen die Ehre gewesen und hätte außerdem eine Strafe von 16 000 Gulden nach sich gezogen. Von der Ungnade des Kaisers ganz zu schweigen. Dem lag so viel an der Verbindung, dass er ein Machtwort sprach: Noch vor Beginn der Fastenzeit 1511 sollte die Hochzeit sein. Und so geschah es. Am 2. März 1511 wurde geheiratet. Wider besseres Wissen und »als ein gehorsam freulin« ging Sabina in die Ehe mit dem unwilligen Bräutigam.

Der Bischof von Konstanz steckte der Braut einen Ring an den Finger. Ein Huldigungsgedicht pries, wie es sich gehörte, Frömmigkeit und Schönheit der Braut, auch Macht und Reichtum wurden lobend erwähnt – und natürlich deren edle Geburt: »Du bist geborn hoch von Geschlecht, / als jetzt auf Erden lebt kein' Maid, / ja in der ganzen Christenheit«. Das war ein wenig übertrieben, wies aber darauf hin, dass Sabinas Adel erlauchter war als Ulrichs noch ziemlich neue Herzogswürde. Allerdings bot der Württemberger einiges auf, um sich in eine höhere Liga hinaufzuspielen. Der üppige »Küchenzettel« mit seinen Ochsen, Kälbern, Kapaunen und Krammetsvögeln, mit Rot- und Schwarzwild, Fischen und teuren exotischen Gewürzen wird heute noch gerne zitiert.

Tagelang wurde in Stuttgart getafelt und geschmaust, gebechert, getanzt und musiziert. Ritterspiele wurden veranstaltet, hinter den Kulissen politische Verbindungen geknüpft und diplomatische Gespräche geführt. Gaukler zeigten ihre Kunststücke, Dirnen machten das Geschäft ihres Lebens, Bettler und fahrende Studenten schlugen sich den Bauch voll, Taschendiebe fanden reiche Beute. Eine Stadt von 5000 Einwohnern beherbergte 16 000 Gäste und 6000 Pferde. Ulrich hatte alles eingeladen, was Rang und Namen hatte. Das alles kostete mehr, als das ohnehin verschuldete Ländle sich leisten konnte, war aber keine so sinnlose Vergeudung, wie spätere Geschichtsschreiber es darstellen. Denn eine bessere PR Kampagne für sein noch ziemlich frischgebackenes Herzogtum hätte sich Ulrich gar nicht ausdenken können. All diejenigen, die etwas zu melden hatten im Reich, die Fürstlichkeiten und Großen, kündeten hinterher – preisend mit viel schönen Reden – vom Reichtum seines Landes, von der Pracht seines Hofes, von Macht und Glanz des jungen württembergischen Herrschers, dessen Land sich neben den etablierten Fürstentümern sehen lassen konnte.

Sabina unterzeichnete einen Erbverzicht und entsagte ihrem Heimatrecht in Bayern. Und sie gelobte feierlich, dem Land Württemberg und seinem Herrn auf immer anzugehören. Am 13. Januar 1513 wurde Tochter Anna geboren. Im Jahr darauf machte Sabina erste Fluchtpläne, die sie aber nicht ausführen konnte, weil der Arme Konrad, ein Bündnis Remstäler Bauern, den Aufstand probierte. Ulrich schlug ihn nieder und hielt ein blutiges Strafgericht. Bei Hof eskalierte der Ehekrieg. Schlimme Gerüchte kamen in Umlauf: Ulrich habe seine Frau mit Ruten geschlagen, mit Sporen malträtiert, seine Jagdhunde auf sie gehetzt, sie gezwungen, im Schweinestall zu nächtigen. Er habe getanzt und gefeiert, während Sabina todkrank zu Bett lag, und womöglich habe er sogar versucht, sie zu vergiften. Sabina selbst berichtete, Ulrich habe sie geschlagen »in mein Angesicht, zu meinem Herzen und auch sonst auf einen Arm, den ich etliche Zeit in einer Schlingen hab tragen müssen«. Einmal sei er auf sie losgegangen, habe gedroht, sie totzuschlagen und es auch beinahe getan. Dann habe er sie ohnmächtig auf dem Boden liegenlassen, »auch mehrmals, als er nachts bei mir gelegen ein bloßes Schwert neben mich gelegt«. Er habe ihr noch andere Grausamkeiten bezeigt, die sie aber »um fräulicher fürstlicher Zucht willen« lieber unerwähnt lassen wolle.

Und nun hatte sich der Herzog in Ursula von Hutten verliebt, die Frau seines Stallmeisters und besten Freundes Hans von Hutten. Wie Ursula selbst zu den herzoglichen Avancen stand, ist nicht überliefert. Ihr Mann sah zunächst keinen Handlungsbedarf und beschwichtigte seinen besorgten Vater, der Herzog habe Ursula zwar oft besucht, aber die beiden hätten nur miteinander geredet und gelacht, nichts weiter. Doch entweder blieb es nicht beim Schäkern, oder Hans von Hutten erlag angesichts des Hofklatsches dem Druck, seine Mannes- und Familienehre zu wahren. Er versuchte, seinem Herrn ins Gewissen zu reden. Dabei kam es zu einer für den Herzog äußerst peinlichen Szene, die sich dummerweise herumsprach. Der Herzog sei mit ausgespannten Armen vor Hutten niedergekniet und habe ihn angefleht, »um Gottes Willen [...] zu gestatten, daß er seine eheliche Hausfrau lieb haben dürfe«.

Der Herzog fühlte sich verraten und tobte. Der treulose Hutten habe an ihm gehandelt »wie Judas an unserem Herren Gott«. Bei einem Jagdausflug im Böblinger Wald tötete er seinen unbewaffneten Stallmeister, der offenbar noch zu fliehen versuchte. Ulrich stellte die Untat als eine Hinrichtung dar. Hans von Hutten sei mit Recht bestraft worden, denn er sei »ein solcher Übeltäter gewesen, daß er durch sein Verschulden das Henken verdient hat«.

Am 12. Mai 1515, fünf Tage nach dem Mord, wurde Ulrichs Sohn und Erbe Christoph im Uracher Schloss geboren. Dorthin hatte Sabina ihre Hofhaltung verlegt, um sich vor den Misshandlungen ihres Mannes zu schützen. Ulrich war nicht zugegen, er war zum Reichstag nach Augsburg geritten – den Kaiser beschwichtigen. Und der stellte ihn nicht vor Gericht, sondern lud ihn an den Wiener Hof zur Doppelhochzeit seiner Enkel ein.

In Württemberg wollte sich der Adel den Übergriff gegen Leib, Leben und Ehre eines Standesgenossen nicht gefallen lassen. Ulrichs Gewaltexzesse gingen weit über das Maß dessen hinaus, was sich selbst ein harter Herrscher an Grausamkeit gerade noch erlauben durfte. Und dass sie sich auch gegen seine Frau richteten, machte die Sache noch schlimmer. Sabinas Brüder Wilhelm und Ludwig, die Herzöge von Bayern, waren über die Behandlung ihrer Schwester aufs Höchste aufgebracht. Das war nicht nur eine Verletzung ihrer Person, sondern auch eine Beleidigung ihrer Standesehre und damit eine Schmähung des Hauses Wittelsbach.

In Stuttgart trat in Abwesenheit des Herzogs der Landtag, das württembergische Ständeparlament, zusammen, dem Herzog Ulrich gerade erst – nämlich im Juli 1514 im Tübinger Vertrag – im Gegenzug für die Unterstützung gegen seine aufständischen Bauern ein Mitspracherecht zugesichert hatte. Die württembergische »Ehrbarkeit«, das Patriziat, fürchtete nicht nur Ulrichs Willkürherrschaft, sondern auch seine Verschwendungssucht, die das Land an den Rand des Staatsbankrotts gebracht hatte. Nun nahmen bayerische Gesandte

Verbindung mit den württembergischen Räten auf. Die Unterstützung aus dem Ausland stärkte der Opposition den Rücken. Zum ersten Mal wurde laut darüber nachgedacht, den Herzog nicht wieder ins Land zu lassen, sondern ihn gefangen zu nehmen und ihn »sein leben lang in Gefengnuß zu erhalten«. Regieren sollte der neugeborene Thronfolger unter der Vormundschaft seiner Mutter und der württembergischen Räte.

Nach seiner Rückkehr befahl der erboste Herzog Sabina »beim Henken und beim Stücken«, sofort nach Stuttgart zurückzukehren. Die fürchtete um ihr Leben, denn es war ihr zu Ohren gekommen, Ulrich habe im Schloss ein »verhaimset oder verspertt Gemach« bauen lassen, um sie für immer darin verschwinden oder gar ermorden zu lassen. Zwar behauptete Ulrich später, die Zelle sei zur Verwahrung seines geisteskranken Vater gedacht gewesen, aber nach allem, was wir heute über eheliche Gewaltbeziehungen wissen, tat Sabina gut daran, den Herzog zu verlassen.

Scheinbar gehorsam brach sie aus Urach auf, machte aber Halt bei der Herzoginwitwe Elisabeth in Nürtingen, weil die Kinder das Fahren nicht vertrügen und sie selbst krank sei. Der Herzog schickte ihr seinen Leibarzt und besuchte sie auf seinem Weg nach Ulm, wohin der Kaiser ihn gerufen hatte. Das war ihre letzte Begegnung. An einem nebligen Novemberabend schlich sich Sabina aus dem Nürtinger Schloss. Ihre Kinder musste sie zurücklassen. Sie empfahl Christoph und Anna »um Gottes und seiner werten Mutter willen« dem Schutz der Herzoginwitwe und floh aus Württemberg.

Vor den Toren von Nürtingen wurde Sabina von ihrem Fluchthelfer erwartet: Ritter Dietrich Spät, als Erbtruchsess ein hoher Würdenträger und einer der reichsten und angesehensten Adligen des Landes. Nach dem Mord an seinem Verwandten Hutten hatte Spät sich von Ulrich abgewandt. Ob er, wie in Württemberg gemunkelt wurde, tatsächlich Sabinas Geliebter war, ist nicht belegt. Fest steht allerdings, dass er ihr bis zu seinem Tod ein zuverlässiger Freund und Vertrauter

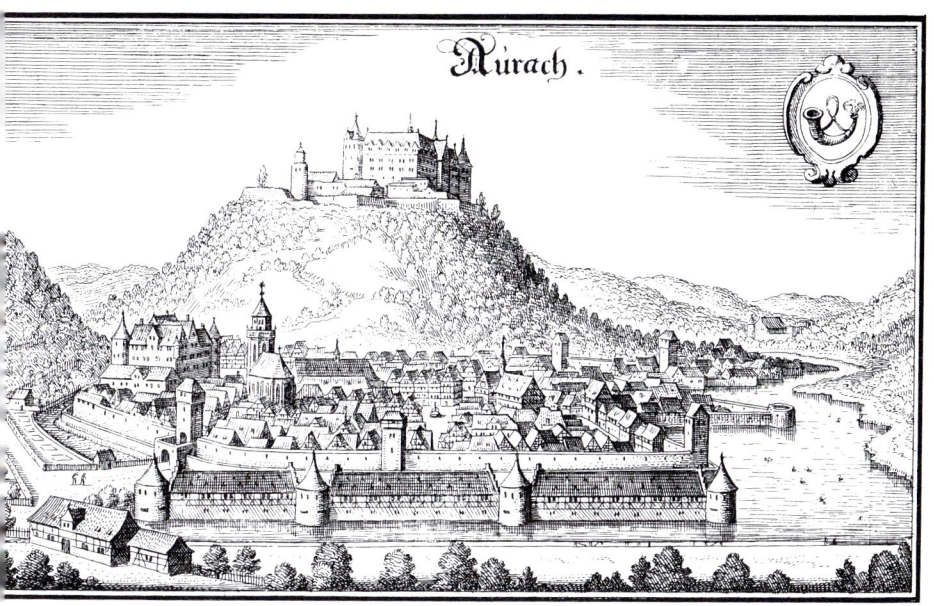

Aurach.

blieb. In Ehingen machte Sabina Station, von dort aus wurde sie von kaiserlichen Reitern nach Bayern geleitet. Denn wohlweislich hatte sich Sabina der Unterstützung des Kaisers und ihrer Brüder versichert. Schließlich war das Scheitern einer Ehe zwischen Angehörigen zweier regierender Häuser durchaus eine Staatsaffäre. Kaiser Maximilian, dem seine Verwicklung in das hochfürstliche Ehedrama überaus peinlich war, spielte seine Mitwirkung bei der Flucht nachträglich herunter, gab hinter vorgehaltener Hand aber zu, dass er gar nicht anders gekonnt habe, als sie vor ihrem rabiaten Eheherrn zu schützen. Nachdem »sie ihre Zuflucht also zu Uns genommen hat, haben Wir sie nit können überliefern noch auf die Fleischbank geben, denn er möchte in der ersten Hitz etwas an ihr begangen haben, das ihnen beiden nit gut gewesen wäre.«

Ulrich muss getobt haben, als statt seiner Frau die Nachricht von ihrer Flucht in Stuttgart eintraf. Mit dem Mord an

Die Habsburger hätten die unbequeme Fürstin gerne außer Landes gehabt, aber Sabina blieb in Urach. Hier dargestellt auf einem Merian-Kupferstich aus dem Jahr 1643.

Hutten hatte er den Adel gegen sich aufgebracht und seine Herrschaft in eine Krise getrieben, nun stand er zudem vor aller Welt als ein Mann da, dem die Frau davongelaufen war.

Er versuchte nach Kräften zu verhindern, dass Sabinas Vorwürfe publik wurden, und stellte sie, als das nichts nützte, als zänkisches Weibergeschwätz dar, mit dem sich abzugeben unter seiner Würde sei. Der nächste Akt des Ehedramas wurde reichsöffentlich ausgetragen, in Form von Sendschreiben an Höfe, Städte, Landtage, die Ritterschaft. Sabina, zumeist vertreten durch ihre Brüder, klagte an. Ulrich bestritt.

Es kam zu einem für Ulrich sehr glimpflichen Vergleich, in dem er sich zur Zahlung eines angemessenen Unterhalts für Sabina verpflichtete, aber auch an diese Abmachung hielt sich der Herzog nicht. Sollten doch ihre Brüder für Sabinas Unterhalt aufkommen. Wenn er es tue, argumentierte er, so würde er damit doch nur eine Schuld eingestehen, die er gar nicht habe. Er habe sich stets als geduldiger Ehemann gezeigt, »wiewohl sie Uns oft durch ihr unbeherrschtes, anmaßendes, hitziges Reden zum Zorn gereizt hat, so daß Wir, um weiteren Zank zwischen uns zu verhüten, sie treulich, freundlich und wie es sich gehört gewarnt und gebeten haben, was sie aber alles nicht in Acht nahm und Uns darüber noch mehr gereizt hat, so sehr, daß Wir, um an Uns zu halten, viele Male von ihr vom Bett mussten aufstehen [...], was Wir dennoch ohne Schläge, Fluchen und Schelten getan, bis auf ein einzigs mal, als sie Uns so übermäßig gereizt, daß Wir sie mit der Hand geschlagen, jedoch nicht zu hart.«

Es kann einer so selbst- und standesbewussten Fürstin wie Sabina nicht leicht gefallen sein, ihren rechtmäßigen Platz als Herzogin von Württemberg zu verlassen. Schließlich hatte sie bei ihrer Hochzeit nicht nur dem Herzog, sondern auch dem Land Treue gelobt. Ihrem Heimatrecht in Bayern hatte sie entsagt, und sie hatte einen Erbverzicht geleistet. Nun fand sie Unterschlupf bei ihrer Familie in München, sehnte sich nach ihren Kindern und versuchte, über den Kaiser durchzusetzen, dass sie sie sehen durfte. Aber daran war nicht zu denken. Sie konnte nur hoffen, dass Herzog Ulrich entmachtet würde und sie dann nach Württemberg zurückkehren könnte.

Das allerdings geschah erst gut drei Jahre nach ihrer Flucht. Unmittelbar nach dem Tod Maximilians hatte Ulrich die Freie Reichsstadt Reutlingen überfallen und sie seinem Territorium einverleibt. Nun war das Maß voll und die Geduld seiner Standesgenossen am Ende. Der Schwäbische Bund stellte ein Heer gegen ihn auf, das ihn in die Enge trieb und schließlich die Festung Hohentübingen belagerte. Dorthin hatte Ulrich seine Kinder gebracht, weil er fürchtete, dass man sie entführen und außer Landes bringen könnte. Als der Herzog seine Niederlage kommen sah, nahm er unter Tränen Abschied von Anna und Christoph und suchte sein Heil in der Flucht. Die Verteidiger übergaben die Festung kampflos, was ihnen der Herzog nie verzieh. Die Kinder kamen in die Obhut ihres Onkels, des Herzogs Wilhelm von Bayern, der die Bundestruppen befehligte. Endlich war Sabina wieder mit ihren Kindern vereint. Aber nicht für lange.

Man muss sich Sabinas Situation vor Augen halten: Die Herzogin hatte mächtige Verwandte, die zu ihr hielten, sie beschützten und für sie eintraten. Trotzdem war ihre Lage prekär. Das bezeugen die Querelen um ihren standesgemäßen Unterhalt und den Aufenthaltsort ihrer Kinder. Zunächst setzte sie sich energisch, aber erfolglos dafür ein, dass der vierjährige Christoph unter der Vormundschaft ihres Bruders Wilhelm und der württembergischen Räte regieren sollte. Der Plan scheiterte jedoch an den Kriegskosten, die der Schwäbische Bund erstattet haben wollte. Und der traute der habsburgischen Finanzkraft allemal mehr zu als einem ohnehin am Staatsbankrott vorbeischrammenden Ländchen mit einem minderjährigen Regenten. Zudem konnte nur Habsburg das Land dauerhaft vor den Rückeroberungsversuchen des abgesetzten Herzogs schützen. So ging Württemberg schließlich an Erzherzog Ferdinand.

Christoph wurde mitsamt einer Truhe Silbergeschirr nach Innsbruck expediert. Unterwegs durfte er seiner Mutter in

Auch mit einer Friedenstaube wäre Herzog Ulrich nicht ausgekommen.

Urach noch einen Besuch abstatten. Sabina begleitete ihn eine Tagesreise weit, dann sahen sie sich viele Jahre nicht mehr, blieben aber in regem Briefkontakt. Christoph wuchs unter der Obhut seines habsburgischen Vormunds auf, diente dem Kaiser als Edelknabe, beteiligte sich an dessen Kriegszügen und fürchtete zeitweise, dass seine Verwandten ihn für immer in einem spanischen Kloster verschwinden lassen könnten, weil sie das Ländle, das sie mittlerweile vorbildlich saniert hatten, gerne behalten hätten.

Ulrich war nun ein Fürst ohne Land, Christoph ein Thronfolger mit höchst unsicheren Aussichten und Sabina eine Herzogin ohne Hof – und ohne die Möglichkeit, ein Leben zu führen, das ihr von Standes wegen gebührte. Ihre finanzielle Situation war desolat. Die Kleiderschulden aus ihrer Ehezeit für sich und ihre Kinder, für die das Herzogtum aufzukommen hatte, waren immer noch nicht beglichen. Dazu kamen weitere Schulden, die sie aus ihrem Münchner Exil mitbrachte. Auf das Geld aus den Einkünften ihres Wittums – insgesamt 15 000 Gulden – wartete sie seit ihrer Trennung vergebens. Für den Unterhalt, den man ihr nach Herzog Ulrichs Entmachtung zugebilligt hatte, fühlten sich weder die Habsburger noch der Schwäbische Bund noch die württembergischen Landstände verantwortlich. Andauernd musste sie ausstehende Gelder einfordern, wurden zugesagte Zahlungstermine nicht eingehalten. Und schließlich stellte Ferdinand unter einem durchsichtigen Vorwand die Zahlungen ganz ein.

Der Habsburger wollte die unbequeme Fürstin außer Landes haben. Doch Sabina dachte gar nicht daran, Urach zu verlassen. Dort amtierte Dietrich Spät, jetzt in habsburgischen Diensten, als Obervogt, was Anlass zu Klatsch und Tratsch, Ehrenbeleidigungen und Protesten bot. Für Sabina jedoch ging es nicht nur um die Nähe zu einem vertrauenswürdigen Freund, der sie vor Ulrich schützen konnte – und dies auch wieder tat, als es sich bald darauf erneut als notwendig erwies –, sondern vor allem auch darum, das Erbe ihres Sohnes zu sichern.

Dass ihre Tochter Anna bei ihr in Urach leben durfte, hatte Sabina durchgesetzt. Ferdinand wollte Anna als Hofdame bei seiner Frau oder bei seiner Tante Margarete, der Regentin der Niederlande, unterbringen, und vielleicht hätte das kleine Fräulein ja lieber Hof- als raue Albluft geschnuppert, aber Sabina beschied den Habsburger grantig, lieber wolle sie betteln gehen, als sich von ihrer Tochter trennen. Anna blieb in Urach, wo sie mit 17 Jahren an der Pest starb. Die Rückkehr ihres Vaters nach Württemberg erlebte sie nicht mehr.

1534 gelang es Ulrich, sein Land zurückzuerobern. Im Exil hatte er sich dem reformierten Glauben zugewandt. Nun führte er die neue Lehre in seinem Herzogtum ein. Auch wenn frühere Historikergenerationen gerne einen geläuterten Fürsten präsentieren – Ulrich mochte reformiert sein, geändert hatte er sich nicht. Sabina tat gut daran zu fliehen. Wieder zusammen mit Dietrich Spät. Ulrich schickte ihnen fünfhundert Reiter hinterher, die sie aber nicht mehr einholten. Und da sein Feind nicht zu fassen war, ließ Ulrich seine Wut an dessen Hab und Gut aus, brannte Dietrich Späts Schlösser nieder und verwüstete seine Besitzungen.

Sabina suchte zunächst in Bregenz Zuflucht, wo Ferdinand ihr widerwillig Asyl gewährte. Es hätte nicht gut ausgesehen, schrieb er an Herzog Ulrich, wenn er einer Schutz suchenden Verwandten sein Land verboten hätte, wohl oder übel habe er sie dulden müssen, ihr aber wenig Hilfe zuteil werden lassen. Nach drei Jahren in Bregenz zog Sabina

Herzog Ulrich von Württemberg: reformiert, aber nicht geläutert

1538 nach München und lag – eine gestandene Frau von Mitte vierzig – ihren Brüdern auf der Tasche. Gerne hätte sie einen eigenen Hausstand geführt, aber die Mittel dafür waren nicht aufzubringen. Sie musste Schmuck verkaufen, Geld borgen, Schuldscheine ausstellen. Als ihr Bruder Ludwig, mit dem sie sich am besten von ihren Geschwistern verstand, 1545 unverheiratet starb, kam es wegen seines Erbes zu bösen Auftritten. Vor allem gegen Herzog Wilhelm richtete sich Sabinas Zorn. Bissig erklärte sie, nun werde sie einen Hund aufwecken, der an die dreißig Jahr' geschlafen habe, und meinte damit den Erbverzicht, den sie bei ihrer Heirat geleistet hatte. Davon wollte sie jetzt nichts mehr wissen. Im Verlauf des Streites wurde sie von ihrem Bruder Wilhelm in die Neue Veste zitiert und dort gefangen gesetzt. 16 lange Wochen ertrug sie den Hausarrest, dann zermürbten Fieber, Verdruss und der Gestank aus dem nahe gelegenen Abtritt ihren Widerstandsgeist. Erst nachdem sie den Erbverzicht anerkannt hatte, ließ man sie frei.

Ihr Sohn Christoph kam im Gefolge Kaiser Karls V. durch halb Europa, erwarb sich Weltläufigkeit an den großen Höfen, kämpfte gegen die Türken vor Wien und verbrachte auf Geheiß seines Vaters einige Jahre am Hof des französischen Königs und in der württembergischen Grafschaft Mömpelgard. Die rasant um sich greifende Reformationsbewegung, der sich viele Fürsten anschlossen, führte zu politischen Verwerfungen, die auch Christoph zu spüren bekam. Für seine bayerischen Onkel verkörperte er die katholische Alternative zum protestantischen Herzog Ulrich. Dieser sah in seinem Sohn den Konkurrenten und eine politische Bedrohung. Eine Zeitlang versuchte er sogar, Christoph von der Erbfolge auszuschließen und seinen Halbbruder Georg als Nachfolger zu bestimmen. Erst als Christoph sich zum reformierten Glauben bekannte, versöhnte sich Ulrich mit seinem Erben.

Nach Ulrichs Tod ordnete Christoph das Land neu und verschaffte ihm eine lange, friedliche Blütezeit – und seiner Mutter ein sorgenfreies Alter. 1551 bezog sie ihren Witwensitz im Nürtinger Schloss, von wo sie vor dreieinhalb Jahrzehnten geflohen war. Ein Jahr später bekannte sie sich öffentlich zum evangelischen Glauben, mit dem sie seit langem sympathisiert hatte. Sabina, die für die damalige Zeit eine bemerkenswert gut ausgestattete Bibliothek besaß, brauchte ihre religiösen Bücher nun nicht mehr im Keller zu verstecken. Ihr Schloss in Nürtingen wurde Treffpunkt von protestantischen Geistlichen und Gelehrten. Engagiert befasste sie sich mit religiösen Fragen. Es existiert sogar eine Abhandlung über das Abendmahl von ihrer Hand.

Von ihren Einkünften verbrauchte Sabina gerade mal ein Viertel für sich selbst, einen Großteil ihres Vermögens verschenkte sie an Arme und Bedürftige. Sabina verfügte auch über heilkundiges Wissen und stellte selbst Arzneien her. Ihrem verstorbenen Bruder Ludwig war sie »Doktor, Apotheker und Koch« in einer Person gewesen. Ihr Rat und die Arzneien ihrer Schlossapotheke waren bei ihren Nürtinger Untertanen sehr gefragt und sie verweigerte sie keinem. Am 30. August 1564 starb sie im damals ungewöhnlich hohen Alter von 72 Jahren an einem Schlaganfall, tief betrauert von der Bevölkerung. Herzog Christoph ließ ihren Leichnam nach Tübingen überführen und im Chor der Stiftskirche, in der neu errichteten Grablege des Hauses Württemberg, beisetzen, neben ihrem Gemahl, mit dem sie sich im Leben nicht versöhnt hatte. Seite an Seite. So liegen sie noch heute.

# Anna Büschler
*verklagt ihren Vater*

Obschon sich bereits Sprünge zeigten, war die Welt von Hermann Büschler an jenem Herbsttag des Jahres 1525, als ihm ein ominöses Bündel Briefe in die Hände fiel, noch nicht aus den Fugen. Es gab noch einiges, woran er sich festhalten konnte. Schon das fünfte Mal hatte der Rat der Freien Reichsstadt Hall Hermann Büschler zum Stättmeister (das heißt Bürgermeister) bestellt. Ein Besserer hätte sich aber auch kaum finden lassen. Er war nicht nur reich und mächtig, sondern auch der angesehenste unter den Haller Bürgern. Ihm allein war es vor Jahren gelungen, eine seit langem schwelende Verfassungkrise zu lösen und so den Stadtfrieden zu retten. Zwar war er seit fünf Jahren Witwer, aber seine Frau hatte ihm sechs gesunde Kinder geschenkt, allen voran die nach ihrer Mutter benannte Anna, eine stadtbekannte Schönheit. Die Tochter führte ihm den Haushalt und bewirtete seine Gäste. Man konnte Staat mit ihr machen, und Büschler war es zufrieden, solange sie nur nicht auf den Gedanken kam, einen ihrer Verehrer zu heiraten.

Ein seltsames Leben führten sie da miteinander, hieß es in Hall. Denn nicht nur, dass Anna Büschler mit Ende zwanzig immer noch nicht verheiratet war, sie genoss auch ein ungewöhnlich hohes Maß an Freiheit, in einer Zeit, in der es darauf ankam, sich an die Regeln einer engen, fest gefügten Gemeinschaft zu halten, in der jeder seinen angestammten Platz hatte. Und für Frauen galt das erst recht. Aber anscheinend nicht für Anna. Sie staffierte sich unbekümmert um die herrschende Kleiderordnung so teuer und provozierend aus, dass einmal sogar der Pfarrer von der Kanzel gegen sie wetterte. Es erregte Aufsehen, wenn sie wie eine Gräfin gekleidet ging, ausgelassen tanzte und keine Gelegenheit zum Flirten ausließ. War ihr Vater unterwegs, dann kam ihr Verehrer, Ritter Daniel Treutwein, ins Haus. Sie plünderten Büschlers Weinbestände und feierten lautstark bis spät in die Nacht. Immer wieder bestahl Anna ihren Vater: Zinsbriefe, aber auch Getreide aus seiner Kornkammer. Sie versetzte Schmuck, der ihrer Mutter gehört hatte, verscheuerte Hausrat und gab den Erlös für »Weibsgezird und Kleinodien« aus.

»Ein sauber schlicht und ehrbar Tracht Ohn allen Überfluss und Pracht.« Eine »Schwäbin aus Hall« wie sie im Buche steht: nämlich in Jost Ammanns Frauentrachtenbuch (1586)

Einmal nahm Büschler ihr die Schlüssel ab, doch unverfroren stellte Anna eine Leiter ans Fenster, schickte ein Kind hinein, um ihr die Schlüssel herauszuholen, nahm Wachsabdrücke davon und bald schon verfügte sie wieder über die Schlüsselgewalt. Ihrem Vater gefiel Annas Treiben zwar nicht, aber er machte seine Autorität nicht wirksam genug geltend, um ihm ein Ende zu bereiten. Natürlich gab es Gerede: Ein Vater, der seine Pflicht erfüllte, schaute sich frühzeitig nach einem passenden Ehegatten für seine Töchter um. Das hatte Hermann Büschler versäumt. Bei ihm habe sie es doch viel besser, erklärte er, wenn man ihn darauf ansprach. Nun bekam er die Quittung.

Das Briefbündel, das Annas Schande enthüllte, steckte in einem Fass, in dem sie gestohlene Güter transportierte, die sie auswärts verkaufen wollte. Büschlers Knecht hatte die unrechtmäßige Sendung abgefangen und nach Hall zurückgebracht. Büschler entdeckte die Briefe zwischen Annas persönlichen Sachen und sah sich mit einer Wahrheit über seine Tochter konfrontiert, die außer ihm schon alle zu kennen schienen. Anna hatte nicht nur ein Liebesverhältnis, sondern gleich zwei Liebhaber nebeneinander. Außer Daniel Treutwein, dem Büschler bereits das Haus verboten hatte, gab es noch Erasmus von Limpurg, den zweiten Sohn der Limpurger Schenken, eines in unmittelbarer Nähe residierenden stolzen Adelsgeschlechts. Und das ging nun schon seit Jahren so! Die Affäre musste begonnen haben, als Annas Mutter noch lebte und Anna auf der Schenkenburg den Dienst einer Beschließerin versah. Eine ehrenvolle Tätigkeit für eine Bürgertochter, der so die feinen Sitten nahegebracht und gute Verbindungen verschafft werden sollten. An eine Verbindung, wie Anna sie mit Schenk Erasmus unterhielt, war dabei allerdings nicht gedacht. Und später, als Büschler die Tochter nach dem Tod der Mutter mit der Führung seines Hauswesens betraute, da hatten sich die beiden heimlich getroffen und einander Briefe geschrieben:»Herzallerdurchläuchtigster, herzallergnädigster, herzwohlgeborener Herr, aus Herzensgrund entbeut ich Euer Gnad ein gut gückselig neues Jahr und mein herzfreundlichen Gruß und alles Guts und untertänig willigen Dienst und was ich vermag, eine arme Bürgerin gegen einem Hohen Herrn.«

Nicht immer waren Annas Briefe so untertänig. Erasmus kam viel herum, an fremde Höfe und zu Reichstagen, und fand auch an anderen Frauen Gefallen. Anna sparte nicht mit Vorwürfen, lenkte aber auch wieder ein, denn verlieren

»Herzallerdurch-
läuchtigster,
herzallergnä-
digster, herz-
wohlgebore-
ner Herr ... «
Albrecht Dürers
»Der Spazier-
gang« stellt ein
Liebespaar aus
besseren Kreisen
um 1496/97 dar.

wollte sie ihren Liebsten nicht. Erasmus, der sich gern aufs hohe Ross setzte, schien sich bewusst zu sein, dass dieser Liebe keine Zukunft beschieden war. Für einen Schenk von Limpurg war eine Braut aus dem Adel vorgesehen, keine Bürgerliche, auch wenn ihr Vater der reichste Mann von Hall war und sein herrschaftliches Haus am Marktplatz bei weitem stattlicher dastand als die verfallende Schenkenburg. Anna hingegen könnte sich eine Chance ausgerechnet haben, durch Heirat mit Junker Erasmus in den Adel aufzusteigen. Nun, nach der Entdeckung der kompromittierenden Briefe, die zu vernichten Anna nicht übers Herz gebracht hatte, begann ihr Abstieg, und er dauerte ein Leben lang.

Hermann Büschler wies seine Tochter aus dem Haus. Womöglich hatte er erwartet, dass sie sich nach der Enthüllung ihrer Schande geschämt, sich versteckt und Buße getan hätte. Vielleicht hatte er ja vor, sie in Gnaden wieder aufzunehmen, nachdem sie Besserung gelobt hätte. Eine Zeugin in einem der vielen Prozesse Büschler gegen Büschler meinte, der Bürgermeister hätte seine Tochter gerne wieder zu sich genommen. Aber nichts dergleichen geschah. Anna suchte Zuflucht bei ihrem Vetter, Konrad Büschler, der ihr auch später immer wieder in Rechtsfragen zur Seite stand. Dann wandte sie sich nach Rothenburg, an ihre Verwandten mütterlicherseits, und ging in die Offensive. Sie klagte über ihren grausamen Vater, der seine Pflicht an ihr versäumt und sie nicht verheiratet habe. Er hätte darauf bestehen müssen, dass sie einen geeigneten Bewerber – und daran scheint kein Mangel gewesen zu sein – ehelichte. Das hatte er nicht getan, also war er schuldig an ihr geworden. Nun habe er sie verstoßen, sodass sie schutz- und mittellos dastehe. Die Verwandten waren schockiert – aber bald nicht mehr über Hermann Büschler, denn der beeilte sich, den Rothenburgern seine Sicht der Dinge zu schildern: Seine Tochter sei eine »böse Schlange« und schamlose Metze.

Obwohl damals noch nicht die Prüderie späterer Jahrhunderte herrschte, hatte sich doch im Vorfeld der reformatori-

schen Bewegung, die in diesen Jahren auch in Hall Einzug hielt, eine neue, strengere Moral gebildet. Ein Liebesverhältnis, eine voreheliche Schwangerschaft oder ein uneheliches Kind bedeutete eine große Schande und konnte bei Mann und Frau geahndet werden: mit Geld- oder Körperstrafen, Pranger und Stadtverweis. Und nicht nur der Leumund der beteiligten Frau, sondern das Ansehen der ganzen Familie litt, vollends, wenn es sich nicht um eine verführte Unschuld handelte, sondern um eine notorische Kokotte wie Anna. So eine Frau verwirkte ihre Mitgift und konnte sogar eingesperrt werden. Büschler hatte also durchaus das Recht auf seiner Seite, »seine hochmütige, boshafte und ungehorsame Tochter, welche noch unter väterlicher Gewalt steht, in väterlichen Gewahrsam zu nehmen und dort zu belassen – eine Tochter, die sich auf alle erdenkliche Weise gegen ihren leiblichen Va-

**Gekleidet und geschmückt wie die »Drei vornehmen jungen Damen« auf Lucas Cranachs d. A. Gemälde aus dem Jahr 1530, so sollte eine Bürgertochter nicht daherkommen.**

ter versündigt hat, ihn immer wieder heimtückisch bestohlen, seinen Namen entehrt und gegen das Gebot jungfräulicher Sittsamkeit und Züchtigkeit verstoßen und mit ihrem schändlichen Tun ein schlechtes Beispiel gegeben und großen Anstoß erregt hat«.

Allerdings griff Büschler, als er Jagd auf Anna machte, in ein schwebendes Verfahren ein. Denn Anna hatte inzwischen einen Prozess um Unterhalt und ihren Anteil am mütterlichen Erbe angestrengt, der noch nicht entschieden war. Außerdem ging er nicht nur nach heutigem Verständnis, sondern auch nach Meinung vieler Zeitgenossen, die freilich allesamt nicht dagegen einschritten, unverhältnismäßig hart und grausam vor. An einen Karren gefesselt brachte er Anna nach Hall zurück und kettete sie in seinem Haus an einem Eichentisch an. Ein halbes Jahr lang sei sie »gefänglich gehalten und grausamlich gepeinigt worden«. Sie beklagt die »große, schwere Verletzung ihrer Ehre«. Schmach, Schande, Spott und Krankheit habe sie erdulden müssen. Ihren Schmuck und ihre Kleider habe man ihr weggenommen. Gegen jede jungfräuliche Zucht sei sie behandelt worden und sie habe gefürchtet, im Elend zu verkommen. Nach einem halben Jahr endlich gelang ihr die Flucht durch ein hohes Fenster.

Wo aber waren die beiden Männer, die im Übrigen voneinander wussten? Der um 20 Jahre ältere Daniel Treutwein stand als adliger Söldner in den Diensten des Schwäbischen Bundes und auf dem Höhepunkt seiner Karriere. Er zog gegen die Bauern zu Felde, die sich gegen die Obrigkeit erhoben hatten und ihre Grundherren und die Städte bedrohten. Auch Hall wurde im Sommer 1525 – allerdings erfolglos – von einem Bauernheer belagert. Nach seinen Briefen zu urteilen, liebte Treutwein Anna aufrichtig und zärtlich. Oft versicherte er ihr, dass sie auf ihn zählen könne. Warum er sich von Anna – oder Anna sich von ihm – trennte, wissen wir nicht. Wir wissen nur, dass er nicht bei ihr war, als Anna seine Hilfe am dringendsten gebraucht hätte. Allerdings vermittelte er ihr ein Treffen mit dem Stadtschreiber, damit sie sich über ihre rechtliche Situation mit ihm beraten konnte. Annas Hoffnung, mit Erasmus' Hilfe eine Zuflucht zu finden, erfüllte sich nicht. Auf ihre Bitte an den »herzliebsten Herrn«, er möge ihr doch 300 Gulden leihen, versicherte dieser, mehr als zwei Gulden könne er beim besten Willen nicht zusammenkratzen, wurde ungewöhnlich fromm und riet ihr, sich mit dem Vater zu versöhnen und auf Gott zu vertrauen: »Seid guter Dinge und denkt dran: auf Betrübnis folgt Freud. Gott wird's schon richten.«

Leider muss Gott in dieser Zeit der Bauernkriege und der Glaubenskämpfe hinreichend mit anderen Problemen beschäftigt gewesen sein. Außerdem war Annas Klage gegen ihren Vater um ihren Anteil am Familienvermögen vor dem religiösen Hintergrund, dass Kinder ihre Eltern zu ehren und ihnen zu gehorchen hatten, sowieso ein Unding und juristisch ein gewagtes Spiel. Frauen waren rechtsunmündig, und als unverheiratete Tochter, selbst als erwachsene Frau, unterstand Anna noch der Vormundschaft des Mannes, der ihr Unrecht getan hatte.

Der Skandal brachte auch das Ende von Büschlers politischer Laufbahn. Ein aufsässiges »Kind« war keine Privatsache, sondern fiel auf die ganze Familie zurück. Ein Vater, der sein Haus und was darin lebte, nicht in Ordnung halten konnte, auf den konnte man auch sonst nicht bauen. Für einen, der die Stadt maßgeblich regierte und nach außen repräsentierte, galt das erst recht. Auch wenn der Haller Rat Hermann Büschler seine großen Verdienste um die Stadt zugute hielt – nun hatte der Familienskandal dazu geführt, dass sich fremde Gerichte in Haller Angelegenheiten mischten und der Rat in Misskredit geriet. Büschler blieb nur der Rücktritt.

Anna suchte nach ihrer Flucht bei Verwandten in Heilbronn Schutz und heiratete einen verarmten Edelmann namens Hans von Leuzenbrunn. Den Vater und später auch ihre Geschwister überzog sie mit Prozessen, auf die diese wiederum mit Gegenklagen antworteten, und da alle Beteiligten Berufung gegen ungünstige Urteile einlegten, zog sich der Rechtsstreit über zweieinhalb Jahrzehnte hin. Mit Zähnen und Klauen hielt Anna an ihren Ansprüchen fest und ließ nichts unversucht, um an ihren Anteil am Familienvermögen zu kommen. Dass sie als Tochter eines angesehenen Ratsherrn in ihrer Heimatstadt und als abweichlerische Frau in einer männerbeherrschten Gesellschaft einen schweren Stand hatte, bedeutet indessen nicht, dass sie ein rechtloses Opfer einer parteiischer Justiz gewesen wäre. Ihre Klagen haben nicht nur den Haller Rat, sondern auch zwei übergeordnete Gerichte beschäftigt, die eine Vielzahl von Zeugen vernahmen und akribisch Protokoll führten.

Im Jahr 1528 heiratete Hermann Büschler erneut, im selben Jahr starb sein Sohn gleichen Namens. Es wäre ein Irrtum zu glauben, dass Büschler dadurch milde gestimmt worden wäre. Eher waren es praktische Erwägungen, die ihn zu einem Vergleich veranlassten, denn Annas Erbansprüche aus dem mütterlichen Vermögen mussten nun geregelt werden. Büschler bot eine Zahlung von knapp 400 Gulden an und verlangte im Gegenzug die Unterschrift unter ein Abkommen: »Als Gegenleistung verpflichte ich mich, Hermann Büschler, meinen Vater, nicht mehr zu belästigen oder anzugehen um mein Erbteil oder meine Mitgift, um Kleider oder Schmuck, weder vor Gericht noch außerhalb, solang er lebt. Noch sollen mein Vater und seine Erben für meine Schulden, Gerichtskosten oder andere Ausgaben aufkommen müssen und in keiner Weise dafür haftbar gemacht werden können.«

Anna unterschrieb, doch nur um bald darauf zu erklären, sie sei mit der Hälfte dessen abgespeist worden, was ihr eigentlich zustünde. Sie hatte Schulden und brauchte Geld, aus diesem Grund wird sie den unvorteilhaften Vertrag überhaupt unterschrieben haben. Aus denselben Gründen focht sie ihn nun an. Bei Hans von Leuzenbrunn mag noch gekränkter Stolz hinzu gekommen sein, denn Büschler behandelte seinen Habenichts von einem Schwiegersohn mit einer Geringschätzung, die diesen verbitterte: »Wäre ich der Sohn des Henkers, hätte er nicht mit solcher Respektlosigkeit zu mir sprechen dürfen. Ich habe ihn immer geschont und ihn nie spüren las-

Hall um 1580 in einer Darstellung von Franz Hochberg: Im Hintergrund ist der Galgenberg mit dem Rad und dem Galgen zu sehen.

sen, dass ich adligen Geblüts bin, ein Edelmann, und meine Eltern von angesehener Herkunft sind.« Er, Leuzenbrunn, habe sich stets geziemend gegen Büschler verhalten. »Aber dass seine Söhne auf hohen Rossen sitzen, während ich durch Dornen und über Felder gehe, und dass seine anderen Kinder Land und Besitz haben, das ist Tollheit gegen Gott und jegliche Gerechtigkeit.«

Im August 1543 starb Hans von Leuzenbrunn als Insasse des Haller Spitals, das heißt: nicht nur krank, sondern auch arm. Nur wenige Wochen zuvor hatte sein Schwiegervater das Zeitliche gesegnet und seiner ungehorsamen Tochter nur das Mindesterbe vermacht. Schließlich hatte sie seine Karriere zerstört, sein Vertrauen missbraucht, ihn bestohlen und blamiert, und sie hatte das Ansehen der Familie untergraben. Anna war jetzt Mitte vierzig, mittellos, Witwe und längst keine Schönheit mehr. Das unstete Leben in ständiger Geldnot, Verbitterung und Krankheit hatte seinen Tribut verlangt.

Aus Mitleid mit ihrer verlorenen Schwester räumten die überlebenden jüngeren Geschwister Philipp und Agatha ihr ein lebenslanges Wohnrecht in einem Haus der Büschlers ein (nicht am Marktplatz, sondern an einer weniger vornehmen Adresse), Anna bekam Hausrat, Lebensmittel, eine Leibrente von 80 Gulden jährlich. Und ihre Geschwister erklärten sich bereit, ihre aufgelaufenen Schulden zu bezahlen. Sogar gegenseitige Besuche waren geplant. Eine Weile sah es so aus, als würde alles wieder gut.

Obwohl Anna erneut auf alle weiteren Ansprüche verzichtet und sich erfreut und dankbar über die Einigung gezeigt hatte, obwohl ihr drei kompetente Rechtsberater zur Seite standen, fühlte sie sich bald wieder übervorteilt. Die Geschwister, klagte Anna, hielten sich nicht an ihre Verpflichtung, ihre Schulden zu begleichen. Für Anna war Geld dazu da, um ausgegeben zu werden: für Schmuck, Kleider, Feste, Luxus, ein Leben in Saus und Braus – nicht, um ein Geschäft zu eröffnen oder um ein Gewerbe zu treiben. Das mag auch ein Grund dafür gewesen sein, dass Vater und Geschwister den Daumen auf ein Vermögen hielten, das Generationen von Kaufleuten im Wein- und Getreidehandel angesammelt hatten.

Philipp Büschler erwies sich als arg pedantischer Zahler. Alle Forderungen von Annas Gläubigern wollte er auf Heller und Pfennig belegt haben. Vielleicht misstraute er seiner Schwester, vielleicht hatte er sie im Verdacht, sich mit den

Grabmal an der Michaelskirche in Schwäbisch Hall: Annas Schwester Agatha Schanz, die in Ehren der Vergessenheit anheimfiel

Gläubigern abgesprochen zu haben. Die verlangten mehr, als Anna ihnen tatsächlich schuldig war, und beteiligten sie am Überschuss, mochte er befürchten. Philipps Kleinkrämerei missfiel Annas Gläubigern höchlich und auch Anna war erzürnt. So hatte sie nicht gewettet. Entgegen ihrem Schwur focht sie den Vertrag an. Sie hatte es satt, sich über den Tisch ziehen zu lassen.

Anna sah sich als Opfer einer Verschwörung. Wie schon ihr Vater, so stünde jetzt Philipp – auch er inzwischen ein mächtiger Mann – im Bund mit den Haller Ratsherren. Als schutzlose, von ihren Gläubigern bedrängte arme Witwe suchte sie ihr Recht. Anna erklärte, sie sei eingeschüchtert und gezwungen worden, diesen Schwindelvertrag zu unterzeichnen, und wandte sich nach Speyer. Dort trat der Reichstag zusammen, die Abgesandten zahlreicher Städte waren anwesend, und Anna klagte jedem, der es hören wollte, das an ihr verübte Unrecht. Sie beleidigte in aller Öffentlichkeit den Haller Rat und schrieb Schmähbriefe, sodass ihre Geschwister sie schließlich wegen Verleumdung verklagten und ihr Bruder sie für verrückt erklärte.

Ein Vermittlungsversuch des Haller Stadtschreibers scheiterte kläglich. Anna wurde ausfallend und beschimpfte die Abordnung unflätig. Ein so »rüdes und schamloses Benehmen« waren die Herren nicht gewöhnt, schon gar nicht von einer Frau: »Wer seine Obrigkeit unentwegt schmäht und beleidigt, dem sollte man einen Stein um den Hals binden und ihn ins Wasser stoßen!« Auch der Rat war nicht länger bereit, mit ihr zu verhandeln.

Nun kündigte Anna an, sie werde den spitzfindigsten und durchtriebensten Mann heiraten, den sie kriegen könne, und mit seiner Hilfe dem Haller Rat so richtig aufs Dach steigen. Und das tat sie denn auch, aber vorher wurde sie noch einmal arretiert. Dieses Mal vom Haller Rat, der ihr ihren Auftritt in Speyer nicht nur übel nahm, sondern darin auch einen Landesverrat erblickte. Im Sommer 1544 wurde sie in Münkheim festgenommen und im Haller Frauengefängnis, einem

»schrecklichen Kerker«, eingesperrt. Krank und verzweifelt wurde sie nach sechs Wochen ins Spital verlegt und dort ans Bett gekettet. Doch noch ehe ihr Anwalt beim Rottweiler Hofgericht ihre Freilassung erwirkte, konnte Anna sich selbst befreien und floh.

1546 heiratete sie wieder. Ihr zweiter Mann, Johannes Sporland, ein juristisch versierter, zäher Kämpfer, unterstützte sie in ihrem Rechtsstreit. Mit der Zeit hatte Anna genügend Zweifel am rechtmäßigen Vorgehen des Haller Rats gesät, sodass eine kaiserliche Kommission den Fall sehr sorgfältig untersuchte, denn das Reichsgericht wollte nicht hinnehmen, dass womöglich die Rechte einer Bürgerin missachtet wurden.

Anna Büschler hatte sehr genaue Vorstellungen von Gerechtigkeit: nämlich ihren ungeschmälerten Anteil am Familienerbe und eine Entschädigung für alle Unbill, die Vater, Geschwister und der Rat von Hall ihr angetan hatten. Und die verfolgte sie hartnäckig und verbittert – ungeachtet dessen, dass weder die Gerichte und noch ihre Zeitgenossen ihre Auffassung teilten. Am Schluss stand sie als lästige Querulantin da, die doch endlich einmal Ruhe geben sollte. Als sie am 27. Januar 1552 im Haller Spital verschied, ging ein Aufatmen durch die Stadt. Das Ende des Rechtsstreites, den ihr Mann noch zwei Jahre lang weiter verfolgte, musste sie nicht mehr erleben: Ihre Klage wurde abgewiesen.

Anna Büschler konnte von Glück sagen, dass der Haller Rat keinen Verfolgungseifer gegen Hexen an den Tag legte. (Es gab, zwei Jahrzehnte nach Annas Tod, zwar einige Anklagen, aber die gingen ohne Todesurteil aus.) Anna Sporland, verwitwete von Leuzenbrunn, geborene Büschler, hätte sonst vermutlich auf einem Scheiterhaufen geendet. Dabei hatte bei ihrer Geburt alles darauf hingedeutet, dass das Kind, wenn es denn zu jenem glücklichen Drittel gehörte, das das Erwachsenenalter erreichte, einen ehrsamen Stadtpatrizier heiraten würde, dereinst als Frau eines Ratsherrn oder Bürgermeisters das Zeitliche segnete – und nach zwei, drei Generationen in Ehren der Vergessenheit anheimfiele.

# Anna Matzet
## *wird als Hexe verbrannt*

Mit einer Anklage wegen Hexerei hatte Anna Matzet nicht gerechnet, als man sie am Morgen des 16. Juli verhaftete. Jedenfalls brach sie in lautes Gelächter aus, als die Richter sie mit der Anschuldigung konfrontierten, und beteuerte energisch ihre Unschuld. Aber das konnte auch das Pfeifen aus Angst vor der Dunkelheit sein. Denn bereits ihre Schwester und ihr Bruder waren verbrannt worden, und wo es schon Hexen in der Familie gab, da vermutete man weitere. Außerdem kursierte in der Deutschordenskommende Mergentheim das Gerücht, wer ins Gefängnis auf die Burg Neuhaus komme, um den sei es geschehen. Schließlich waren im Sommer 1629 schon viele dem großen Hexenbrennen zum Opfer gefallen – über 30 Personen allein in der Stadt Mergentheim mit ihren 2000 Seelen.

Man muss sich Anna Matzet als gestandene Geschäftsfrau mittleren Alters vorstellen. Sie war Mutter von mehreren Kindern. Ihr Jüngster, Paul, war vor neun Jahren auf die Welt gekommen, die älteste Tochter war schon verheiratet. Als Krämerin betrieb Anna Matzet einen Laden in der Stadt, ihr Mann, der »welsche Peter« genannt, wird mit seinem Karren über Land gezogen sein und auf den Dörfern verkauft haben, was man für den täglich Bedarf brauchte, aber nicht selbst anbauen oder herstellen konnte.

An jenem Montagmorgen, als die Büttel Anna ins berüchtigte Hexengefängnis auf dem Neuhaus brachten, war Peter wahrscheinlich mit seiner Krämerware unterwegs. In Mergentheim gab es seit einiger Zeit eine unliebsame Konkurrenz für die Eheleute Matzet, besonders ärgerlich zu einer Zeit, wo sich die Käufer wegen der Teuerung ohnehin zurückhielten. Der neue Kramladen wurde von Negelein Braun geführt, der Frau des Bürgermeisters und Schöffen Johann Braun. Und weil Anna aus ihrem Herzen keine Mördergrube machte, hatte es schon manchen Verdruss mit der neuen Krämerin gegeben. Gut möglich, dass Anna mit einer Verwarnung oder dergleichen rechnete, als sie vor Gericht zitiert wurde – ein Gericht allerdings, das hauptsächlich mit Hexensachen beschäftigt war.

Der Glaubenskrieg, den man später den Dreißigjährigen nannte, tobte zwar fernab der Deutschordensniederlassung, aber immer wieder gab es Truppendurchmärsche und Plünderungen, zudem Missernten, Hungersnöte und Hagelschlag. 1626 hatten durchziehende Soldaten die Beulenpest verbreitet, an der das halbe Nachbardorf Markelsheim zugrunde ging. Im Jahr 1624 hatte die Seuche in Mergentheim gewütet und dort eine ganze Straße ausgelöscht. Der Teufel war rege und verfügte – das glaubten fast alle, Ungebildete wie Gebildete – über ein Millionenheer von Hexen als Verbündeten. Diese Schädlinge galt es zu vernichten, wenn jemals wieder Frieden und Ordnung einkehren sollten. Immer wieder loderten deshalb die Scheiterhaufen, in Mergentheim zuletzt in den Jahren zwischen 1615 und 1621. Und nun hatte das Übel erneut begonnen, wie kurz zuvor auch in den Bistümern Würzburg und Bamberg.

Seine Hochfürstlichen Gnaden, der Hoch- und Deutschmeister Johann Caspar von Stadion, als Ordensoberster zugleich das weltliche Oberhaupt der Kommende Mergentheim, sorgte sich, dass »Gottes Zorn über landt Und leut provociert Würdt«, wenn man nichts gegen die Hexen unternähme. Er suchte Rat bei den benachbarten Fürstbischöfen, wie man »das hoch schädliche und abscheuliche Laster der Hexerey auß Unserem gebieth« vertreiben könne. Aus Bamberg schickte man ihm einen erfahrenen Hexenjäger, Dr. Ernst Vasoldt, der im September 1628 mit seinem Schreiber Johann Buchner eintraf. Er blieb bis Dezember und brachte den Mergentheimern bei, wie man professionell und effizient mit der Hexenplage fertig wurde. Erst einmal listete er in alphabetischer Reihenfolge alle Frauen und Männer auf, die im Zusammenhang mit früheren Hexereidelikten erwähnt worden waren, und dann begann er, systematisch aufzuräumen. Nach drei Monaten hatte er seinen Schreiber und einige einheimische Räte soweit eingearbeitet, dass sie das Säuberungswerk ohne ihn fortsetzen konnten.

Im Wechsel wurden die Stadt und die zur Deutschordenskommende gehörenden Gemeinden nach Verdächtigen durchgeforstet. Die Schergen kamen immer frühmorgens, verhafteten mehrere Verdächtige zuglcich und brachten sie zur Burg Neuhaus außerhalb der Stadt. Dann ging es Schlag auf Schlag: Verhör, Folter, Urteil. Die Richter machten sich die Angst der schockierten Gefangenen zunutze, konfrontierten sie mit ihrem »Verbrechen« und ermahnten sie, nur gleich alles zu bekennen. Die Wahrheit stand bereits fest, schließlich waren die Angeklagten von drei geständigen Komplizen »besagt«, das heißt denunziert wor-

Ernst Barlachs »Gefesselte Hexe«: Als Hexe angeklagt – das war schon so gut wie verurteilt.

Anna Matzet    45

den, und somit schuldig. Nun brauchte das Gericht nur noch ein Geständnis, denn ohne Geständnis kein Urteil. Viele brachen schon am Tag ihrer Verhaftung zusammen. Während des Verhörs wurde ein immergleicher Fragenkatalog abgearbeitet. Nach vier bis fünf Verhandlungstagen erging das Urteil: Tod durch das Schwert und anschließende Verbrennung auf dem Scheiterhaufen. Wer ein Geständnis widerrief, wurde lebendig verbrannt. Es wurden immer gleich mehrere Verurteilte exekutiert. Zwischen Verhaftung und Hinrichtung lagen meist nur zehn Tage. Verteidiger gab es keine, auch keine Einsprüche, und es wurden auch keine juristischen Gutachten eingeholt. Die Hexerei war ein »crimen exceptum«, ein Superverbrechen. Da wurden die Regeln für ein ordentliches Verfahren nach der Peinlichen Halsgerichtsordnung Kaiser Karls V. außer Kraft gesetzt. Es wurde kurzer Prozess gemacht.

Lange hatten die Menschen ja geglaubt, Hexen, das seien die anderen: die zänkische Nachbarin, die geizige Bäckerin, der einfältige Bettler oder die Hebamme, der so viele Kinder wegstarben. Mit den großen Verfolgungswellen des 17. Jahrhunderts rückte die Hexerei immer näher an die einzelnen heran. Immer häufiger kam es vor, dass es die eigene Mutter, eine Base, den unbescholtenen Handwerksmeister im Nachbarhaus traf – so viele Leute, mit denen man tagtäglich umging, sodass manche sich zu fragen begannen, ob es denn wirklich sein könne, dass das alles Hexen waren. Der Hirschenwirt Thomas Schreiber, ein 30-jähriger Familienvater, fragte sich das sogar sehr laut. Er hielt den Hexenglauben für Phantasterei und meinte, unter der Folter auf dem Neuhaus würden selbst die Frömmsten gestehen, dass sie Hexen seien. Laut und deutlich sprach er sich für die Unschuld der verbrannten Frauen und Männer aus und scheute nicht vor einem gewagten Vergleich zurück: Auch Nero habe solche Blutbäder angerichtet – Kaiser Nero, der Christen verbrennen ließ! Und mit dem Mord des Königs Herodes an den unschuldigen Kindern von Bethlehem stellte er die Hexenverfolgung auf eine Stufe. Eine ungeheuere Provokation für die Obrig-

keit! Im Mai 1629 büßte Thomas Schreiber seinen Mut auf dem Scheiterhaufen.

Zwei Monate später trifft es Anna Matzet. An jenem Montag im Sommer 1629 steht sie fünf Männern gegenüber: Es sind dies der Hauskomtur Stephan Baumann, Doktor beider Rechte, der Bürgermeister und Schöffe Johann Braun, der Schöffe Georg Schneider, dessen Frau einen Monat zuvor als Hexe verbrannt worden war, ein Mann namens Heinrich Miehlich und der Malefizschreiber Johann Buchner. Anna Matzet ist keine schüchterne Frau und nicht auf den Mund gefallen. Als Erstes faucht sie die Herren Examinatores an, was ihnen denn einfalle, Unschuldige zu verhaften und vor Gericht zu bringen. Man könne die Leute doch nicht einfach zum Richtplatz führen und verbrennen! Und man solle nur ja nicht glauben, weil ihr Bruder und ihre Schwester als Hexen verbrannt wurden, sei sie auch so eine. Sie sollten ihr

Über 100 »Hexen« in drei Jahren wurden in der Deutschordensniederlassung Mergentheim hingerichtet. Merian-Stich von 1643 auch nur einen einzigen Menschen zeigen, der ihr nachsagen könne, eine Hexe zu sein. Und selbst wenn es die ganze Welt behaupte, so sei es doch nicht wahr. Sie redet sich in Rage, schimpft und flucht – Gotts Sakrament! – und haut auf den Tisch und beteuert ihre Unschuld und ahnt doch schon, dass es nichts helfen wird und dass man sie »zerreißen, zerzerren und zermartern« wolle.

Die Folter war regulärer Bestandteil eines Gerichtsprozesses, wenn ein schweres Verbrechen verhandelt wurde. Ihre Art und Dauer unterlag Regeln und sollte »der ermessung eyns guten vernünfftigen Richters« entsprechen. Bei Hexerei aber wurden solche Überlegungen außer Acht gelassen. Den Verfolgern ging es um Terrorbekämpfung. Um Teufelsverschwörung. Um Geheimbünde, die beim Hexensabbat immer neue Untaten ausheckten. Diese Verschwörung galt es um jeden Preis aufzudecken, die Verschwörer namhaft zu machen, um sie auszurotten. Deshalb wurde so lange gefoltert, mit Daumen- und Beinschrauben, Streckbank, Seilzug oder durch Zufügen von Verbrennungen, bis die Beschuldigten nicht nur ihr eigenes »Verbrechen« gestanden, sondern auch »Mittäter« nannten, wodurch sich der Kreis der Verdächtigen lawinenartig ausweitete. So kam es zu blutigen Verfolgungswellen und so geriet die Hexenverfolgung zu einem Krieg gegen die angeblichen Feinde der Menschheit. Als das Böse schlechthin standen die vermeintlichen Hexen außerhalb der menschlichen Gesellschaft. Rechtliches Denken, juristische Verfahrensregeln, die Gebote der Menschlichkeit wurden zur Disposition gestellt.

Anna Matzet argumentiert schlüssig und einleuchtend. Wie könnten die Herren nur glauben, sie habe auf dem Trillberg getanzt? Wenn sie Lust zum Tanzen gehabt hätte, so hätte sie doch einen geeigneteren Ort gewusst. Und als ihr die Namen derer vorgelesen werden, die sie als Hexe besagten, meint sie fluchend, aus Neid könne man schnell etwas angeben. Die Aussagen ihrer Denunzianten erklärt sie für Gaukel- und Narrenwerk, alles Unsinn und frei erfunden. Wer solche

Lügengeschichten zu Protokoll gebe, könne seine ewige Seligkeit nicht im Auge gehabt haben. Und wenn sie, Anna Matzet, eine Hexe sei, dann seien alle anderen auch welche, dann müsste die ganze Welt verbrannt werden. »Sie sagt, sie sei so rein wie die Heilige Jungfrau Mutter Gottes«, notiert der Malefizschreiber.

Anna geht die Ermittler direkt an, die für sie keine Vertreter der Gerechtigkeit verkörpern, sondern selber Übeltäter sind, herzlos und ohne Seele, Männer, die Unschuldige in den Untergang treiben. Die ewige Verdammnis sei ihnen gewiss, genau wie den Denunzianten, die sie beim Hexentanz gesehen haben wollen. Den Schöffen Georg Schneider, dessen Frau kürzlich verbrannt worden ist, fragt sie, was er denn über seine Frau denke.

Kann es denn sein, dass er wirklich glaubt, dass er all die Jahre mit einer Hexe zusammengelebt hat? Das alles bleibt nicht ohne Eindruck auf die Richter, stellenweise lassen sie sich sogar auf eine Diskussion ein. Natürlich steht das Ergebnis fest: Man werde nicht von ihr ablassen, »bis sie die Wahrheit über ihre Verführung anzeige, und müsse man auch

Johann Caspar von Stadion fürchtete, dass »Gottes Zorn über landt Und leut provociert Würdt«.

Anna Matzet    49

vier Wochen mit ihr verhandeln«. Als die Ermittler ihr dann mit der Folter drohen, wenn sie nicht gütlich gestehen wolle, gibt sie zu bedenken:»Wenn man es dem Herrn Doktor so antäte, ob es dann recht wäre?« Darauf der Richter:»Nein, es wäre nicht recht, da er nicht derartig denunziert sei.« Und Anna kontert:»So wenig es bei ihm recht wäre, so wenig sei es auch bei ihr recht!«

So hat noch niemand mit den Herren zu sprechen gewagt. Eine Hexe, die sich anmaßt, sich mit denen vergleichen zu wollen, die von Gott dazu berufen sind, den Unholden das Hexenwerk zu legen! Die Ermittler geben ihr Bedenkzeit. Noch kann sie die Folter abwenden. Es könne doch nicht möglich sein, dass der Teufel so viel Gewalt haben solle, macht Anna sich Mut, denn den Unschuldigen gibt Gott die Kraft, der Tortur zu widerstehen. Darauf hofft sie nun, aber vergeblich.

Anna Matzet wird an den Zug gestellt und mit gefesselten Händen»sehr hart aufgezogen«, wie das Protokoll festhält. Bei dieser Folter werden die Arme ausgerenkt und manchmal reißen die Sehnen. Sie wolle ja zugeben, dass sie eine Hexe sei, auch wenn es nicht stimme, und wenn sie jemanden beschuldige, so tue sie Unrecht, aber man solle sie herunterlassen, fleht sie. Und dann»bekennt« sie, die Frau des anwesenden Schöffen und Bürgermeisters Braun, Negelein Braun, die neue Krämerin, sei ihre Lehrmeisterin gewesen. Die habe sie in die Hexenkünste eingeweiht und auch die Frau des Apothekers Nachtrab sei mit dabei gewesen. Als sie nicht mit weiteren Einzelheiten aufwarten will, wird sie noch einmal eine Viertelstunde aufgezogen und mit einem an die Füße gebundenen Stein beschwert, der ihre Qual noch verschärft. Darauf sagt Anna ihren Peinigern alles, was sie hören wollen: dass sie sich habe»umtaufen« lassen, dass sie sich zur Besiegelung des Bündnisses fleischlich mit dem Teufel in Gestalt eines jungen Mannes vermischt habe, der aussah und sich anfühlte wie andere Menschen auch, nur dass er einen Ziegenfuß gehabt habe. Dass sie alle auf einem Besen in Doktor Baumanns Keller gefahren seien, dass sie auf dem Trillberg

beim Hexentanz gewesen sei. Sie sagt aber auch etwas, was
die Herren lieber nicht gehört hätten, denn sie »gesteht«, dass
sie dort auch zwei Frauen angetroffen habe, die sich zu vor-
nehm dünkten, um mit ihr zu reden. Eine sei die Frau des
Deutschordensrentmeisters Maximilian Wolz gewesen.

Mit dieser Aussage hat Anna die Verdächtigungen weit in
den Kreis der Verfolger hineingetragen. Bürgermeister Braun
versucht, Anna zur Rücknahme ihrer Beschuldigung gegen
seine Frau zu bewegen, doch Anna bleibt dabei. Braun hält
ihr vor, sie, die »welsche Peterin«, sei doch immer neidisch
gewesen und habe ihm noch nie gegönnt, wenn er mehr als
sie verdient habe. Nur aus Neid denunziere sie jetzt seine
Frau. Anna behauptet, es wisse doch jeder, dass seine Frau
eine Hexe sei. An drei verschiedenen Tagen wiederholt sie
ihr Geständnis, denn jede unter der Folter erpresste Aussage

In Flugblättern
wie diesem
wurden wilde
Phantasien über
das Treiben beim
Hexensabbat
verbreitet.

Anna Matzet    51

Anna Matzets Brief aus dem Gefängnis wurde abgefangen und blieb erhalten.

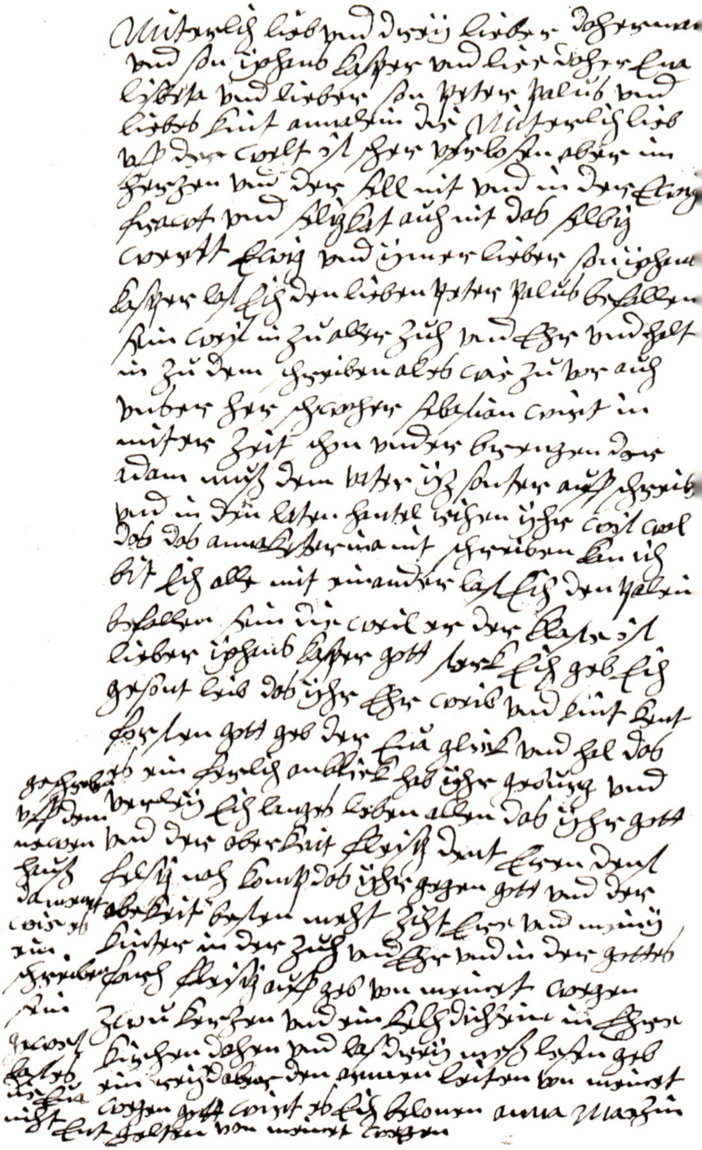

muss dreimal »freiwillig« bestätigt werden. Anna tut es wie die meisten anderen auch, um sich neuerliche Torturen zu ersparen. Am Samstag, den 28. Juli, zwölf Tage nach ihrer Verhaftung, wird sie zusammen mit mehreren anderen »Hexen« verbrannt.

Vorher hat sie ihren Kindern einen Brief geschrieben. Es ist das fromme Vermächtnis einer gottesfürchtigen Frau und liebevollen Mutter, die Segenswünsche ausspricht und Verfügungen trifft, wie es ohne sie weitergehen soll. Die jüngeren Kinder sollen etwas Rechtes lernen und die älteren sollen das Geschäft weiterführen. Besonders liegt ihr der Jüngste am Herzen: »Lasst Euch den lieben Peter Paulus befohlen sein, weist ihn zu aller Zucht und Ehre und haltet ihn zum Schreiben an, alles wie zuvor auch. Unser Herr Schwager Sebastian wird ihn mit der Zeit schon unterbringen. Der Adam muss jetzt ansonsten für den Vater aufschreiben und ihm im Handel zur Hand gehen. Ihr wisst wohl, dass die Anna-Katharina nicht schreiben kann. Ich bitte Euch alle miteinander, lasst Euch das Paulchen anbefohlen sein, weil er der Kleinste ist.« Sie wünscht, Gott möge allen ein langes Leben verleihen, und bittet, der Kirche zwei Kerzen und ein Kelchtüchlein zu spenden und drei Messen für ihre Seele lesen zu lassen. Die Armen sollen einen Reichstaler bekommen. »Gott wird es Euch lohnen.«

Auch die Verfolger profitierten vom Hexennachlass. Denn das Vermögen der Verurteilten wurde zur Deckung der Unkosten eingezogen, anfangs nur geringe Beträge, später langte der Fiskus kräftig zu. Der Gefängnisaufenthalt kostete Geld. Die Wächter und die Verpflegung wollten bezahlt sein. Der Amtmann von Burg Neuhaus berechnete für jeden geständigen Insassen 16 bis 18 Kreuzer pro Tag. Die Richter mussten entlohnt werden, der Malefizschreiber, der Arzt, der sich darum kümmerte, dass die Gefolterten nicht schon vor der Hinrichtung starben, der Geistliche, der ihnen die Beichte abnahm, der Scharfrichter, der mit Tortur und Exekution beauftragt war. Und auch das Brennholz für die Scheiterhaufen

Im Armsünder-
hemd zur
Hinrichtung. Ein
»Marterkittel«
aus Veringen-
stadt, 17. Jahr-
hundert

kostete. Jeder, der mit der Verfolgung zu tun hatte, erwartete, dass vom Hexengeld etwas bei ihm hängen bliebe, ehe es an den fürstlichen Rentmeister weitergeleitet wurde. Hexengelder flossen auch in Baumaßnahmen zur Ausgestaltung der Deutschordensresidenz.

Nach Anna Matzets Tod ging die Hexenjagd in der Nachbargemeinde Markelsheim weiter, aber in Mergentheim selbst geriet sie ins Stocken. Zwei Monate lang wurde niemand mehr verhaftet und danach nur noch vereinzelte Personen. Offenbar waren die Hexenrichter ins Grübeln gekommen. Zuerst der mutige Hirschenwirt Thomas Schreiber, dann Anna Matzet, und es wurden immer mehr Bürger, die von der Gerechtigkeit ihrer Obrigkeit nicht mehr überzeugt waren. Im November 1629 nahm der Schreiber ein Gerücht zu Protokoll. In Mergentheim gehe die Rede, wenn die Mutter Gottes selbst aufs Neuhaus gebracht würde, dann würde auch sie nicht mehr von dort zurückkommen. Diesen Vertrauensverlust konnte sich keine Obrigkeit leisten. Vielleicht kam auch die Angst dazu, die Verfolgung könnte vor den eigenen Kreisen nicht Halt machen. Vielleicht gab das einigen Gefangenen neuen Mut, denn sie legten trotz Folter kein Geständnis ab und mussten schließlich freigelassen werden.

Die Geschichte von Anna Matzet hat noch ein trauriges Nachspiel. Kurz vor der letzten Hexenverbrennung im Februar 1631 wird auch der kleine Paul noch vor den Richter gezerrt und verhört. Er wird zwar nicht gefoltert, aber zwei Wochen Haft haben den Elfjährigen so traumatisiert, dass man ihn ins Spital entlässt.

Im selben Jahr erscheint die »Cautio Criminalis« des Jesuiten Friedrich Spee, ein spätes Gegengift gegen den »Hexenhammer«, das berüchtigte Handbuch der Hexenjäger. In seiner »Cautio Criminalis« vertritt der ehemalige Hexenbeichtvater seine Überzeugung, dass keine der verurteilten Frauen, denen er die Beichte abgenommen hatte, eine Hexe gewesen sei, und er deckt den ganzen Widersinn eines Verfahrens auf, das das Verbrechen, das es verfolgt, selbst erst konstruiert. Spee erklärt: »Von mir muss ich bekennen, ich kann derartige Misshandlungen so wenig ertragen, dass ich mich sicherlich gleich von Anfang an jeder Missetat beschuldigen und lieber den Tod als solche Qualen hinnehmen würde, wenn man mich zur Peinlichen Frage schleppte.«

# Gräfin von Grävenitz
## *liebt das Regieren*

D as Fräulein habe ja noch nicht mal etwas Ge-
scheites zum Anziehen und eine Schönheit sei
sie auch nicht, wurde am Stuttgarter Hof geläs-
tert. Wenn man Durchlaucht schon mit einer neuen Mätresse verkuppeln wollte – eine bewährte Strategie im höfischen
Machtspiel –, dann hätte sich doch wohl eine Bessere finden
lassen als die 20-jährige Schwester eines Kammerjunkers, die
hoffnungsvoll, jedoch mit ärmlicher Garderobe ausgestattet,
eigens aus dem Mecklenburgischen angereist war. Durchlaucht, das war der 30-jährige Herzog Eberhard Ludwig von
Württemberg. Das Fräulein hieß Christine Wilhelmine von
Grävenitz. Und es wurde eine sehr lange Liaison. In dieser
Skandal-, Intrigen und Liebesgeschichte gibt es Täter: nämlich das landfremde Biest und ihre Vetternschaft. Es gibt Opfer: die verlassene, in ihrer Ehre gekränkte Herzogin Johanna Elisabeth, aber auch die Landstände, die bürgerliche Elite,
deren politisches Mitspracherecht vom Herzog oder vielmehr
von seiner Mätresse empfindlich beschnitten wurde.

»Alle Regierungs-Angelegenheiten gingen durch ihre Hände, der geheime Rath wurde durch das geheime Kabinett, das
sie aus ihren Kreaturen bildete, worin sie den Vorsitz führte,
außer Tätigkeit gebracht, die wichtigsten Stellen mit Auslän-

dern besetzt, und in alle Zweige der Staats-Verwaltung griff ihre Willkür verderblich ein. Ihren unersättlichen Geld-Geiz vermochte der Herzog durch keine Geschenke zu befriedigen, er verschlang auch noch fast alles, was durch mannigfache Finanz-Künste und Gewalttätigkeiten dem ganzen Lande wie den Einzelnen abgenommen ward. Ihre Eitelkeit war ebenso grenzenlos und ebenso schwer zu befriedigen, der Titel und Rang einer Herzogin waren der beständige Ziel-Punkt ihres Strebens, sie umgab sich mit einem eigenen Hofstaat, stiftete einen Orden, und häufte Feste auf Feste.« So zeigt sich das Regiment der Grävenitz durch den Blick von Karl Pfaff, einem Historiker des frühen 19. Jahrhunderts. Was eigentlich dem Geist der Zeit geschuldet ist – des Herzogs Streben nach absoluter Macht, die Prachtentfaltung seines Hofes, seine Bauwut –, legt er der Mätresse zur Last, die das Land ausgepresst und es mit despotischen Mitteln in den Ruin getrieben habe.

Herzog Eberhard Ludwig wollte alle Macht und allen Glanz auf seine fürstliche Person vereinigen und fand in seiner Mätresse eine kongeniale Gefährtin für seine Ziele. Zwar musste sich der Herzog nicht gegen einen mächtigen Adel durchsetzen, aber seit dem Tübinger Vertrag von 1514 hatten die Vertreter des Bürgertums und der Geistlichkeit ein verbrieftes Recht auf politische Mitwirkung. Unter Eberhard Ludwig jedoch wurde der Einfluss der Landstände allmählich zurückgedrängt, indem der Herzog die Schlüsselpositionen von Regierung und Verwaltung mit Verwandten und Landsleuten seiner Mätresse besetzte.

Was sich aus der Perspektive bürgerlicher – männlicher – Historiker als Herrschsucht, Raffgier und Machtmissbrauch einer unverschämten Kurtisane ausnahm, erweist sich als rationales, politisches Handeln, wenn man es wie die Historikerin Sybille Oßwald-Bargende aus der Innenperspektive des Systems »absolutistischer Hof« betrachtet. Dann zeigt sich, dass Wilhelmine von Grävenitz ihre Handlungsspielräume im Beziehungsgeflecht des württembergischen Hofes intelligent, geschickt und mit Weitblick zu nutzen verstand.

Herzog Eberhard Ludwig war seit neun Jahren mit Johanna Elisabeth von Baden-Durlach vermählt, Vater eines Sohnes und derzeit mit einer anderen Mätresse beschäftigt. Das Kalkül der grävenitzschen Hintermänner schien zunächst nicht aufzugehen. Es dauerte eine ganze Weile, bis Serenissimus ein Auge auf das Fräulein warf, dann aber verfiel er ihr mit Leib und Seele.

Er erhob sie zur Gräfin von Urach, ließ sich zur linken Hand mit ihr trauen, obwohl er bereits verheiratet war, und stellte seine Räte vor die Wahl, die Heirat zu akzeptieren oder den Abschied zu nehmen. Der Schritt eines bereits verheirateten Fürsten zum Traualtar war so abwegig nicht. In einer dynastischen Ehe spielte Liebe nicht die Hauptrolle, was nicht hieß, dass ein Fürst, eine Fürstin sie nicht doch ersehnte und, wenn sie sich in der Ehe nicht einstellen wollte, in einer anderen Verbindung suchte – und fand. Schon vor Eberhard Ludwig hatten christliche Fürsten die Beziehung zu einer geliebten Mätresse zu legalisieren versucht. Nach geltendem Recht war das zwar Bigamie und ein Kapitalverbrechen, aber schon Martin Luther hatte die Doppelehe Philipps von Hessen theologisch abgesegnet. Und der Kaiser hatte sie toleriert, ebenso wie die von Kurfürst Karl Ludwig von der Pfalz im Jahr 1657 eingegangene Nebenehe. Und knapp zehn Jahre nach der morganatischen Heirat von Eberhard Ludwig und seiner Mätresse sprachen sich Rechtsgelehrte von der Universität Halle in einem Gutachten dafür aus, dass der Ehebruch eines verheirateten Fürsten nicht strafbar sei.

Der Herrscher stand eben über den Gesetzen – konnte sich aber, wie der Fall Eberhard Ludwig zeigt, nicht alles erlauben. Die Landstände liefen Sturm. Johanna Elisabeth mobilisierte ihren Vater, den Markgrafen Friedrich Magnus von Baden-Durlach, und ihre Schwiegermutter, die fromme Magdalena Sibylla von Württemberg. Sie appellierte auch an befreundete und verwandte Fürstinnen, die zustimmten, »das Mensch, die Grävenitz, müsse völlig weggeschafft werden«. Dabei ging es um weitaus mehr als ein barockes Beziehungsdrama und um

Triftigeres als verletzte Gefühle. Die Ehre – das höchste Gut in der höfischen Gesellschaft –, die Ehre einer Fürstin, deren zeremonielle Rechte durch die Nebenehe verletzt worden war, stand auf dem Spiel. Und das, was die Herzogin an Prestige, Status, Glanz und Grandeur verlor, hatte die Mätresse zu gewinnen.

In das nun folgende Kräftemessen zweier Adelshäuser wurde auch der Kaiserhof hineingezogen. Aus Wien schickte man eine Kommission, die den Herzog zur Raison bringen sollte. Die Ehe wurde aufgelöst, die Grävenitz des Landes verwiesen, mit der kaiserlichen Auflage,

sich »aller Gemeinschaft mit des Herzog Liebden« zu entäußern, andernfalls werde ihr der Grafenstand aberkannt und sie müsse sich wegen Bigamie verantworten. Ende 1708 begab sich Wilhelmine in die Schweiz ins Exil. Eberhard Ludwig führte seine »ohngemeine Passion« ins Feld. Wenn er sich von seiner Geliebten trennen müsse, dann sei das, als ob man ihm die Seele aus dem Leib reiße, klagte er den befremdeten kaiserlichen Kommissaren. Seiner Ehe mit Johanna Elisabeth gab er ohnehin keine Chance mehr. Die eheliche Beiwohnung, meinte er, sei eine Sache, »die von Gott oder sich selbsten herkommen muß, auch sich gewiß durch andere nicht erzwingen läßt«. Überhaupt sei es allein Gottes Sache, »die Herzen und Gemüter zur Lieb zu regieren«. Er und Johanna Elisabeth seien von Natur und Neigung einfach zu gegensätzlich, um miteinander auszukommen, geschweige denn einander zu lieben. Und ein Zusammenleben ohne Liebe wollte er auch gar nicht mehr.

Christine Wilhelmine von Grävenitz     59

Es folgte ein mehrjähriges diplomatisches Tauziehen. Schließlich kam ein Kompromiss zustande, der sich für die Herzogin als ausgesprochen faul erwies. Um ihr Image als gehorsame christliche Ehefrau nicht zu gefährden, stimmte Johanna Elisabeth der Versöhnung zu und verzichtete auf juristische Schritte gegen die ehemalige »Nebengetraute« ihres Mannes, worauf der Herzog sich generös bereit erklärte, ihr seine »Affection« wieder zu schenken. Auch der Kaiser verzichtete auf eine Strafverfolgung der ehebrecherischen Grävenitz. Sie stand ja im Begriff, den böhmischen Grafen von Würben zu heiraten, und der Herzog befürwortete diese Verbindung. Die Vermittler im Konflikt glaubten, die Affäre käme zur Ruhe, wenn die Mätresse unter die Haube käme. Allerdings erwies sich diese Ehe bald als Scheinehe. Im Februar 1711 traf das frühere Fräulein von Grävenitz, nunmehr »Frau Landhofmeisterin Exzellenz«, in Stuttgart ein. Eberhard Ludwig hatte Graf Würben zum ranghöchsten württembergischen Beamten ernannt. Als dessen Gemahlin stand die Mätresse nun ganz oben und kam im Hofzeremoniell gleich nach den Damen des regierenden Hauses.

Das frühere Fräulein von Grävenitz hatte nunmehr einen gesicherten Status am Hof, der Herzog behielt seine Mätresse. Die Herzogin hatte das Spiel verloren, aber keine Handhabe zur Klage, da der hierarchische Abstand zwischen Herzogin und Favoritin formal wieder hergestellt war. Nach dem Tod ihrer beider Bundesgenossen, ihres Vaters und ihrer Schwiegermutter, und nach der Entlassung einiger ihr ergebener Hofbeamten wurde sie immer weiter an den Rand gedrängt. Sie zog sich ins Stuttgarter Schloss zurück und schrieb böse Briefe: »So ist doch alles in dem leidigen Zustande bis anher geblieben und das gottlose verrufene Mensch in ihrem leichtfertigen, ruchlosen Leben dadurch so gestärkt, sicher gemacht, und aufgeblasen worden, daß sie zu allen Extremitäten ungescheut geschritten, weder göttliche noch weltliche Gesetze geachtet, und als wenn kein Richter im Himmel und auf Erden mehr wäre, ihre Insolenz nicht nur fortgesetzt,

sondern es wohl tausendmal mit Ausübung ungemeiner Bosheiten und Gewalttaten im Land und am Hof ärger als zuvor gemacht.«

Ihre Kampagne gegen die Rivalin nützte der düpierten Herzogin wenig. Am Kaiserhof hielt man sich jetzt aus dem württembergischen Ehedrama heraus. Und während die »streitsichtige« Herzogin im gesellschaftlichen Abseits verkümmerte, baute der Herzog mit seiner Lebensgefährtin Ludwigsburg zur prunkvollen neuen Residenz aus. Pläne dazu hatte er ja schon vor seiner Liaison entwickelt. Anstelle der Herzogin nahm die Favoritin den Platz in der Ludwigsburger Fürstensuite ein und repräsentierte bei höfischen Festivitäten an der Seite des Herzogs – an einem der größten und glänzendsten Höfe des Reiches.

Wilhelmine war nicht nur vom Freifräulein zur Reichsgräfin und zur ranghöchsten Dame am Ludwigsburger Hof auf-

Historisierende Darstellung eines Empfangs der Gräfin von Würben (Grävenitz): »Sie umgab sich mit einem eigenen Hofstaat, stiftete einen Orden und häufte Feste auf Feste.«

gestiegen, sie wurde auch reich. Sie selbst bezifferte ihr Vermögen am Ende ihrer Laufbahn auf 634 000 Gulden. Den Löwenanteil machten die Zuwendungen des Herzogs aus. Ihre Feinde sahen das als Belohnung sündhafter Liebesdienste an. Aus höfischer Sicht lag der Sinn dieser Zuwendungen darin, der Favoritin, die eine exponierte Stellung bei Hof bekleidete, einen standesgemäßen Lebensstil zu ermöglichen. Ihre Verwandten und Landsleute bekleideten lukrative Ämter und sammelten ihrerseits Reichtümer an. Denn der Herzog belohnte seine Günstlinge mit Gütern und Privilegien. Damit vergrößerte er nicht nur ihre Abhängigkeit und versicherte sich ihrer Loyalität, damit präsentierte er sich auch als freigiebiger Fürst, dessen Gunst zu gewinnen sich lohnte.

Eberhard Ludwig delegierte seine Autorität an seine Minister, die in seinem Sinn agierten, was auf die Entmachtung des Geheimen Rates hinauslief, der auf die Landesverfassung verpflichtet war, vor allem, als der Herzog ein nur ihm selbst verantwortliches Kabinettsministerium etablierte. Dessen Premierminister war Wilhelmines Bruder Friedrich Wilhelm von Grävenitz. Die Günstlinge des Herzogs sorgten ihrerseits dafür, dass Ämter und Posten mit Personen ihres Vertrauens besetzt wurden. Für die bürgerliche Elite roch diese Vetternwirtschaft nach Korruption. Auch der einheimische Adel sah seine Felle davonschwimmen. Zwar galt es keineswegs als verwerflich, aus einem Amt persön-

*Eberhard Ludwig wollte ein Leben wie der Sonnenkönig führen. Hier um 1720 dargestellt in Herrscherpose mit seinem Wolfshund »Melac«*

lichen Vorteil zu ziehen, was man dem Herzog jedoch übel nahm, war seine einseitige Begünstigung des grävenitzschen Klüngels. Mit Rufmord, Ehrenhändeln und Intrigen wehrten sich die Gegner der Gräfin Würben gegen die Mätresse, und allenthalben fragte man sich, mit welchen heidnischen Zaubermitteln die »knitze Gräven-Hur« den Herzog wohl in ihren Bann geschlagen habe.

Dabei erschöpfte sich ihre Rolle, ebenso wenig wie die anderer Mätressen, darin, den Herrscher mit Liebeszauber zu umgarnen, das fürstliche Bett oder das Herz des Souveräns zu wärmen. Die *maitresse régnante* hatte auch politische Funktionen. Sie besaß das Vertrauen des Fürsten. Er schätzte ihr Urteilsvermögen und suchte ihren Rat, und das brachte eine immense Machtposition mit sich. Von ausländischen Diplomaten wurde die Gräfin Würben als Schlüsselfigur anerkannt. Und sie spielte ihre Rolle als Glanz- und Anziehungspunkt des Hofes weltgewandt, mit einnehmenden Umgangsformen, liebenswürdig, lebhaft und geistreich. Sie verstand es, Netze zu spinnen und Menschen – auch solche, die ihr ursprünglich feindlich gesonnen waren – für sich einzunehmen und sie für ihre Zwecke einzuspannen.

Der zeitgenössische Schlüsselroman, den der langjährige Sekretär der Gräfin Würben, Heinrich August Krippendorf, unter einem Pseudonym verfasst hat, schildert die Aktivitäten der Mätresse, die den Minister nicht nur spielte, durchaus wohlwollend: »Jeden Morgen und Mittag bis 5 Uhr ward mit Arbeit zugebracht, und wann die Sachen pressant, entzog sie sich gänzlich denen Plaisirs, sprach auch des abends und nachts die Räte und Secretarios und erteilte die nötige Ordres und Befehle. Die Memorialien gingen alle an sie und mußten ihr referiert werden; sie las beständig Acten und Relationen und konnte sich mit leichter Mühe aus die verworrenste Händel finden, und wann eine Sach nicht gehen wollt, wie sie sollte, gab sie darum den Muth nicht verloren, sondern wußte solche wieder in die rechte Wege zu leiten. Sie führete auch das Regiment weislich, die Äffären so wohl im Lande, als an auswärtigen Orten wurden auf das Beste besorgt, die Justiz administrieret, armen Leuten geholfen.« Auch über die Beziehung des Herzogs zu seiner Mätresse verrät Krippendorf einiges. Bei offiziellen Anlässen und im Beisein anderer habe sie sich stets der gebührenden Submission befleißigt. »Wann sie aber allein bei ihm, oder vielmehr er bei ihr war, sagte sie ihm die derbe Wahrheit und verwies ihm vieles, ohne besorgen zu dörfen, daß ihm solches mißfallen würde, denn er folgte ihr blindlings in allem, und war froh, wann [sie] nur gut und zufrieden war.« Auch an anderen Stellen berichtet der Insider Krippendorf über ein aufbrausendes, eifer- und rachsüchtiges Gemüt und über fulminante Szenen, in denen das Verhältnis von Herzog und Untertanin offensichtlich umgekehrt wurde.

Noch wilder klingt ein Bericht aus der Dienerperspektive, der in den Prozessakten überliefert ist: »Bekannt ist, daß sie den hochseligen Herrn dergestalten tourmentiert, daß er einmal aus dem Bett aufgestanden und davon geloffen« sei. Und geschrien habe er, sie traktiere ihn wie einen Hundsfott und jeder Schwarzwaldbauer sei besser dran als er. Sie aber sei ihm im bloßen Hemd nachgesprungen, habe ihn aufgehalten und nach einer Pistole geklingelt. Ein anderes Mal habe der Herzog ihr unter Tränen vorgehalten, er könne mit dem besten Willen nicht mehr Geld für sie auftreiben, er gebe ihr ja schon alles, was nur aufzubringen möglich sei.

Bei ihrem Sturz im Jahr 1731 meinten ihre Gegner schadenfroh, der alternde Herzog habe sich schließlich an den ausschweifungsbedingten Runzeln seiner nicht jünger werdenden Mätresse satt gesehen und nach 25-jähriger Beziehung sein Herz für eine Jüngere entdeckt. Tatsache war indessen: Die Thronfolge stand auf sehr wackligen Beinen. Der Erbprinz Friedrich Ludwig kränkelte, sein Sohn war bereits als Kleinkind gestorben, weitere Nachkommen waren nicht zu erwarten. Und der nächste Thronanwärter, Karl Alexander, war katholisch. Im Interesse seiner Dynastie und der »evangelischen Sukzession« sah sich der Herzog nun in der Pflicht, seine

Zeugungskraft höchstselbst noch einmal zu bemühen. Kurzzeitig erwog er die Scheidung von Johanna Elisabeth und eine neue, standesgemäße Ehe, am Ende blieb aber nur die Wiederaufnahme der ehelichen Beziehungen. So oder so: Die Grävenitz stand den Plänen zur Erzeugung eines neuen Thronfolgers im Weg und musste gehen.

Nach einer letzten gemeinsamen Nacht, von der Wilhelmine nicht wusste, dass es die letzte sein würde, begab sich der mutige Herzog auf Reisen und hinterließ Ordre, die Gräfin Würben des Hofes zu verweisen. Eberhard Ludwig kroch zurück ins Ehebett, seine Versöhnungsbemühungen resultierten in einer Scheinschwangerschaft der 52-jährigen Herzogin, an die Hof und Land so hartnäckig glaubten, dass es schon peinlich war. Im Oktober 1731, ein knappes halbes Jahr nach ihrer Verbannung, ließ der Herzog seine langjährige

Herzogin Johanna Elisabeth, die Verliererin im barocken Beziehungsdrama

Mätresse in ihrem Schloss in Freudental gefangen nehmen und nach Urach bringen. Nun zeigte sich, dass Gräfin Würben für den Fall ihres Falles umsichtig vorgesorgt hatte. Vielleicht stand ihr ja das Schicksal der nur wenige Jahre älteren Gräfin Cosel vor Augen. Die schöne und mächtige Mätresse des starken August von Sachsen war 1713 in Ungnade gefallen, hatte nach Preußen fliehen müssen, war ausgeliefert worden – und niemand wusste, was dann aus ihr geworden war. Dass sie beinahe fünfzig Jahre auf der Festung Stolpen gefangen saß, erfuhr die Welt erst nach ihrem Tod.

Die Gräfin Würben hatte nicht nur nach Titeln gestrebt, sondern auch nach dem entsprechenden Landbesitz, nämlich nach Herrschaften, die zur Reichsritterschaft gehörten, also nicht dem württembergischen Herzog unterstanden, sondern dem Kaiser direkt. Weil der Herzog seine ehemalige Mätresse im reichsritterschaftlichen Freudental festnehmen ließ, intervenierte die Ritterschaft des Kantons Kocher zugunsten ihrer Standesgenossin in Wien. Nicht, dass man viel Mitgefühl für die gestürzte Favoritin übrig gehabt hätte, aber einen Übergriff herzoglich-württembergischer Truppen wollte man ebenso wenig dulden wie die Gefangennahme eines Mitglieds der Ritterschaft. Und am Kaiserhof hätte man sich dem Protest nicht entziehen können, ohne gehörig Prestige einzubüßen. Überdies neigte sich Eberhard Ludwigs Herrschaft dem Ende zu, ein Thronerbe war von ihm nicht mehr zu erwarten. Seine Position war einfach nicht mehr stark genug, als dass es sich für den Kaiser gelohnt hätte, sich mit den Beschützern der Gräfin Würben anzulegen, zu denen im Übrigen auch der preußische König gehörte.

Der Herzog litt nach der Trennung von seiner langjährigen Geliebten und der Versöhnung mit der ungeliebten Gemahlin an einer »Beängstigung« des Gemüts, unter Schweißausbrüchen und »einer Art von Ohnmachten und Verzweiflung«, kurz: mit der durchlauchtigsten Gesundheit stand es schlecht. Dafür mochten die alkoholintensiven Festgelage verantwortlich sein, mit denen Durchlaucht sich abzulenken versuchte, der Herzog jedoch – und da war er nicht der Einzige – machte Hexenkünste und Giftmischerei der Gräfin Würben verantwortlich. Diese sah sich als Opfer eines Rufmords und drohte ihren Verleumdern aus dem Gefängnis: »Ich lasse Gott die Rach, der wird schon einmal sprechen; / wann kommt die rechte Zeit, er wird dies selbsten rächen.«

Und sie beließ es nicht beim Dichten. Während ihrer anderthalbjährigen Haft teils im Uracher Schloss, teils auf der Festung Hohenurach, kämpfte sie wie eine Löwin um ihren Besitz und ihre Rehabilitierung, dann einigte man sich. Der Großteil ihrer Besitztümer fiel an den Herzog zurück. Als sie im Frühjahr 1733 entlassen wurde, zog sie nach Berlin. Ein halbes Jahr später starb Eberhard Ludwig. Sein Nachfolger,

Mit seiner Lebensgefährtin baute der Herzog Ludwigsburg zur prunkvollen neuen Residenz auf.

Karl Alexander, machte ihr den Prozess, bei dem es kaum ein Verbrechen gab, das man ihr nicht zur Last legte: Abtreibung, Bigamie, Ehebruch, Giftanschlag, Majestätsverbrechen, Fälschung, Gelderpressung, Betrug, Veruntreuung öffentlicher Gelder, Amtserschleichung, Bestechung, Mordanschlag, Eidbruch. Eberhard Ludwig hatte einen riesigen Schuldenberg hinterlassen. Für seinen Nachfolger und die Untertanen machte es sich natürlich besser, wenn man das statt dem hochseligen Herzog der Favoritin ankreidete.

Aber diese befand sich außer Landes und in Sicherheit. Mit Unterstützung des preußischen Königs Friedrich Wilhelm I. machte sie von Berlin aus ihre Entschädigungsansprüche gegen Württemberg geltend und handelte eine Summe von immerhin 150 000 Gulden für ihre enteigneten Besitztümer aus. Ihr Verhandlungspartner war – Ironie des Schicksals – Joseph Süß Oppenheimer, der Geheime Finanzrat Karl Alexanders. Auch er ein Günstling, einer, der seinem Fürsten alles zu verdanken hatte, der ihm deshalb besonders ergeben diente; der mit der Gunst und Gnade des Herrschers stand und fiel. Doch anders als die Gräfin Würben, die nicht nur das politische Machtgefüge ihrer Ära geschickt zu ihren Gunsten genutzt, sondern auch mächtige Beschützer gehabt hatte, musste Joseph Süß Oppenheimer, nur wenige Jahre nach ihrem Sturz, seinen Aufstieg mit dem Leben bezahlen. Die Gräfin Würben starb am 21. Oktober 1744 in Berlin. Eines natürlichen Todes.

# Marianne Pirker
## *wird zum Schweigen gebracht*

D ie Gefangene reiße neuerdings Halme aus ihrem Strohsack, berichteten die Wachen dem Festungskommandanten, die forme und flechte sie
und binde sie mit Hilfe ihrer Haare zu Blumen und Sträuß-
chen. Oberst Kettenburg befahl, sie gewähren zu lassen.
Wenn ihre Schreie und Tobsuchtsanfälle dann aufhörten und
sie Ruhe gab, sollte es ihm recht sein. Warum auch sollte er
der armen Frau, die hier seit vielen Jahren auf Befehl Seiner
Durchlaucht Herzog Carl Eugen gefangen gehalten wurde,
diesen harmlosen Trost in ihrem Elend versagen.

Die Gefangene, das war Marianne Pirker, gefeierte Primadonna an der Stuttgarter Hofoper – bis sie sich im Jahr 1756
die Ungnade des Herzogs zugezogen hatte. In aller Heimlichkeit hatte man damals die Pirker, ihren Mann und den Friseur der Herzogin in einer lauen Spätsommernacht auf die
Festung Hohentwiel und von dort sechs Wochen später auf
den Hohenasperg geschafft. Aus Gründen, die weder Kettenburg noch seine beiden Vorgänger noch sonst jemand kannte.
Denn allen, die mit dem Fall zu tun hatten, war vom Herzog
strengste Geheimhaltung auferlegt worden.

Marianne von Geyereck, deren Familie aus der Steiermark
stammte, wurde am 27. Januar 1717 geboren, wahrscheinlich

in Venedig. Schon früh machte sie als Sopranistin Karriere. Mit zwanzig heiratete sie den Violinisten und Musiklehrer Franz Pirker. Vermutlich hatte sie ihn in Venedig kennen gelernt, in der Operntruppe der Brüder Mingotti, der sie beide angehörten und mit der sie in den folgenden Jahren in Graz, Kopenhagen und London auftraten. Obgleich 17 Jahre jünger als Franz, wurde Marianne bald die Führungskraft des Duos. Franz Pirker war ein weicher, sensibler Charakter und, im Gegensatz zu Marianne, nicht der Beharrlichste in der Verfolgung seiner Ziele. Auch im Umgang mit Geld war sie die Kompetentere. Ohnehin trug sie den Löwenanteil zum Einkommen der Familie bei, bezahlte die Reisen, die aufwändigen Garderoben, außerdem Unterhalt und Ausbildung der drei Töchter. Die beiden älteren, Rosalie (geboren 1738) und Aloysia (geboren 1741), lebten bei der Großmutter und dem Stiefgroßvater in Stuttgart. Die jüngste, Viktoria, kam 1746 während einer Konzertreise in Italien zur Welt und wuchs in einem Karmeliterinnenkloster in Bologna auf.

Für Künstler – und Künstlerinnen – hieß es, beweglich zu sein: Gastspiele in allen großen Städten, Auftritte an allen bedeutenden Höfen, eine Saison an diesem Opernhaus, die nächste an jenem Hof. Und – ganz wichtig – Kunstreisen nach Italien! Denn dort kamen die gefeierten Primadonnen her, und wer mit ihnen konkurrieren wollte, sollte Lorbeeren aus dem Ursprungsland der Oper und des Belcanto vorweisen können.

Mit dreißig war Marianne eine Sängerin von europäischem Rang, die dank ihres schauspielerischen Talents Triumphe auf der Opernbühne feierte, die aber auch als Konzert- und Kirchensängerin reüssierte. Sie war Primadonna, also erste Sängerin einer Operngesellschaft, gab aber auch den *primo uomo*, also den Part von Kastraten wie Farinelli oder Giuseppe Jozzi – ein enger Freund, dem sie später ein Engagement in Stuttgart verschaffte. Sie sang auf Deutsch, Italienisch und Französisch. Wenn es sein musste, sogar in englischer Sprache. Während eines Engagements in Kopenhagen wurde sie von Königin Luise, die ihrer Niederkunft entgegensah, zum Privatkonzert gebeten. Die gebürtige englische Prinzessin schickte Marianne am Vorabend ein Notenbuch. Mit englischen Arien. Damit hatte Marianne nicht gerechnet, üblicherweise sang man italienisch oder französisch:»Nun kannst Du Dir die Konfusion vorstellen«, berichtete sie ihrem Mann. »Geduld! ich liefe morgens zur Madame Fabris und ließe mir solche ein wenig vorlesen, und abends sang ich sie schnurgerade weg; wie ich sie prononciert, weiß der Himmel. Die Königin zeigte großes Vergnügen hierüber, akkompagnierte selbst, und mochte ich noch andere fünf Arien singen von ihren Büchern, italienische, sodaß ich von meinen nur eine sange.« Der Königin gefiel die Darbietung sehr. »Beim Weggehen sagte mir die Obristhofmeisterin, daß ich wohl noch einmal würde berufen werden, weil Ihro Majestät der König nicht habe dabei sein können. Nach einer geraumen Zeit retirierte man sich, um den Thee zu nehmen, allwo ich mitten unter denen *dames* saße und Thee tranke. Dieses ist die Wahrheit, daß ich in meinen Leben keine höflicheren *dames* gesehen, als die hiesigen. Die Königin ist schön wie ein Engel; wann man sie gerad ansieht, so ist sie unser gnädiger Prinz von Wallis, aber im schönen.«

Zuvor war Marianne in London aufgetreten, wo sie seit Herbst 1747 an der königlichen Oper sang, und hatte auch Händels Oratorienaufführungen kennen gelernt. Doch weil ihre Gage über Gebühr lange auf sich warten ließ, gerieten die Pirkers in Schulden und Marianne musste im November des folgenden Jahres ihr Engagement in Kopenhagen ohne Garderobe, Schmuck und Franz antreten. Der blieb in London und versuchte, die Außenstände einzutreiben, was sich ziemlich zäh gestaltete. Nach einiger Zeit konnte er immerhin ihre Koffer auslösen, die der Hauswirt mit Beschlag belegt hatte, und sie ihr nachschicken. Aber das Reisegeld konnte er nicht aufbringen, sodass er sich in London als Musiklehrer durchschlagen musste.

Franz unterhielt seine Frau mit Klatsch und Intrigen aus der Kunstszene und Skandalgeschichten aus dem Leben der High

Galante Zeiten, auch in Stuttgart. »Kavalier und Dame« um 1760, Zeichnung von G. F. Riedel

Society, schrieb lange, missmutige, oft eifersüchtige Briefe, denn Marianne führte in Kopenhagen ein reges Gesellschaftsleben, während er sich in London recht einsam fühlte. Ihre Briefe seien zu kurz und zu kühl und zu selten, klagte er, wo er sich doch so nach ihr sehne. »Oh Gott! wie liebst du mich viel, weil ich weit von dir bin«, konterte Marianne sarkastisch, aber meist war der Ton der Eheleute liebevoll und kollegial. Er beriet sie in Repertoire- und Kostümfragen, schickte ihr Noten und modische Galanteriewaren, die in Kopenhagen nicht zu bekommen waren. Sie lobte seinen guten Geschmack und verkaufte die Uhren, Tabaks- und Puderdosen, Parfümflakons und Damenstrümpfe mit Gewinn. Und beide sorgten sich um die Töchter bei den Großeltern in Stuttgart, denn der Stiefgroßvater, ein Rentkammersekretär in herzoglichen Diensten, war ein jähzorniger Patron, vor dem alle zitterten. In dieser Situation bot sich nun ein dauerhaftes Engagement am Hof des Herzogs und der Herzogin von Württemberg.

»Ich habe Dir schon gemeldet, daß die Herrschaft närrisch über mein Singen ist. Gestern habe ich eine *improvisata* gemacht und ein kleines Duett und Solo in der Messe gesungen. [...] Den Nachmittag bei der Kammermusik bedankte sich der Herzog sehr vor diese *finesse*, so ich ihm gethan.« Und einige Wochen später berichtete Marianne hochzufrieden, der Herzog habe ihr gesagt, er habe in der Kirche zwar nicht in die Hände klatschen können, sonst hätte er es gewiss getan, aber mit dem Kopf habe er immer applaudiert.

Hier wird es nötig, in eine andere Geschichte zu springen, nämlich in die des jung verheirateten erlauchten Paares Carl Eugen von Württemberg und Elisabeth Friederike Sophie von Brandenburg-Bayreuth. Carl Eugen war am Hof Friedrichs II. von Preußen, bekannt als der Große, erzogen und mit 16 Jahren für volljährig erklärt worden. Friedrich gab ihm weise Ratschläge mit auf den Weg, unter anderem diesen:»Denken Sie ja nicht, daß das Land Württemberg für Sie geschaffen worden ist, vielmehr, daß die Vorsehung Sie auf die Welt hat kommen lassen, um dieses Volk glücklicher zu machen. Ziehen Sie immer dessen Wohlsein Ihrer eigenen Annehmlichkeit vor.« Carl Eugen scherte sich wenig um die Ratschläge seines Mentors. Der einzige, den er beherzigte, lautete:»Opfern Sie einige Jahre dem Vergnügen« – wobei der Herzog die Einschränkung»einige Jahre« geflissentlich ignorierte.

Der Preußenkönig hatte auch eine passende Gemahlin für ihn im Auge, nämlich seine Nichte Friederike von Brandenburg-Bayreuth, eine gerade flügge gewordene Schönheit, die als die begehrenswerteste Prinzessin Deutschlands galt. Der junge Herzog gab sich so närrisch verliebt und so eifersüchtig, dass seine Schwiegermutter, Markgräfin Wilhelmine, den Kopf über ihn schüttelte. Die kunstsinnige Lieblingsschwester Friedrichs hatte den Bayreuther Hof zu dem gemacht, was er damals war: eine kleine, aber elegante, wenn auch hoch verschuldete Residenz. Zur Hochzeit von Friederike und Carl am 26. September 1748 wurde das markgräfliche Opernhaus eingeweiht. Der kunstbegeisterte Herzog fing sofort Feuer. Etwas Ähnliches, noch Größeres, noch Schöneres musste her, denn was die nicht eben reiche fränkische Markgrafschaft sich

leisten konnte, das brachte
Württemberg allemal zustande! Auch Friederike liebte die
italienische Oper. Leider sollte das geteilte Steckenpferd
die einzige Gemeinsamkeit in
dieser Ehe bleiben.

Zu Beginn von Carl Eugens
Regierung gab es in Stuttgart
weder Theater noch Oper
noch Ballett, nur ein spärlich
besetztes Hoforchester, und
das Alte Schloss stellte eher
eine Zumutung dar als eine
passende Residenz für ein
anspruchsvolles Fürstenpaar.
Friederike und Carl stürzten
sich mit Feuereifer in die Arbeit, engagierten Musiker
und Musikerinnen, Sänger
und Sängerinnen, vor allem
aus Italien, allesamt Spitzenkräfte. Mit weniger gaben sie
sich nicht zufrieden. Der berühmte Opernkomponist Niccolò
Jommelli ließ sich aus päpstlichen Diensten abwerben, um
Hofkapellmeister in Stuttgart zu werden. Der »Theatral-Architekt« und Bühnenbildner Innocente Colomba besorgte mit
Pomp, Phantasie und Raffinement die Ausstattung für Jommellis Schöpfungen und überraschte mit Bühneneffekten, die
das entzückte Publikum an Zauberei glauben ließen. Oberbaudirektor Philippe de La Guêpière schuf Opernbauten, die
zu den prächtigsten Europas zählten und die die immer aufwändigeren Inszenierungen überhaupt erst möglich machten.
Und der Herzog ließ sich zu jedem Geburts- und Namenstag
mit einer Premiere beglücken: große Oper mit antiken Göttern, Königen und Heroinen – schwere, tragische Stoffe, un-

Der kunstbegeisterte
Herzog Carl
Eugen – hier um
1750 – holte
die Sopranistin
Marianne Pirker
an sein neues
Opernhaus.

Marianne Pirker    73

Giacomo Casanova: »... daß der Fürst das alles nur tat, um von sich reden zu machen.«

vergängliche Taten, leidenschaftliche Liebe, unsagbarer Schmerz. Innerhalb eines Jahrzehnts wurde das provinzielle Stuttgart (und später Ludwigsburg) zur ersten Adresse in Europa, wenn es um Oper, Ballett und sinnenbetörende Rokoko-Feste ging.

»Zu jener Zeit war der Hof des Herzogs von Württemberg der glänzendste von ganz Europa«, berichtete Giacomo Casanova, den sein verschlungener Lebensweg um 1760 nach Stuttgart führte. »Schon nach wenigen Tagen erkannte ich klar, daß der Fürst das alles nur tat, um von sich reden zu machen«, stellte er fest. »Sein Wunsch war, man sollte von ihm sagen, kein Fürst seiner Zeit habe mehr Verstand oder mehr Geistesgaben als er, keiner verstehe es besser, Vergnügungen zu ersinnen und sie zu genießen, keiner regiere mit mehr Geschick, keiner genieße in so vollen Zügen alle Genüsse der Tafel, des Bacchus und der Venus, und das auf keinen Fall auf Kosten der Zeit, deren er für die Regierung seines Staates bedurfte. Um für alles Zeit zu finden, hatte er sich entschlossen, die Natur um die Stunden zu betrügen, die er zum Schlafen benötigte, und jeder Diener fiel in Ungnade, dem es nicht gelang, ihn nach drei oder vier Stunden Schlaf aus dem Bett zu bringen.« Nach einem rigorosen Morgenritual mit gewaltsam eingeflößtem Kaffee und einem kalten Bad brachte der Herzog die lästige Pflicht des Regierens hinter sich: »Wenn Serenissimus endlich wach geworden war, versammelte er seine Minister, um möglichst rasch die laufenden Angelegenheiten durchzusprechen; dann gewährte er allen Audienz, die darum nachsuchten, in der Mehrzahl zähen, dummen, dickschädeligen Bauern, die sich einbildeten, es genüge, beim Herrscher selbst vorzusprechen, um augenblicklich Recht zu erhalten. Aber es gab nichts Komischeres als diese Audienzen, die der Herzog seinen armen Untertanen gewährte. Er tobte, um sie zur Räson zu bringen, und sie gingen angstschlotternd und verstört von dannen. Mit den hübschen Bäuerinnen verfuhr er anders. Er prüfte ihre Beschwerden unter vier Augen, und obwohl er ihnen nichts gewährte, schieden sie doch getröstet.«

Den Auftakt für die internationale Starbesetzung des Stuttgarter Musiklebens bildete das Engagement von Marianne Pirker. Sie wurde zunächst als Kirchen- und Kammersängerin verpflichtet, da die bisherige Stelleninhaberin die Residenz ihrer Schulden wegen fluchtartig verlassen hatte. Bei den Verhandlungen um ihr Jahresgehalt konnte Marianne statt der angebotenen 1200 Gulden 1500 aushandeln. Sie freute sich, einem so großzügigen Fürsten zu dienen und war glücklich, ihre Familie wieder um sich zu haben.

»Bin ich einmal in Stuttgart, so werde ich trachten, *opera* dort zu halten«, hatte sie ihrem Mann geschrieben, und schon am 30. August 1750, bei der Einweihung der Oper, zu der das Neue Lusthaus inzwischen umgebaut worden war, sang sie wieder als Primadonna. Gerne hätte sie auch ihrem Mann ein Engagement bei Hof verschafft, doch musste sich Franz Pirker fast drei Jahre lang mit Gratisarbeit hochdienen, eher er schließlich für 400 Gulden im Jahr als Konzertmeister angestellt wurde. Dank seiner internationalen Verbindungen leistete Pirker wertvolle Aufbauhilfe für die Stuttgarter Oper. Im Frühjahr 1753 schickte der Herzog ihn nach Italien, um weitere Virtuosen anzuwerben. Möglicherweise war Franz Pirker auch am Engagement des berühmten Komponisten Niccolò

Jommelli beteiligt, dem die Oper unter Carl Eugen ihre Glanzzeit verdankte. Tochter Aloysia Pirker sang inzwischen zweite Sopranrollen. Die ganze Familie sonnte sich in der Gunst des Herzogs und der Herzogin.

Nur das hohe Paar selbst war sich schon lange nicht mehr grün, denn die Kunstbegeisterung des Herzogs bezog zum Leidwesen der Herzogin auch die Künstlerinnen mit ein. »Alle seine Tänzerinnen waren hübsch, und jede rühmte sich, wenigstens einmal Seine liebessüchtige Durchlaucht beglückt zu haben«, das wusste nicht nur Casanova. Friedrich II. schrieb an seine Schwester: »Offen gesagt, deine Tochter wird gut tun, nicht eifersüchtig zu sein. Ist diese Leidenschaft des Herzogs vorüber, so wird eine andere folgen und dann noch eine. Somit muß sie sich in eine Sache finden, die sie nicht ändern kann, und nur darauf sehen, sich die Freundschaft und das Vertrauen des Herzogs zu erhalten. Beide haben zu jung geheiratet; der Herzog liebte sie mehr wie ein eifersüchtiger Liebhaber als wie ein Gatte; er hat sein Feuer auf einmal verpufft. Das sind die Folgen des Genusses, erst Übersättigung, dann Widerwille. [...] Vielleicht findet er für kurze Zeit zu ihr zurück, aber ein flatterhaftes Herz gibt die Gewohnheit der Unbeständigkeit nicht auf.« Doch die Herzogin war zu jung, zu schön und zu stolz, als dass sie die permanenten Anlässe zur Eifersucht souverän hätte übersehen mögen. Zumal sie, wie es den Anschein hat, über die durchlauchtigsten Seitensprünge bestens informiert war.

Friederike hielt sonst sehr auf Abstand zu Rangniederen. Von ihren Hofdamen verlangte sie anstelle des üblichen Handkusses sogar, dass sie ihr den Kleidersaum küssten. Bei so viel aristokratischer Distanz war es umso erstaunlicher, dass die Herzogin mit Marianne Pirker Freundschaft schloss. Denn die war zwar eine berühmte »Operistin«, gefeiert und gefragt, stand aber im Rang weit unter einer Fürstin. Bei Hof nahm man teils missgünstig, teils verwundert zur Kenntnis, dass die hochmütige Herzogin in der ebenso herzlichen wie temperamentvollen Primadonna eine mütterliche Freundin und Vertraute gefunden hatte – und wohl auch eine Informantin über des Herzogs intime Scharmützel mit Schauspielerinnen, Sängerinnen und Tänzerinnen.

Am 16. September 1756 wurden Marianne und Franz Pirker sowie Friederikes Friseur Georg Matthäus Reich plötzlich verhaftet. Der Herzog umgab den ganzen Vorgang mit einer Mauer des Schweigens. Die Gefangenen wurden getrennt voneinander untergebracht, durften weder untereinander noch mit den Wachen sprechen und auch nicht schreiben. Über ihre Identität herrschte strengstes Stillschweigen, dem Gefängnispersonal waren sie nur als »die Frauensperson«, »der Alte« und »der Junge« bekannt. Auch der Transport vom Hohentwiel zur Festung Hohenasperg geschah bei Nacht und Nebel und war so geheim, dass nicht einmal Wachen vor den Gefängniszellen aufgestellt werden durften und der Festungskommandant dem Herzog mit seinem Leben dafür haften musste, dass die Gefangenen nicht entkamen.

Über die Motive des Herzogs für die Verhaftung und die strenge Geheimhaltung lässt sich nur spekulieren. Vielleicht wollte Carl seine Frau treffen, indem er ihre Freundin und Vertraute verschwinden ließ. Während man nämlich im Sommer 1756 in Europa für einen Krieg rüstete, der sieben Jahre dauern sollte, kulminierte die eheliche Auseinandersetzung zwischen Carl und Friederike. Schon Casanova vermutete, dass Friederike den Herzog nicht wegen seiner Affären ver-

Herzogin Friederike verließ ihren Mann, nachdem er ihre Freundin und Vertraute hatte »verschwinden« lassen.

ließ, sondern dass es ein einzelner schwerer Schimpf gewesen sei, der sie bis ins Mark getroffen hatte. Vielleicht war das die Verhaftung Marianne Pirkers. Zu jener Zeit wurde Friederike von Carl kaum noch die ihr geziemende Aufmerksamkeit zuteil, und da sie weder populär war noch Freunde am Hof hatte, musste sie sich vollkommen isoliert gefühlt haben, als der Herzog ihr die einzige Freundin entriss.

Nach Mariannes Verhaftung soll es zu einem stürmischen Auftritt gekommen sein. Bestürzt über das Verschwinden der Primadonna sei Friederike zum Herzog gegangen. Und zwar habe sie sich zur Audienz melden lassen, die Carl Eugen allen seinen Untertanen gewährte, habe antichambriert wie eine gewöhnliche Bittstellerin. Das war gegen jede Etikette und machte die Entfremdung des Herzogspaares offenkundig. Die Herzogin habe mit ihrer Intervention denn auch nichts erreicht, heißt es, als dass es zu einer heftigen Szene gekommen sei, ihr Gemahl in Zorn geriet und sie in ihre Gemächer zurückkomplimentierte.

Carl Eugen brach dann zu einem Jagdaufenthalt bei seinem Schwiegervater in Bayreuth auf. Friederike folgte ihm am 20. September, vier Tage nach Mariannes Verhaftung, zwar mit auffallend viel Gepäck, doch mit Genehmigung des Herzogs, der ihr das Reisegeld angewiesen hatte. Vielleicht hatte sie sich schon entschlossen, nicht mehr zurückzukehren, vielleicht fiel die Entscheidung aber auch erst in Bayreuth, wo sie mit ihren Eltern und dem Herzog zusammentraf. Anders als bei einer früheren Trennung ließ sich Friederike aber nicht mehr zur Rückkehr nach Württemberg bewegen.

Marianne, Franz und der Friseur Reich mussten auf dem Hohenasperg weder hungern noch frieren. Sie wurden in anständigen Räumen untergebracht, die man heizte und sauber hielt. Sie bekamen vergleichsweise gut zu essen, auch Wein und Kaffee, und wurden regelmäßig mit Kleidung ausgestattet. Um ihre Wäsche kümmerte sich eine Waschfrau, und ein Arzt aus Ludwigsburg war für ihre medizinische Betreuung zuständig. Carl Eugen machte den Fall zur Chefsache und ließ sich über alles, was die Gefangenen betraf, Rapport erstatten. »Der Alte und die Frauensperson bezeugen sich ganz tranquill, der Jüngere aber ist sehr beunruhigt und jammert beständig«, berichtete der Festungskommandant im Januar 1757, vier Monate nach der Inhaftierung. Später scheinen sich die beiden Männer in ihr Schicksal ergeben zu haben und betrugen sich »gelassen«, während Marianne völlig zusammenbrach. Ihr Geist verwirrte sich, sie bekam Tobsuchtsanfälle und schrie, bis ihre Stimme zerstört war. Auf der Bühne hatte sie heroische Dulderinnen – die verlassene Dido, die geduldig auf ihren Odysseus wartende Penelope – so ergreifend verkörpert, dass sie das Publikum zu Tränen rührte. Jetzt saß sie von aller Welt abgeschnitten auf dem Hohenasperg, ohne Verhör, ohne Gerichtsverfahren, ohne Urteil und ohne zu wissen, wie lange sie in Gefangenschaft würde ausharren müssen, der Ungnade des Herzogs ausgeliefert, vielleicht bis zu ihrem Tod.

Mit der Zeit lockerte man die strenge Trennung der Gefangenen, Marianne und ihr Mann durften gelegentlich zusammen speisen. Marianne wurde ruhiger, blieb aber verwirrt und fand zu einer Art von Beschäftigungstherapie, indem sie Halme aus ihrem Strohsack mit Hilfe ihrer Haare zu kleinen floralen Kunstwerken verarbeitete. Der Kommandant soll ihr heimlich sogar Draht und Faden dafür verschafft haben. Mariannes Strohbouquets gelangten schließlich aus der Festung und kamen unter die Leute – und mit ihnen wohl auch Gerüchte über die »gefangene Nachtigall«. Auch Kaiserin Maria Theresia soll ein solches Gebinde in die Hände bekommen haben, woraufhin sie sich bei Carl Eugen für die Künstlerin eingesetzt habe. Und der Herzog, dem an guten Beziehungen zum Hause Habsburg gelegen war, habe der Kaiserin den Gefallen nicht abschlagen können.

Über acht Jahre saßen Marianne Pirker, ihr Mann und der Friseur Reich auf dem Hohenasperg, und ebenso plötzlich wie seinerzeit die Festnahme kam auch ihre Freilassung. Am Morgen des 10. November 1764 teilte ein Geheimer Kabinettsse-

kretär dem Festungskommandanten Kettenburg mit, dass die Gefangenen auf freien Fuß zu setzen seien – unter der Bedingung, dass sie schworen, sich nicht für die erlittene Unbill zu rächen, über ihre Gefangenschaft ewiges Stillschweigen zu bewahren, das Land Württemberg für immer zu verlassen und keinesfalls die Herzogin aufzusuchen oder ihr zu schreiben. Franz Pirker und Reich – Letzterer »ziemlich niedergeschlagen und sehr submiß« – waren sofort einverstanden. Marianne reagierte verstört. Sie sei keine Übeltäterin, sie habe den Herzog auch nicht beleidigt und wolle keinen Eid ablegen. Sie ließ sich aber von Pirker zum Schwur überreden. Das Protokoll vermerkt, sie habe bisweilen einen verwirrten Eindruck gemacht. Alle drei dankten dem Herzog für seine Gnade und flehten Gottes Segen auf ihn herab. Dann mussten sich die

drei auf vorgeschriebenem Weg schnurstracks außer Landes, in die Freie Reichsstadt Heilbronn begeben.

Der Herzog ließ seine Opfer mit einer Garderobe versehen, zahlte ihre Reisekosten und gewährte ein Zehrgeld von 50 Gulden pro Person, verweigerten aber eine Pension, um die Franz Pirker unter Berufung auf sein Alter und »die verwirrte Vernunft meiner Ehekonsortin« nachsuchte. In Heilbronn fanden sich die drei mittlerweile erwachsenen Töchter ein. Aloysia war als Kammervirtuosin in herzoglichen Diensten geblieben, Rosalie, die älteste, hatte kurz nach der Inhaftierung ihrer Eltern geheiratet: den Hof- und Kanzleibuchdrucker Christoph Friedrich Cotta. Der Sohn, den sie am 27. April desselben Jahres geboren hatte, war der spätere Klassiker-Verleger Johann Friedrich Cotta.

Die Karrieren von Marianne und Franz Pirker waren ruiniert, aber sie waren frei und sie hatten hilfreiche Freunde. In Eschenau, auf dem Gut einer aus Stuttgarter Zeiten befreundeten Adeligen, erholte sich Marianne in ländlicher Stille von den Strapazen der Haft und erlangte ihre geistige Gesundheit wieder. »Doch lag die Rückerinnerung an den Berg ihres Elendes lebenslänglich wie eine düstre Wolke auf ihrer Seele«, berichtet Christian Daniel Friedrich Schubart, der geschasste Ludwigsburger Musikdirektor, der sich damals in Heilbronn aufhielt. Jetzt bereicherte das früher international agierende Künstlerpaar das städtische Musikleben. Schubart schreibt in seiner Autobiographie: »Die Heilbronnischen Privatkonzerte fand ich über mein Erwarten gut eingerichtet, mit einem reichen Vorrate von guten Musikalien versehen und größtenteils gut besetzt, teils mit Stadtmusikanten, teils mit Liebhabern. Pirker und seine Frau, die ehemals so berühmte Marianne, hatte größtenteils die Ehre dieser guten Einrichtung. Die großen Erfahrungen und der richtige Verstand Pirkers machten ihn zu einem der treffendsten und lehrreichsten musikalischen Kunstrichter. Man konnte nicht gründlicher über das Steigen und Fallen, die Ebbe und Flut des musikalischen Geschmacks in ganz Europa urteilen, als es dieser Mann – versteht sich aus den Zeiten seiner Tätigkeit – tat, da er die vornehmsten Plätze in Europa bereiste. Seine Frau war zwar schon lebendig tot für den schönen Sang, aber doch noch etwas mehr als eine ausgestopfte Nachtigall. Da sie eine gründliche Sängerin war, so leistete sie noch wichtige Dienste beim Unterrichte.«

Nur wenige Jahre nach der Begegnung sollte Schubart selbst auf dem Hohenasperg schmachten, länger und härter als die Pirkers, auch er ein Willküropfer des Herzogs. Marianne Pirker starb am 10. November 1782 in Eschenau, rund drei Jahre vor Franz Pirker, der am 1. Februar 1786 hochbetagt in Heilbronn verschied.

# Elisabeth Gaßner
## *macht als Diebin Karriere*

»Die Fronfeste lag, ein gewaltiges schwarzes Hufeisen, in der Frühdämmerung, und vier Lichtlein, welche die ganze Nacht hindurch sichtbar gewesen, schienen jetzt dem Erlöschen nahe. [...] Das waren die vier Stuben der Verurteilten für die letzten drei Tage! [...] Nach und nach ward es heller und damit unruhiger, stürmischer. Endlich ging die Sonne blutrot über dem Donautale auf; das Schauspiel begann. Zunächst richteten sich die Blicke nach der Schandbühne; dort war das Vorspiel zu erwarten. Bald zeigten sich die Auserwählten oben im Schimmer des Tages: bleich, schwankend, elend, frierend und wieder glühend von innerem Fieber, wegblickend von der aufheulenden, schreienden, kreischenden, hohnenden Menge, in der sich Kopf für Kopf bewegte, wie Riesenblätter eines ringsum aufstarrenden vom Wind erfaßten Urwaldes.« So muss man sich den Auftakt zu einer Hinrichtung in Oberdischingen vorstellen, in der Residenz des Grafen Franz Ludwig Schenk von Castell, der als »Malefizschenk« zu zweifelhaftem Ruhm gelangte. – *Malefiz* wie das Schimpfwort, in dem auch widerwillige Anerkennung mitschwingt, *Malefiz* wie *Maleficium* (Kapitalverbrechen) und *Malefizgerichtsbarkeit*, das Recht, Malefikanten zu verurteilen, Todesstrafe inklusive.

Auch Elisabeth Gaßner musste auf dem Oberdischinger Blutgerüst ihr Leben lassen. Am 16. Juli 1788 wurde sie enthauptet, eine Frau von Mitte vierzig. Geboren wurde sie im Jahr 1742 oder 43, als Tochter eines abgedankten Soldaten im Kloster Wiblingen bei Ulm, wo sie auch getauft wurde. Wahrscheinlich gehörten schon ihre Eltern zur vagierenden Unterschicht, die zwischen Neckar, Alb und Donau, um den Bodensee, in Schwaben, Bayern und im Fränkischen zeitweise bis zu zehn Prozent der Bevölkerung ausmachte: Bettler, abgedankte Soldaten, Korbflechter, stellungslose Dienstboten und Berufsmobile wie Scherenschleifer, Kesselflicker, Wanderkrämerinnen, dazu Schauspieler, Musikanten, Gaukler, Kartenleserinnen, Trickbetrüger, Diebinnen und Diebe. Meist waren sie in kleinen Gruppen unterwegs und schlugen sich mit einer Kombination aus Saisonarbeit, Gelegenheitshandel, Betteln und Gaunereien durch. Die Obrigkeit fasste sie unter einem Begriff zusammen: alles Gauner. Schon wer ohne Genehmigung umherzog, machte sich strafbar. Für ein Todesurteil genügte Diebstahl im Wiederholungsfall.

Allerdings – und davon profitierten die Fahrenden – waren die einzelnen Herrschaftsgebiete oft winzig klein. Wer sich im Gewirr der Landesgrenzen auskannte – so wie die Gaßnerin –, konnte sich der Verfolgung entziehen. Manchmal genügte schon ein Sprung über einen Bach, und man fand sich in einem anderen Territorium wieder, wo den Verfolgern die Hände gebunden waren. Und wer tatsächlich gefangen wurde, konnte immer noch behaupten, nicht der – oder die – zu sein, für die man sie hielt. Oft mit Erfolg, einen festen Identitätsnachweis gab es noch nicht. Aber dieses Biotop für Kleinkriminelle begann auszutrocknen.

Daran war neben anderen Verbrechensbekämpfern auch Franz Ludwig Schenk von Castell beteiligt. Im Jahr 1764, also mit 28 Jahren, trat er seine Herrschaft an und machte sich sogleich daran, seine dörflich geprägte Residenz auszubauen: ein Schloss, ein Kanzleigebäude, einen Straßenzug aus zweistöckigen Doppelhäusern mit stattlichen Mansardendächern und schließlich eine klassizistische Rotundenkirche, die dem Pantheon in Rom nachgebildet wurde. Womit sich der Graf gründlich verschuldete. Das passierte seinen Standesgenossen zwar auch, aber was Schenk dagegen unternahm, fiel gänzlich aus dem Rahmen. Er baute ein Zuchthaus. Darin wollte er nicht nur die Vaganten seines eigenen Territoriums wegsperren, sondern auch Delinquenten von auswärts unterbringen – und damit Geld verdienen.

»In allen gesitteten Ländern sind solche Häußern errichtet, um das überall häufig eingedrungene Gesindel auszurotten und die einheimische Müßiggängern und Liederliche, auch arme Leute zu versorgen«, versuchte Schenk die Herren des Schwäbischen Ritterkreises

für sein Projekt zu erwärmen, denn zuerst einmal musste investiert werden. Zuchthäuser schossen damals geradezu aus dem Boden, denn man war aufgeklärt und glaubte an das Gute oder doch wenigstens an die Besserungsfähigkeit des Menschen. Die gebildete Öffentlichkeit kritisierte die Missstände eines veralteten inhumanen Justiz- und Strafwesens und sann auf Abhilfe. Die hieß: einsperren statt hinrichten, brandmarken, verstümmeln, anprangern und ausweisen. Das Zuchthaus sollte heilsamen Schrecken verbreiten. Die Gauner sollten an ehrliche Arbeit und einen geregelten Tagesablauf gewöhnt und zu einem ordentlichen Lebenswandel angehalten werden.

Elisabeth Ebner heiratete 1772 den ehemaligen Soldaten Johann Gaßner aus Biberberg bei Ulm. Sie brachte sieben

Würden Sie dieser Frau eine Wohnung vermieten? – Die Meisterdiebin Elisabeth Gaßner

Kinder zur Welt, von denen zum Zeitpunkt ihrer Hinrichtung noch vier am Leben waren. 1778 erwarb die Familie ein Haus in Biberberg, wie die Historikerin Silja Foshag herausgefunden hat, die den Lebenslauf der Elisabeth Gaßner rekonstruiert. Es war der Versuch, den Status des »herrenlosen Gesindels« hinter sich zu lassen. Doch auch nach ihrer Heirat war Elisabeth, die mit ihrem Händchen für lukrative Taschendiebstähle den Unterhalt der immer größer werdenden Familie bestritt, immer unterwegs. In ihren Kreisen sicherten die Frauen das tägliche Überleben. Lohnende Gelegenheiten boten Märkte, Messen und Feste. Ob Blutfreitag in Weingarten, Fischerstechen in Ulm, Schäferlauf in Markgröningen, Katharinenmarkt in Sulzberg – die Gaßnerin hatte Routen und Termine im Kopf und verstand zu planen. Geschickt und routiniert ging sie zu Werk und machte sich einen Namen in ihrem Milieu, wo sie allgemein als »Schwarze Lies« bekannt war.

Auf einer Gauner- und Diebesliste von 1782 wird sie wie folgt beschrieben: »Gastners Lis, oder sonst auch die schwarze Lis genannt [...], langer buckleter Statur, langlecht, schwarz, dupfeten Angesichts; worinn etliche Warzen sind, schwarzen Haaren, und Augbraumen, hat eine grosse Nase, und dergleichen Maul.« Lang, gebeugt, mit narbigem Gesicht, war sie beileibe keine romantische Räuberbraut. Aber solche kamen im wirklichen Gaunerleben ohnehin nicht vor. Ihr Mann Johann Gaßner wusste andere Qualitäten an Elisabeth zu schätzen: »Wenn sie etwas nur sehe, und es gern hätte, so habe sie solches in einem Augenblick, sie lauffe nur an denen Leuthen vorbey, und habe gleich die Sack Uhren oder Geld aus dem Sack, so geschwind, daß man meine, sie könne das Hexenwerk«, gab er in einem Verhör zu Protokoll.

Markt- und Taschendiebstähle waren typische Frauendelikte. Auch die Gaßnerin arbeitete mit verschiedenen Komplizinnen. Die eine lenkte das Opfer ab, die andere zog ihm das Geld, die Sackuhr, die Tabaksdose aus der Tasche oder schnitt ihm den Beutel vom Gürtel. Verbreitet war auch der Klau in Kramläden und an Marktständen. Einmal ließ die Gaßnerin

Bücher mitgehen für ihre Kinder, die bei ihrer Mutter oder Schwiegermutter in Biberberg lebten. Bisweilen musste auch der Opferstock einer Kirche daran glauben. Beim Verhökern der Beute bot sich wiederum Gelegenheit, Terrain für lohnende Einbrüche zu sondieren. Diese freilich waren Männersache, Frauen standen dabei allenfalls Schmiere und kümmerten sich um den Abtransport der Beute – sofern dem Unternehmen überhaupt Erfolg beschieden war.

Zwischen 1776 und 1781 war die Schwarze Lies an einer Reihe von Einbrüchen beteiligt – allein im Jahr 1781 kurz hintereinander an drei spektakulären Coups. Um Pfingsten, beim Überfall auf den Pfarrhof von Billenhausen bei Krum-

Oberdischingen: In der Residenz des »Malefizschenk« fanden viele Gauner ihr Ende.

bach – der Pfarrer war abwesend – stiegen die Männer durch ein Fenster ein, traten die Tür zum Zimmer des Hilfsgeistlichen ein, fesselten ihn auf sein Bett und überwältigten die Mägde in ihren Schlafkammern. Ein Untersuchungsprotokoll hielt fest: »Die Hauserin welche nicht schweigen wollte, wurde von denen Räubern mit den Händen dermaßen an den Schlaf [gegen die Schläfe] geschlagen, daß ihr gleich darauf ganz übl, und unmächtig geworden, hingegen die Magd, die sich den Räubern noch kräftig widersezte, härtest gebunden, übel tractiret, und in der Kammer herumgezogen.« Dann schaffte es die Haushälterin, ein kleines Mädchen durch ein Gitterfenster zu schieben, um Alarm zu schlagen, und die Gauner flohen, aber mit beträchtlicher Beute: 300 Gulden, einer Reliquie, einer Tabaksdose, Schnupftüchern und einer Taschenuhr, vier Hemden, einem Spazierstock und einem Hut.

Im selben Jahr wurden die Gaßnerin und ihr Mann angezeigt und verhaftet. Ihr gelang die Flucht, ihm nicht. Noch einmal kehrte sie heimlich nach Biberberg zurück, um Abschied von ihren Kindern zu nehmen. Es war auch das Ende ihrer Ehe. Sie hatte genug von Gaßner. Einer Komplizin, der Näselnden Mariann', hatte sie einmal geklagt, »daß sie der Gaßner so hart gehalten, und geschlagen, daß sie von ihm gehen müssen, und dieses harte Verfahren nicht länger habe ausdauren können. Er alleinig seye die Ursach an ihrem und ihrer Kinder Unglück gewesen. Sie habe vieles gestohlen von [...] seidenen Halstüchern, Geld, silbernen Tabackdosen, Sack Uhren, und dergleichen, daß sie oft bis 90 oder 100 Gulden zu ihme gebracht, welches sie thun müssen, wen sie anderst nur Frieden mit Ihme habe wollen. Er seye inzwischen in denen Wirtshäusern gesessen [und habe] gefressen und gesoffen.« Ihr neuer Lebensgefährte, der Rieser Matthes, galt als »einer der feinsten Taschenspieler und Erzdieb«. Mit ihm durchstreifte sie in den nächsten zwei Jahren die Schweiz und Tirol. Als Johann Gaßner seine Strafe abgesessen hatte, unternahm er den vergeblichen Versuch, seine Frau zurückzuholen. Die Familienernährerin fehlte. Das Haus in Biberberg musste verkauft werden, was Gaßner, der ihr die Schuld an seinem Ruin gab, ihr nie verzieh.

Im Jahr 1782 machte die Schwarze Lies in Ludwigsburg von sich reden. Dort weilte der russische Großfürst zu Gast bei Herzog Carl Eugen. Viel Adel war versammelt und nach dem Festgottesdienst in der Schlosskapelle erleichterten die Schwarze Lies und eine Komplizin einen der Herren um eine Börse mit Golddukaten im Wert von 1400 Gulden. Das war kein anderer als Franz Ludwig Schenk Graf von Castell.

Höhepunkt und Ende von Elisabeth Gaßners Diebeskarriere fielen in etwa mit den Anfängen des Grafen als Pionier des privaten Strafvollzugs zusammen. Als der Ritterkanton Donau des Schwäbischen Ritterkreises um 1786 den Bau eines Zuchthauses ins Auge fasste, sah sich Schenk zunächst weder als Unternehmer noch als Gefängnisdirektor. Lediglich die Infrastruktur wollte er zur Verfügung stellen: Bauplatz, fließendes Wasser zur Reinigung von Wäsche, Gefängnis und Kloaken – und eine neue geräumige Kirche. Er verwies auf den Standortvorteil seiner Residenz – zentrale Lage, günstige Verkehrsanbindung – und lockte mit wirschaftlichen Anreizen. Das einheimische Gewerbe könne die Produkte des Zuchthauses weiterverarbeiten und damit Handel treiben. Schenk erklärte sich bereit, Bauaufsicht und Rechnung zu führen. Von seinem Vorhaben überzeugt, begann er zu bauen, noch ehe die Ritterschaft ihr Plazet gegeben hatte. Die erklärte schließlich, das Vorhaben sei nur machbar, wenn der Graf die Anstalt auf eigene Kosten und eigenes Risiko betreibe.

Dass ein Reichsgraf sich als Unternehmer und für Geld in Sachen Strafverfolgung und Strafvollzug betätigte, war ebenso neu wie unerhört. Mit modern anmutender Geschäftsmäßigkeit, aber auch mit einem missionarischen Eifer, der seine Standesgenossen irritierte, betrieb der Graf die Verbesserung des Menschengeschlechts. Die Züchtlinge mussten für ihren Unterhalt arbeiten. Eventuelle Gewinne daraus standen dem Grafen zu. Denn der war nicht nur an ihrer Besserung, sondern auch an ihrer Arbeitskraft interessiert und setzte sie auch für seine umfassende Bautätigkeit ein.

Schenks eigentliche Neigung galt der Verfolgung und Überführung von Straftätern. Kriminalistik war en vogue. Viele Städte gaben Gauner- und Diebeslisten heraus. Schenk selbst ließ 1799 die »Oberdischinger Diebesliste« veröffentlichen: Signalements von 984 Männern und 503 Frauen, zum großen Teil nach Angaben gefangener Gauner erstellt. Es brauchte gar nicht viel, um auf eine Gauner- oder Diebesliste gesetzt zu werden. Manchmal reichte es, als Bettler oder Bettlerin bekannt zu sein. Oder einen Mann zu begleiten als dessen Weib, Beischläferin, Mensch oder Camerädin. »Laufet mit ihrem Kerl«, hieß es dann. »Von ihr weiß man eben zur Zeit nichts Unrechtes zu sagen.« Viel häufiger als die großen Gauner waren die kleinen, manchmal ganze Familien oder Gruppen. Viele waren schon ins Vagantenmilieu hineingeboren worden. Aus den verschiedenen Listen lassen sich regelrechte Gaunerdynastien rekonstruieren. Spitznamen, Dialekt und unveränderliche Kennzeichen halfen bei der Identifizierung, wobei Narben und Krankheiten den schlechten Gesundheitszustand der Gauner dokumentieren. Solche Datensammlungen dienten auch als Register früherer Delikte, verbüßter Strafen und früherer Zuchthausaufenthalte, informierten über mögliche Komplizen und bevorzugte Aufenthaltsorte. Das erleichterte nicht allein die Fahndung, sondern vor al-

So idyllisch wie auf diesem Gemälde von Johann Baptist Pflug (1824) war das Räuberleben nicht.

lem die Identifizierung Verdächtiger, die oft versuchten, ihre Identität zu verschleiern.

Auch die Schwarze Lies schaffte es immer wieder, sich herauszureden, findig und gewandt, wie sie war. Sie gab einen falschen Namen an und leugnete die Tat. Sie ernähre sich von Handel und Bettel, behauptete sie im Verhör, »sie leb so vor sich hin, und sey ohn alle Cameradschaft. – Ob sie nicht denen Diebereyen nachgegangen? – O! Nein, sie hab ihr Lebtag keinem Menschen nur ein Suppen Salz genommen.« Oft konnte man ihr nichts nachweisen, und sie kam mit Pranger, Stockschlägen und Ausweisung davon, der üblichen Behandlung, wenn die Indizien nicht für eine Verurteilung reichten.

**Abſchied**

der

**Eliſabetha Gaßnerinn,**

vulgo ſchwarzen Liſel,

welche

wegen vielen verübten Diebſtählen den 16ten Juli, 1788 in der
Reichs Hochgräflich Schenk von Calliſchen Herrſchaft

**Oberdiſchingen**

vom Leben zum Tod gebracht wurde,

Ulm, zu finden bey Eberhardt Friedrich Mohn, hinter Hohentwiel.

Solche Broschüren – sicher nicht von den Delinquenten selbst verfasst – wurden bei Hinrichtungen gerne gekauft.

Und selbst, wenn sie eingesperrt wurde, gelang ihr immer
wieder die Flucht. Doch die Spielräume der Gauner vereng-
ten sich zusehends. Von Behörde zu Behörde tauschte man,
gewissermaßen grenzübergreifend, Informationen über verdächtige Subjekte aus, denen man auf diese Weise frühere
Vergehen und Verhaftungen zuordnen konnte. Solche Erkun-
digungen waren umständlich und kosteten Zeit. Mit Hilfe der
Gaunerlisten und ihren detaillierten Beschreibungen gestaltete sich die Verfolgung einfacher und effektiver. Die Gau-

nerjagd entwickelt sich zu einer Beschäftigung, die immer mehr Amtsleute und Juristen mit geradezu sportlichem Ehrgeiz betrieben.

Das wurde schließlich auch der Schwarzen Lies zum Verhängnis. Ende September 1787 kam sie nach Neuhausen auf den Fildern, um ihr jüngstes Kind abzuholen. Dort wurde sie denunziert und verhaftet. Der Rieser Matthes, ihr Lebensgefährte, konnte gerade noch entkommen. Schenk ließ die Gaßnerin nach Oberdischingen überführen und machte ihr den Prozess. Akribisch erforschten seine Beamten ihre kriminelle Vergangenheit. Die Historikerin Eva Wiebel hat die Gerichtsakten und Verhörprotokolle ausgewertet und festgestellt, dass sich die Schwarze Lies mit taktischem Geschick, Schlagfertigkeit und Zähigkeit ihrer Haut gewehrt hat, solange sie nur konnte.

Im Oktober 1787 traf die Schwarze Lies in Oberdischingen ein. Die Untersuchung dauerte bis im darauf folgenden Mai. Lange und hartnäckig verweigerte sie die Aussage, obwohl man gelegentlich mit Prügeln »nachhalf«. Am 17. Januar 1788 wurde Johann Gaßner, der gleichfalls in Oberdischingen einsaß, hingerichtet. Um diese Zeit hatten Schenks Beamten so viel belastendes Material gegen die Schwarze Lies gesammelt, dass sie ihre Taktik änderte. Sie begann auszusagen, achtete aber darauf, in den einzelnen Verhören nicht zu viel preiszugeben. Damit verzögerte sie die Untersuchung. Die Schwarze Lies spielte um Zeit und suchte verzweifelt nach einer Gelegenheit zur Flucht. Sie schikanierte den Zuchthausknecht, der sich darüber bitter beklagte, mit Forderungen und Beschwerden, offensichtlich legte sie es darauf an, dass man ihr die Fesseln löste. Als aber alles nicht half und die Untersuchung sich ihrem Ende zuneigte, bat sie darum, ihre Kinder noch einmal sehen zu dürfen. Und im letzten Verhör erklärte sie, dass sie schwanger sei, was ihr niemand abnahm. Aber es gewährte ihr noch einen kurzen Aufschub, bis die hinzugezogenen Hebammen sich von ihrem Zustand überzeugt hatten.

Die Schwarze Lies lebt weiter – als Maske bei der Oberdischinger Fasnacht.

Nach zeitgenössischem Maßstab bekamen die Oberdischinger Delinquenten einen fairen Prozess. Nicht der Graf sprach das Urteil, das übernahmen ausgebildete Juristen. Die Urteile wurden der heimatlichen Gerichtsbehörde der Angeklagten zur Bestätigung vorgelegt, bei Todesurteilen wurde außerdem die juristische Fakultät der Universität Tübingen hinzugezogen, die die Prozessakten zugeschickt bekam. Das Oberdischinger Rechtsgutachten, das zu Elisabeth Gaßners Verurteilung führte, kam bei 299 eingestandenen Einbrüchen und Diebstählen auf einen Gesamtschaden von 5859 Gulden und 24 Kreuzern. Eine Menge Geld, wenn man bedenkt, dass ein stattliches Haus um die 700 Gulden kostete und eine Tagelöhnerfamilie von 100 Gulden ein ganzes Jahr lang leben konnte. Allerdings, so sagte ein Sprichwort, »ein Dieb stiehlt sich selten reich«, und das traf auch für die Gaßnerin zu. Das Leben auf der Straße war teuer. Ein Unterschlupf gewährendes, Hehlerdienste leistendes Hilfsnetzwerk, das sich aus der sesshaften Unterschicht rekrutierte, verdiente gar nicht schlecht an den ambulanten Gaunern und hatte deshalb wenig Interesse, dass denen das Handwerk gelegt wurde.

Als Dienstleister in Sachen Strafverfolgung und Strafvollzug übernahm Franz Ludwig Schenk von Castell eine Aufgabe, die viele andere Landesherren eher nachlässig erfüllen. Anstatt ihre Delinquenten selbst zu verfolgen und zu verwahren, überstellten sie sie in die Oberdischinger Fronfeste und bezahlten dafür. Das war immer noch billiger, als langwierige Untersuchungen zu führen und selbst Gefängnisse zu unterhalten. Schenks Zuchthausprojekt erwies sich allerdings nicht als Erfolgsmodell. Er hatte zwar ein volles Haus, kam aber nicht auf seine Kosten. Nach einigen Rückschlägen im Gefolge der Napoleonischen Kriege zeichnete sich schließlich eine Besserung ab. Schenk expandierte, indem er private Verträge mit Schweizer Behörden abschloss. Er war gerade auf dem besten Weg, sich zu sanieren, da machte ihm die Geschichte einen Strich durch die Rechnung. 1806 fiel die Herrschaft Oberdischingen an Württemberg, neuerdings ein Königreich von Napoleons Gnaden. Schenk war nicht länger reichsunmittelbarer Beherrscher seines Territoriums, sondern Untertan des württembergischen Königs. Und der wollte sich sein Hoheitsrecht zu strafen nicht nehmen lassen. 1808 musste das Oberdischinger Zuchthaus samt dem angeschlossenen Untersuchungsgericht den Betrieb einstellen.

Für Elisabeth Gaßner kam das viel zu spät. Sie wurde 1788 enthauptet – und danach Gegenstand von Histörchen und Legenden. Postum bekam sie Mannskleider, einen falschen Bart, Waffen und einen regelrechten Mythos angedichtet: »Das Weib war wie gefeit gewesen, wild und frei geblieben, als hätte sie der Teufel selbst zur Liebsten erkoren.« Den Vogel aber schießt ein 1956 erschienener Roman ab:»Sie ist ein Raubvogel in Menschengestalt. Bei Nacht huscht sie wie eine Eule in die Vorratskammern der Bauern und entwendet irgendetwas Essbares. Bei Tage schießt sie gleich einem Sperber an einem Unvorsichtigen vorbei und entreißt ihm die Uhr oder die Geldbörse. Sie sieht auch aus wie ein Raubvogel. Aus ihrem hageren, braunen Gesicht streckt sie eine gebogene spitze Nase in die Luft. Zwei schwarze, äußerst lebhafte Augen beobachten dauernd die Umgebung. Ihre Finger sind lang und dünn wie Krallen und zum flinken Zugreifen wie geschaffen. [...] Liebe und Treue kennt sie nicht. Ihre Weltanschauung ist höchst einfach und brutal. So wie es Raubtiere und Raubvögel gibt, so gibt es auch eine Schwarze Lies. Sie ist eben, wie sie ist. Woher das Raubzeug die Berechtigung hat zum Rauben, daher nimmt auch die Lies das Recht.«

# Anna Maria Ohnmaiß
## *tötet ihr Kind*

E s ist noch Winter, eine Woche vor Fasnacht, Samstag nach Feierabend, draußen ist es dunkel. Jonathan Silberberger kommt aus dem Wirtshaus, wo er mit ein paar anderen Wengertern das Ende der Arbeitswoche begossen hat. Er hat heute mehr getrunken, als gut für ihn ist. Wie so oft schaut Jonathan auf dem Rückweg beim Schultes vorbei. Dessen verstorbene Frau war die Schwester seines Vaters. Er selbst hat als Kind eine Zeitlang bei Onkel und Tante gelebt, und mit deren Kindern versteht er sich gut, auch mit den jüngeren, die noch beim Vater wohnen. Vor allem die Anna Maria mag er und sie ihn. Sie lachen und bubeln miteinander, ist ja nur Spiel, nichts Unrechtes. Mit der Anna Maria fühlt er sich so munter und lebendig, gar nicht wie ein gesetzter Haus- und Familienvater von 37 Jahren. Sie ist so vergnügt, so lustig und freundlich zu allen. Ihre Augen blitzen und ihre Haut ist so glatt.

Im Hausgang kommt sie ihm entgegen. Sie freut sich über den Besuch des Vetters. Und darüber, dass sie allein im Haus ist. Sie werden sich auf die Ofenbank setzen, Händchen halten, einander streicheln, vielleicht küssen. Eigentlich nichts Unrechtes, aber der Vater dürft's nicht wissen und Jonathans Frau auch nicht. Als Jonathan sich dann wieder verabschiedet und sie ihm mit der Lampe durch den Öhrn zur Haustür leuchtet, reißt er sie in seine Arme, und ihr wird ganz anders.

Seine Hände sind überall und er küsst sie, wie sie noch nie geküsst worden ist, und drängt sie zum Stall, zur Futterlege, und Anna Maria denkt, dass sie das nicht dürfen, und wehrt sich, aber nicht genug, dass Jonathan ihr glaubt, dass es ein Wehren ist.

Vielleicht passiert das, was dann passiert, noch öfter. Da gehen die Aussagen der 25-jährigen Uhlbacher Schultheißentochter Anna Maria Ohnmaiß und die des Weingärtners Jonathan Silberberger auseinander. Anna Maria sagt, es sei nur ein einziges Mal gewesen, und Jonathan habe sie bedrängt. Das muss sie sagen, damit man sie nicht für ein sittenloses Mensch hält. Jonathan sagt, »es seie etliche mal geschehen, aber wie oft könne er nicht sagen; das wisse er aber, daß es auch einmal bei Tag in ihrer Stuben geschehen seie« und »es seie ihm von Herzen leid, daß er sich damalen, da er betrunken gewesen, hierzu habe verleiten lassen.«

Anna Maria gehört, ebenso wie Jonathan, zu einer der etwa zehn untereinander verschwägerten Familien, die in Uhlbach das Geld und das Sagen haben. Ihre Mutter hat ihr 700 Gulden hinterlassen, ihr Vater ist ein wohlhabender, geachteter Mann. Von ihr wird erwartet, dass sie einen heiratet, der ebenfalls Geld und Ansehen hat. Seit Mutters Tod vor zwei Jahren trägt Anna Maria die Verantwortung für den Haushalt, in dem außer ihr und dem Vater noch zwei jüngere Geschwister leben. Zwei ältere Brüder haben selbst schon Familie in Uhlbach. Anna Maria schafft in den Weinbergen mit und hat es gut, wie ihre ältere Schwester meint, die mit einem Stuttgarter Schuhmacher verheiratet ist und manchmal zu Besuch kommt. Sie meint, nur essen, trinken, keine Sorgen, da könne eins leicht dick werden. Zu diesem Zeitpunkt, im Oktober 1784, ist Anna Marias Figur zum Problem geworden, nicht nur für Anna Maria selbst, sondern auch für ihre Familie, den Pfarrer, das Dorf und für Jonathan Silberberger, der so tut, als ob ihn das alles gar nichts anginge.

Das Gerede hat schon im Frühsommer begonnen: Bei der Ohnmaißin spanne der Schurz ja bedenklich. Uhlbach ist ein evangelisches Pfarrdorf von etwa tausend Seelen, das vom Wein- und Obstanbau lebt. Da kennt jeder jeden und den Schultes kennt man erst recht und seine Familie auch. Und jetzt, da man – und noch mehr: frau – auf diese Merkwürdigkeit aufmerksam geworden ist, wird die Schultestochter im Auge behalten.

Dass die Anna Maria schwanger sein könnte, schafft nicht nur prickelnden Gesprächsstoff und gibt zu Spekulationen über den Kindesvater Anlass, sondern bringt auch Genugtuung für die weniger Begüterten, weniger Angesehenen, die sich mühselig durchschlagen müssen und oft genug selbst ins Gerede kommen – oder ins »Zuchthäusle«, wo sie Verfehlungen wie Holzdiebstahl, Trunkenheit oder Beleidigungen mit ein paar Tagen Arrest abbüßen müssen. Wenn nun einmal eine von den Großkopfeten gestrauchelt wäre ... Anna Maria selbst hat eine Erklärung für ihre »Krankheit«. Als sie mit anderen jungen Leuten nach Marbach gegangen ist, um Kirschen zu verkaufen, da konnten sie auf dem Rückweg in einem Karren mitfahren und das hat sie so durchgeschüttelt, dass sie starkes Nasenbluten bekam. Davon ist ihr dann die Monatsblutung weggeblieben, und daher kommt auch der »aufgeloffene« Bauch. Irgendwann wird sich diese »Verstopfung des Geblüts« auch wieder lösen. Sie hat das schon einmal gehabt und es hat über ein Jahr gedauert. Und auch damals ist sie ins Gerede gekommen. Aber damals lebte ihre Mutter noch. Die hat ihr, von anderen erfahrenen Frauen beraten, ein Kräuterbad gerichtet und dann kam das Blut wieder. Diesmal kommt es nicht, und ganz Uhlbach spricht darüber. Nur Anna Maria nicht. Sie holt sich auch keinen Rat, geht nicht zum Bader und nicht zum Arzt.

Anna Marias Erklärung klingt zunächst ganz plausibel, für ihre Familie und für die Leute im Dorf. Die »monatliche Reinigung«, wie die Menstruation genannt wird, gilt als natürlicher Aderlass, notwendig für das Gleichgewicht der Körpersäfte. Ihr Ausbleiben braucht nicht auf eine Schwanger-

schaft hinzudeuten, es gibt genügend andere Gründe für eine Verstopfung des Geblüts: zu viel, zu wenig oder unrechtes Essen, eine Erkältung, ein Sturz, ein Schreck. Oder, wie bei Anna Maria, eine Erschütterung durch ein rumpelndes Fuhrwerk, die die Körpersäfte aus dem Fluss bringt. Ein dicker Bauch kann vom gestockten Blut, von »Windsucht«, »Wassersucht« oder von Würmern herrühren. Und was im Bauch einer Frau heranwächst, das kann ein Geschwür sein oder ein »Mondkalb«, eine Art Missgeburt aus »verbrandt Geblüt«, kein lebendiges Wesen. Als sicheres Schwangerschaftsanzeichen gelten nur die Kindesbewegungen, doch selbst diese Regungen können andren Ursachen wie »wandernden Blähungen« zugeschrieben werden. Ob schwanger oder nicht, das kann bis kurz vor der Geburt eigentlich nur die betreffende Frau selbst sagen. Und Anna Maria, wenn sie es denn weiß, hütet sich, es zuzugeben.

Vielleicht denkt sie fieberhaft nach, was sie tun könnte. Nach Stuttgart zu ihrer Schwester gehen, um dort, wo niemand sie kennt, zu entbinden? Oder aber sie glaubt selbst

Uhlbach – ein evangelisches Pfarrdorf von tausend Seelen, das vom Weinbau lebt.

an die Erklärung, mit der sie die anderen beschwichtigt, und verdrängt alle Anzeichen für eine Schwangerschaft, denn ein »lediges Kind« wäre die schlimmste aller Katastrophen. Der Vater hat ihr angedroht, sie dürfe ihn nicht mehr Vater nennen, wenn es wahr sei, was die Leute sagen. Und das bedeutet für die Tochter nicht nur den Entzug der väterlichen Liebe, sondern wohl auch Verstoßung und Enterbung. Sie, die wohlhabende Weingärtnertochter, müsste sich als Magd verdingen, aber wer würde sie denn einstellen mit einem Bankert? Dass sie den Jonathan nicht verraten darf, steht ein für alle Mal fest. Und selbst, wenn der Vater sie nicht aus dem Haus wiese – der Pfarrer würde ihre Sünde von der Kanzel verkünden, sie müsste wie andere ledige Mütter ins »Zuchthäusle« oder eine Geldstrafe zahlen. Auf jeden Fall wäre sie als Schanddirne bloßgestellt, das ganze Dorf würde mit Fingern auf sie zeigen, sie könnte sich nirgends mehr blicken lassen. Welcher anständige Mann würde sie denn dann noch zur Frau nehmen? Anna Marias Leibesfrucht ist kein Kind, auf das sie sich freuen kann, sondern ein Schandfleck, der um jeden Preis vertuscht werden muss.

Im Spätsommer wird Anna Maria von Vater und Geschwistern ins Gebet genommen, immer wieder. Es gibt Bitten, Tränen und Geschrei. Falls sie erwogen hat, ihrer Familie reinen Wein über ihren Zustand einzuschenken, verschließt ihr eine Drohung des Vater endgültig den Mund. Anna Maria fürchtet ihren Vater nicht nur, sie liebt ihn auch. Und das macht die Sache nur noch schlimmer, denn sie weiß, dass auch er unter ihrem Fehltritt zu leiden hätte. Ihre Schande ist auch die seine. Nicht nur gegen Gott, sondern auch gegen ihren »lieben, guten Vater« hat sie sich versündigt. Also weist sie jeden Gedanken an eine Schwangerschaft weit von sich und überzeugt den Vater schließlich, dass er sie zu Unrecht im Verdacht hat. Und vielleicht will er, wie Anna Maria, das Unglück einfach nicht wahrhaben.

Im Oktober sieht sich der Pfarrer, der nicht an eine Schwangerschaft von Anna Maria geglaubt hat, zum Einschreiten genötigt. Es sei eben doch wahr, trumpft seine Magd auf, was über die Ohnmaißin gesagt werde, deren Bauch werde immer dicker. Es gebe halt Dinge, auf die verstünden Männer sich nicht, auch wenn sie noch so gelehrt sind. Der Herr Pfarrer werde schon noch sehen. Der Entschluss, den Schultheißen aufzusuchen, fällt Pfarrer Ludwig schwer, denn Johann Michael Ohnmaiß ist sein Freund. Aber es bleibt ihm gar nichts anderes übrig. Als Pfarrer ist er zum Wächter über die Sittengesetze bestellt, die jedes Fehlverhalten, vor allem aber Unzuchtdelikte ahnden. Dem Verdacht einer Schwangerschaft bei einer Ledigen muss er nachgehen und ihn, wenn er sich erhärtet, dem Cannstatter Oberamt anzeigen. Es ist kurz vor der Weinernte, aber am Sonntag ruht die Arbeit, und so trifft Pfarrer Ludwig die Familie zu Hause an. Der Schultheiß wiegelt ab: Er und seine Kinder hätten der Anna Maria so zugesetzt, wenn es da etwas zu gestehen gäbe, dann hätte sie es eingestanden. Nachdem Johann Michael Ohnmaiß die eigenen Befürchtungen zum Schweigen gebracht hat, will er sich jetzt nicht neuerlichen Zweifeln aussetzen. Und, wie schon seine Magd, lässt nun auch Anna Marias Schwester durchblicken, dass Kinderkriegen Weibersache sei und was der Pfarrer denn davon verstehe.

Ohnmaiß schlägt vor, Ludwig könne ja selbst mit der Anna Maria reden. Das tut er auch. Unter vier Augen, denn wenn sie bisher nicht geredet hat, dann wird sie es im Beisein ihrer Familie auch weiterhin nicht tun. Der Pfarrer zieht alle Register. Er bietet ihr seine Hilfe an, will beim Vater gut Wetter für sie machen und ihre Verfehlung in der Kirche nicht an die große Glocke hängen. Eindringlich hält er ihr die Gefahren einer illegalen heimlichen Entbindung vor Augen. Sollte das Kind tot geboren werden, werde man sie als Kindesmörderin behandeln. Er redet ihr ins Gewissen, doch an ihr Seelenheil zu denken und die Wahrheit zu sagen. Aber Anna Maria beharrt: »Herr Pfarrer, ich weiß überall von keiner Mannsperson nichts, fühle auch nichts in mir, welches doch sein müßte, wann es denn so wäre, ich kann nichts gestehen.«

Anna Maria Ohnmaiß wird in geordnete Verhältnisse hineingeboren. Undenkbar, dass sie ein »lediges Kind« bekommt. Auszug aus dem Kirchenbuch des Jahres 1759 der Pfarrgemeinde Uhlbach

Entweder lügt Anna Maria sehr überzeugend, oder sie glaubt wirklich, was sie dem Pfarrer versichert. Dem geht es so wie dem Vater: Sein Verdacht legt sich. Beim Abschied spricht er ein ernstes Wort mit dem Schultheiß. Wenn es kein Kind sei, das die Anna Maria dick macht, dann kann eine lebensgefährliche Krankheit dahinterstecken, und er rät, unbedingt einen Arzt aufzusuchen. Vater Ohnmaiß verspricht es: gleich nach der Weinernte. Doch beim Herbsten packt Anna Maria mit an wie sonst auch, sie hat keine Schmerzen, klagt nicht. Kurze Zeit danach ist Anna Marias Zustand für niemanden mehr zu verkennen. Der Pfarrer lädt den Schultheiß für Sonntag »cum filia Mittags nach der Kinderlehr« zur Vernehmung vor. Danach muss Anna Maria zur Untersuchung durch den Amtsphysikus.

Aber dazu kommt es nicht mehr. Am Sonntag, zwischen Morgengebet und Kirchgang, sucht der Schultes seine Tochter. Aus der Holzkammer neben dem Haus dringt ein Hilferuf. Dort findet er Anna Maria in einer Blutlache. Das Blut sei ihr endlich angebrochen, sagt sie. Sie ist sichtlich geschwächt und braucht Hilfe. Ohnmaiß ruft die Nachbarin, die Töchter und die Söhnerin. Die freuen sich, dass »ihre Ohnschuld nun am Tage seie« und bringen sie ins Bett in ihre Kammer hinter der Wohnstube. Ohnmaiß schickt nach einem Arzt, dem Chirurgus Blenzig in Obertürkheim. Dann geht er wie jeden Sonntag zur Kirche. Dort arbeitet es in ihm. Nach der anfänglichen Erleichterung kann er sein Misstrauen nicht unterdrücken: »Deine Tochter wird doch kein Kind geboren und dir verborgen haben.«

Ohne nach Anna Maria zu sehen, durchsucht er gleich nach der Kirche den Holzschuppen. Und findet unter einem Heutuch versteckt den Körper eines neugeborenen Mädchens. In der Hoffnung, es sei noch am Leben, ruft er den Chirurgus, der noch im Haus ist und vielleicht schon ahnt, welche Tragödie sich hier am frühen Morgen abgespielt hat. Zusammen tragen sie das Kind in die Wohnstube. Es ist tot. Anna Maria gibt später zu Protokoll, sie habe die Wehen zunächst für ein

Unwohlsein gehalten, dann aber gespürt, dass es etwas anderes sei. Sie sei in die Holzkammer gegangen und habe sich über einen Kübel gekauert, dann sei auch schon das Fruchtwasser und gleich darauf das Kind gekommen. Erschöpft habe sie sich zurückgelehnt. Als sie sich etwas erholt habe, habe sie das Kind am Hals aus dem Wasser gezogen und sei in Ohnmacht gefallen. Als sie wieder zu sich kam, habe sie dem Kind, obwohl es nicht geschrien habe, einen Maisbutzen in den Hals gestopft. Sie sei »hiebei in solche Angst geraten, dass sie selber nicht mehr recht wisse, was sie getan, und wie sie es gemacht«.

Der Vater überlässt sich seinem gerechten Zorn und seine Tochter der Obrigkeit. Johann Michael Ohnmaiß ist so mit seiner Wut, Enttäuschung und der Angst ums eigene Ansehen beschäftigt, dass er die Tochter nicht mehr sehen will. In der Wohnstube wird am Montagmorgen das tote Kind seziert. Ein vom Gericht beauftragter Chirurg sowie der Amtsphysikus, der Anna Maria hätte untersuchen sollen, zwei »Urkunds- und Gerichtspersonen« und der Cannstatter Stadtschreiber sind anwesend – fünf Männer und ein totes Baby, und in der Stube nebenan liegt Anna Maria.

In einem Anfall von besinnungloser Panik, Wut und Verzweiflung ist sie rabiat mit ihrem Kind umgegangen. Sein Gesicht ist blau verfärbt, der Hals ist blutunterlaufen und zeigt Abschürfungen und Würgemale. Als Anna Maria das Kind am Hals aus dem Kübel gezogen hat, muss sie zugedrückt haben. Aus dem Mund ist Blut geflossen. Die Nabelschnur ist an zwei Stellen abgerissen worden. Am Nabel selbst ist die Haut ein Stück geschlitzt, sodass die abgerissenen Nabelgefäße heraushängen. Auf dem Bauch hat das Kind zwei Risse, zwischen den Schulterblättern »ohnbeträchtliche« Blutergüsse. Die Schädelknochen sind verschoben. Im Hals steckt ein Stück von einem blutigen Maiskolben, der den Rachen so zerstört hat, dass keine genaueren Untersuchungen mehr möglich sind. Die Untersuchung der Lungen ergibt, dass das Kind gelebt haben muss.

Anna Maria ist nicht transport-, aber vernehmungsfähig. Den Männern, die um ihr Bett stehen, erklärt sie:»Ihr guter lieber Vater habe sie angefochten, und überhaupt wäre alles nicht geschehen, wann sie nicht stark befürchtet hätte, ihres Kinds Vater möchte verraten werden.« Das kommt auch später, bei der gerichtlichen Untersuchung, wieder zur Sprache. Wenn Jonathan nicht gewesen wäre, sagt sie,»so wäre es nicht so weit mir ihr gekommen. Wenn es ein Lediger gewesen, hätte sie sich andersten zu helfen gewußt.« So aber war sie allein mit ihrer Sorge. Sie hat mit Jonathan noch nicht einmal über ihre Schwangerschaft gesprochen, aus Angst, er könne es leugnen oder davonlaufen, und deshalb, sagt sie, »sie seie ganz allein an ihrem Unglück schuld«. Anna Maria, der vom Pfarrer ein guter Verstand bescheinigt wird, wird wissen, dass auf ihrer Tat der Tod durch das Schwert steht, eine Hinrichtung in aller Öffentlichkeit.

Anna Maria geht es schlecht. Erst fünf Tage nach der Niederkunft wird sie nach Cannstatt ins Gefängnis gebracht, und dann dauert es eine weitere Woche, bis sie vernommen werden kann. In einem langen, eindringlichen Verhör wird der genaue Hergang ermittelt. Ohnmacht und Erinnerungslücken lässt das Gericht nicht gelten. Dass sie in Panik gehandelt hat und ihr der Gedanke, ihr Kind zu töten, erst kam, als sie es geboren hatte, dafür kann sie nur Gott als Zeugen anrufen, die Umstände sprechen gegen sie: Dass sie den Vater des Kindes um jeden Preis habe »schonen« wollen. Dass sie das Kind nicht im Haus geboren, sondern sich in den Holzstall zurückgezogen hat. Dass sie das tote Kind versteckt hat. Was, hält man ihr vor, hätte die ganze Heimlichtucrei denn für einen Sinn gehabt, wenn sie nicht von vornherein den Plan gehabt hätte, ihr Kind zu töten.

Am 9. Dezember 1784 tagt das Cannstatter Malefizgericht. Die Anklage fordert die Todesstrafe. Die Akten werden, wie es üblich ist, zur Urteilsfindung an die juristische Fakultät nach Tübingen geschickt. Der Verteidiger führt ins Feld, die Lungenprobe zum Nachweis, dass das Kind gelebt hat, sei

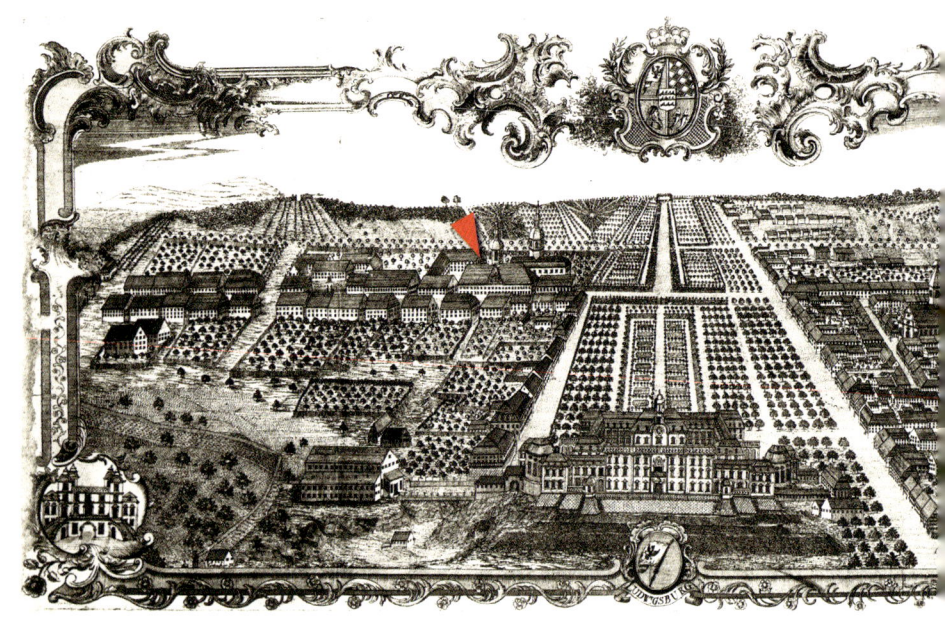

Wer ins Ludwigsburger Zucht- und Arbeitshaus (siehe Pfeil) kommt, wird oft schon nach kurzer Zeit vom »Kerkerfieber« dahingerafft.

ein unsicherer Beweis und das Geständnis der Angeklagten zweifelhaft. Doch damit dringt er nicht durch. Auch an eine Unzurechnungsfähigkeit infolge der Geburtsschmerzen will das Kollegium nicht glauben, sondern erkennt auf Kindesmord – eine vorsätzliche Tat bei voller Schuldfähigkeit. Das Kind habe gelebt. Ob es erwürgt wurde, an dem Maiskolben erstickte oder an der unverbundenen Nabelschnur verblutete, ist für den Schuldspruch unerheblich. Am 18. Dezember ergeht das Urteil: Tod durch das Schwert. In früheren Zeiten wäre Anna Maria Ohnmaiß lebendig begraben worden, gepfählt, ertränkt oder – wie in Sachsen und Preußen – gesäckt, das heißt mit vier »unreinen« Tieren in einen Sack gesteckt und ins Wasser geworfen worden.

Keine dieser Strafen, die abschreckend wirken sollen, hat jemals ihren Zweck erfüllt. Denn es sind die strengen Sittengesetze und die Angst vor den entehrenden »Hurenstrafen«, die die Frauen in ihrer Verzweiflung dazu treiben, das corpus

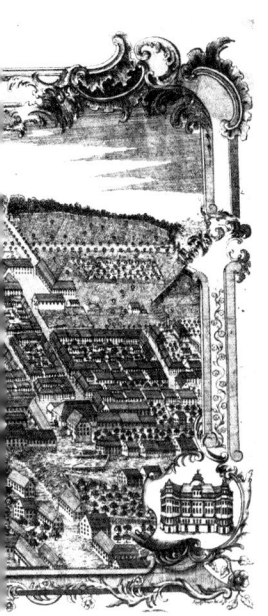

delicti zu vernichten. Das Delikt, dessen Anna Maria Ohnmaiß überführt wird, steht zu dieser Zeit im Brennpunkt der Medienaufmerksamkeit. Dichter schreiben Dramen über Mädchen aus dem Volk, die von besseren Herren verführt und im Stich gelassen werden. Sozialkritiker prangern eine heuchlerische Moral an, die die beteiligten Männer verschont: Männer wie Jonathan Silberberger, der Anna Maria Ohnmaiß ihrem Unglück überlassen hat und die Untersuchungsbeamten ohne Weiteres von seiner Schuldlosigkeit überzeugen kann. Für ihn hat die Tötung seines Kindes keine juristischen Konsequenzen.

Aufklärer wie der Pädagoge Heinrich Pestalozzi setzen sich für die Abschaffung der Todesstrafe ein: »Bei seinen Sinnen tötet ein Mensch sein Fleisch und Blut nicht, und ein Mädchen, das bei seinen Sinnen ist, streckt seine Hand nicht aus gegen sein Kind und erwürgt nicht seinen Geborenen am Hals, bis er erblaßt. Steck ein das Schwert deiner Henker, Europa! Es zerfleischt die Mörderinnen umsonst! Ohne stilles Rasen, und ohne innere verzweifelnde Wut würgt kein Mädchen sein Kind, und von den rasenden Verzweifelnden allein fürchtet keine dein Schwert.« Für eine Preissumme von 100 Dukaten und zum Wohle der Menschen haben sich im Jahr 1780 um die 400 Autoren an einem Wettbewerb beteiligt, der Antwort auf die Frage sucht: »Welches sind die besten ausführbaren Mittel, dem Kindsmord Einhalt zu tun?« Schon 1765 hat Friedrich II. von Preußen die Unzuchtsstrafen aufgehoben, »um das Übel an der Wurzel zu fassen und so viele arme Kreaturen, die elendiglich umkommen, am Leben zu erhalten, indem man den Schimpf abschafft, der den Folgen einer unvorsichtigen und leichtfertigen Liebe anhaftet«.

So fortschrittlich ist man anderenorts nicht. Allerdings: Auch wenn keine Gesetze geändert werden, kommt es doch immer häufiger vor, dass man Kindesmörderinnen begnadigt. So auch in Württemberg. Herzog Carl Eugen, der sich aufgeklärt gibt und vielleicht auch milde gestimmt ist durch seine zwei Tage zurückliegende Hochzeit mit seiner langjährigen Geliebten Franziska von Hohenheim, lässt Gnade vor Recht ergehen und wandelt die Todesstrafe in eine zehnjährige Gefängnisstrafe um. Eine Gnade ist das bei Licht besehen aber wohl dennoch nicht.

Anna Maria wird ins Zucht- und Arbeitshaus nach Ludwigsburg überführt. Dort wird sie, wie alle Sträflinge, gründlich durchsucht, es wird ihr alles abgenommen, was sie bei sich hat. Sie bekommt die gelb-braune Anstaltskleidung und dann werden ihr die Haare abgeschnitten. Alle Sträflinge empfinden diese Prozedur als hart und entehrend, und besonders die Frauen wehren sich oft mit Leibeskräften dagegen. Anna Maria hat neun Monate Angst hinter sich, eine schwere Geburt und eine Tat, die sie bitter bereut. Sie muss zermürbt sein von Gewissensqualen und Todesangst – immerhin hat das Todesurteil vier Wochen lang über ihr geschwebt. Nun bricht der Gefängnisalltag über sie herein, und vielleicht gehen Schuld und Reue in der tagtäglichen Misere unter.

Anna Maria ist nicht die einzige Kindesmörderin in Ludwigsburg, aber die weitaus meisten weiblichen Mitgefangenen sind Kleinkriminelle, denen man den Hang zum Vagieren und Stehlen durch Zwangsarbeit austreiben will. Anna Maria fehlt das Geschick der Gaunerinnen im Überlebenskampf auf der Straße und im Gefängnis, und die Schultheißentochter wird es schwer gehabt haben unter den Mitgefangenen. Die Sträflinge sind in sogenannten »Prisonen« untergebracht, großen Sälen, in denen sie sowohl arbeiten als auch schlafen müssen. Sie haben weder Tisch noch Stuhl, keine Privatsphäre, selbst ihr Bett müssen sie oft genug teilen. Die Nachthäfen, die beim morgendlichen Leeren überschwappen, verbreiten einen widerlichen Gestank. »Die Prisonen sind so vollgepfropft, dass man sich in solchen nicht rühren kann, und darum mit beständig übelriechenden Ausdünstungen so angefüllt, dass die meisten Sträflinge erkranken und durch anhaltendes Siechtum elend sterben«, berichtet der Anstaltsleiter. Frische Luft, Bewegung im Freien fehlen den Sträflingen gänzlich. Bis 1790 gibt es keine Umfassungsmauern, weshalb die Sträflinge ihre stickigen Prisonen nicht verlassen dürfen.

Ihr Tag beginnt morgens um vier Uhr, dann wird 14 bis 15 Stunden für die Tuchmanufaktur gearbeitet, die die Soldaten mit Uniformen und die herzoglichen Diener mit Livreen ausstattet. Die Frauen müssen Garn spinnen, zusammen mit den Waisenkindern, denn das Ludwigsburger Zuchthaus dient auch als Arbeits-, Armen-, Waisen- und Tollhaus. Zwar sollten die Insassengruppen getrennt voneinander untergebracht sein, aber das lässt sich bei der Arbeit nicht immer einhalten. Um Mittag gibt es Essen in getrennten Speisesälen. Die Ludwigsburger Verpflegung ist erbärmlich: meistens nur Brot, manchmal Suppe, sonntags Gemüse, von Fleisch keine Rede. An Sonn- und Feiertagen werden Gottesdienste, Bibel- und Gebetsstunden gehalten. Freizeit gibt es keine, denn auch am Sonntag ist das halbe Arbeitspensum zu bewältigen.

Eine zehnjährige Zuchthausstrafe ist in Württemberg gleichbedeutend mit lebenslänglich. Und das heißt für die meisten Gefangenen vielleicht noch ein paar Jahre oder auch nur ein paar Monate, ehe das »Kerkerfieber« sie dahinrafft. Zehn Jahre überleben die wenigsten. Im Rechnungsbuch des Zucht- und Arbeitshauses von 1790, in dem alle Insassen der Anstalt aufgeführt sind, ist Anna Maria Ohnmaiß nicht mehr verzeichnet. Sie ist also entweder tot oder entlassen. Nach Uhlbach jedenfalls ist sie nicht zurückgekehrt. Im dortigen Kirchenbuch findet sich ein Kreuz hinter ihrem Namen. Ihr Vater, der 1786 wieder geheiratet hat und 1794 gestorben ist, hat seinen Besitz dreien seiner Söhne hinterlassen.

# Juliane von Krüdener
*predigt und stiftet Unruhe*

Als Juliane von Krüdener im Jahr 1804 ihr neues Leben begann, hatte die baltische Baronin schon eine ganze Menge hinter sich: Reisen durch ganz Europa, leidenschaftliche Liebesaffären, eine Konvenienzehe, aus der zwei wohlgeratene Kinder hervorgingen. Sie kannte die Fürstlichkeiten und Geistesgrößen ihrer Zeit, gab, »nie ruhend in ihrem Bestreben, vor allen zu glänzen«, in den Salons der europäischen Hauptstädte den Ton an, bezauberte mit ihren Extravaganzen die feine Gesellschaft. »Ein entzückendes Gesicht, ein leichter und gefälliger Geist, bewegliche Züge«, so wird sie beschrieben, und »etwas Neues, Besonderes, Unvorhergesehenes [war] in ihren Gebärden und Bewegungen«. Sie fand, Rousseaus Ruf »Zurück zur Natur« folgend, Geschmack am einfachen Leben – und gab gleichzeitig 20 000 Francs im Jahr für Kleider aus. Mit ihrem 1803 erschienenen Roman »Valerie« machte sie nicht nur beim internationalen Lesepublikum Furore, sondern kreierte auch, wie einst Goethes »Werther«, eine Mode. Nun sehnte sie sich nach Ruhe.

Impulsiv, wie es ihre Art war, verließ sie Paris, den Schauplatz ihres Triumphes, und kehrte in ihre Heimatstadt Riga zurück. Doch die erhoffte Neubelebung blieb aus. Vierzig Lebensjahre und das Gefühl, sie mit Nichtigkeiten vertan zu haben, lasteten schwer auf ihr. Dazu kamen die Langeweile und ein nasser Herbst. Und nicht nur draußen war es Herbst, sondern auch in ihrer Seele. In dieser Situation begegnete ihr ein Schuster, der eine solche Aura des Glücks um sich verbreitete, dass Juliane ihn darauf ansprach. Ja, versicherte er, er sei ein glücklicher Mensch, der glücklichste Mensch auf Erden, denn er habe zu Gott gefunden. Der glückliche Schuster gehörte der Herrnhuter Brüdergemeine an, einer pietistischen Religionsgemeinschaft, mit der nun auch Juliane Bekanntschaft schloss. Und mit einem Gott, der nicht zürnte, strafte und rächte, sondern die Menschen liebte, auch und vor allem die bekehrten Sünder. Wie so viele zu neuem Glauben Erweckte schwelgte auch Juliane in tränenseliger Freude über ihre geistliche Wiedergeburt, und es drängte sie, das Wunder von Gottes Gnade mitzuteilen: in ihren Briefen an die Freunde, im Salon ihrer Mutter – und bald auch wieder unterwegs. Denn Ruhe war nicht das Element der Baronin Krüdener.

In Königsberg, wohin sich der preußische Hof nach der Schlacht bei Jena vor Napoleon geflüchtet hatte, fand sie in Königin Luise eine verwandte Seele. Nach der Schlacht bei Preußisch Eylau (7./8. Februar 1807) kümmerte sie sich mit tatkräftiger Nächstenliebe um die verwundeten Russen, Deutschen und Franzosen. Sie gehörte »zu den ersten, die den halberstarrten und verhungerten Unglücklichen mit Erfrischungen beistand. Während andre ihre Habe zusammen hielten, und unsicher saßen auf ihren ererbten Stuhlen, war sie ruhig mit der Verteilung ihres Eigentums in der Fremde beschäftigt«, berichtet Achim von Arnim. Juliane setzte nicht nur ihr eigenes Vermögen großzügig ein, sondern verstand sich auch bestens darauf, reiche Freunde zum Spenden zu animieren. »Fundraising« nennt man das heute.

Sie nutzte ihre Kontakte zu russischen Generälen, um den Verwundeten Erleichterungen zu verschaffen und ihre Pflege zu organisieren. Umsichtig verteilte sie Hilfsgelder, »nach dem Bedürfnis des Einzelnen, um wirklich zu nützen, mußte sie [sie] selbst sehen und sprechen, sie mußte sich der Gefahr aussetzen, von dem bösartigen Nervenfieber, das damals ganze Familien in der Nähe der Lazarette hinwegraffte, mitergriffen zu werden«. Das war lange vor Florence Nightingale, und Frauen an den Krankenbetten verwundeter Soldaten waren ein echtes Novum.

Ein Jahr und mehrere Stationen später finden wir Juliane von Krüdener in Karlsruhe, bei Johann Heinrich Jung-Stilling, dem »Patriarchen der Erweckungsbewegung«. Als pietistischer Erbauungsschriftsteller hatte er eine große Lesergemeinde um sich gesammelt. Nach einem aufreibenden Berufsleben als Hauslehrer, Augenarzt und Professor für Kameralistik hatte ihn der badische Großherzog Karl Friedrich als geistlichen Berater an seinen Hof geholt, um durch »Briefwechsel und Schriftstellerey Religion und praktisches Christenthum zu befördern«. Nun konnte der alte Herr sich ganz seiner Berufung widmen.

In pietistischen Kreisen glaubte man damals an die nahe Wiederkunft Christi, mit der ein tausendjähriges Friedensreich auf Erden anbrechen würde, das man sich als eine Art irdisches Paradies vorstellte. Und danach käme das ewige Heil im himmlischen Jerusalem, für das ein inspirierter Geistlicher bereits die Stadtpläne zeichnete. Aber vor der Wiederkehr Christi standen Katastrophen und Strafgerichte apokalyptischen Ausmaßes und die Verfolgung der Gläubigen durch den Antichristen, den man in Napoleon verkörpert sah. Die Umwälzungen im Gefolge der Französischen Revolution und die Erschütterungen während der Napoleonischen Kriege lasen die Erweckten als Zeichen der anbrechenden Endzeit. Deshalb galt es, einen »Bergungsort« vor den Heimsuchungen des Antichristen zu finden, um dort die Wiederkunft Christi zu erwarten.

Bei ihrem Mentor Jung-Stilling hielt es Juliane nicht lange. Sie hatte von einer visionären christlichen Kolonie im Elsass gehört und eilte weiter nach Markirch (Sainte-Marie-aux-Mines), wo Pfarrer Friedrich Fontaines, der durch Wunderheilungen von sich reden gemacht hatte, sie mit offenen

Juliane von Krüdener – »ein entzückendes Gesicht, ein
leichter und gefälliger Geist, bewegliche Züge ...« Das Gemälde
von Angelica Kauffmann aus dem Jahr 1786 zeigt Juliane von
Krüdener und ihren Sohn Paul.

Armen empfing. Denn die neue Glaubensschwester hatte nicht nur eine hingebungsvolle Seele, sondern auch Geld, Einfluss, war berühmt und verstand es, einer Sache feurig das Wort zu reden. In Markirch hatte auch die schwäbische Prophetin Maria Gottliebin Kummer Unterschlupf gefunden. Von der Obrigkeit als berüchtigte Betrügerin verfolgt, wurde sie von ihren Glaubensgenossen wie eine Heilige verehrt. Sie hatte um ihres Glaubens willen viel gelitten, hatte am Pranger gestanden, war in Ludwigsburg im Zuchthaus gesessen. Kaum freigelassen, war sie mit mehreren Familien ins gelobte Land aufgebrochen. Allerdings endete diese Reise nach Jerusalem schon in Wien, denn der württembergische Gesandte verweigerte den Pilgern die Reisepässe und schickte sie in Polizeibegleitung wieder nach Hause, wo sie in ihren Heimatgemeinden aber nicht mehr aufgenommen wurden.

Diese Seherin, die aus einer Cleebronner Weingärtnerfamilie stammte, empfing Botschaften von Engeln. In tranceartiger Verzückung sah sie im Himmel Kühe grasen, schaute reiche Milchkammern und Weinkeller, biblische Gestalten und Erleuchtete wie Zinzendorf und Swedenborg. Und Voltaire, den gottlosen, sah sie in der Hölle schmoren. Auch die Ankunft der prominenten »Botin Christi« hatte sie geweissagt. Juliane war nicht wenig beeindruckt, als man sie in Markirch mit den Worten begrüßte, die so ähnlich schon Johannes der Täufer an Jesus gerichtet hatte: »Bist du es, die da kommen soll oder müssen wir auf eine andere warten?« Der feurige Fontaines entsprach Julianes religiösem Temperament bei weitem mehr als der nüchterne Jung-Stilling in der gedämpften Atmosphäre der badischen Residenzstadt.

Julianes Jahr in Markirch war von hektischer Euphorie geprägt. Gleichzeitig empfing, diktierte, las und schrieb sie Briefe, in denen sie ekstatisch ihre Glaubenswonnen pries. »Fürwahr es ist ein hoher Beruf, ein unnennbares Glück, zu seinen [d. i. Gottes] Reichsgenossen zu gehören, zu den Erwählten, die unter seiner Fahne zum Leben rufen! Auch mir brannte das Herz – auch ich fühlte den Drang nach dieser hohen Seeligkeit. Eine hohe Ahndung, von seinem Geist erzeuget, durchflog mich. Er der Alliebende ergriff mich mit gewaltiger Liebe, und alles schwand vor meinen Augen, alle Erdenlust, alle Ehre, aller Ruhm der Menschen – alle Sinneslust. – So erlöschen die zitternden, schwachen Kerzen der Nacht beim allmächtigen, strahlenden Feuer der Sonne.« Im Schoß der Markircher Mystikergruppe wurden auch Juliane Visionen und Offenbarungen zuteil. So viel nur verriet sie: »Ich habe im buchstäblichen Sinn des Wortes Wunder erlebt; ich bin in die

tiefsten Geheimnisse der Ewigkeit eingeweiht worden und könnte Ihnen vieles über die zukünftige Seligkeit sagen.«

Im Sommer erhielt die Kummerin in ihren Visionen die Weißung, man solle sich nach Württemberg begeben, dort sei der Sammlungsort aller Gläubigen, um die Wiederkehr Christi zu erwarten. Juliane leitete das Nötige in die Wege, mietete den Gutshof Katharinenplaisir bei Cleebronn und finanzierte die Renovierung des heruntergekommenen Anwesens. Am 26. März 1809 zog die Gruppe ein und führte ein gottgefälliges, sehr zurückgezogenes Leben. Doch die ländliche Idylle mit Singen, Beten, Lesen und Spaziergängen währte nur kurz. So nahe ihrem Heimatort sprach sich die Rückkehr der Kummerin trotz aller Vorsichtsmaßnahmen schnell herum. Am 1. Mai löste die Polizei die christliche Kolonie auf und verhaftete die Prophetin. Es gab eine rührende Abschiedszene, Juliane bot 500 Louisdor, wenn man sie statt der Kummerin mitnähme. Als württembergische Beamte waren die Polizisten natürlich unbestechlich – jedoch nicht unbeeindruckt von der schwesterlichen Solidarität der Baronin.

Juliane und ihr Anhang mussten Württemberg binnen zehn Tagen verlassen. Während die Ausweisung der baltischen Baronin diplomatische Verwicklungen zwischen Württemberg und Russland nach sich zog, verschwand die Kummerin auf allerhöchsten Befehl und ohne richterliches Urteil »auf unbestimmte Zeit« im Ludwigsburger Zuchthaus, danach im Zwangsarbeitshaus Heilbronn. Im März 1814 wurde sie auf Probe entlassen, nachdem sie sich jahrelang aller Weissagungen und »Entzückungen« enthalten hatte. Der lockere Vollzug in Heilbronn hatte ihr ermöglicht, Kontakt zu Madame Krüdener und Pfarrer Fontaines aufzunehmen. Der verwaltete das inzwischen von Juliane erworbene Gut Rappenhof bei Weinsberg, die Kummerin wurde als Kindsmagd eingestellt. Juliane selbst zog in die Mühle von Schluchtern, eine badische Enklave. Hier wollte sie auf Zar Alexander warten, um ihm den Willen Gottes zu verkünden. »Ich habe ihm ungeheure Dinge zu sagen«, verhieß sie einer Hofdame von Zarin Elisabeth, die eine gebürtige Prinzessin von Baden war.

Inzwischen hatte Moskau gebrannt, war die Grande Armée in Russland untergegangen, die Völkerschlacht bei Leipzig war geschlagen worden, und der Wiener Kongress hatte begonnen. Im Juni 1815 macht der Zar, unterwegs zum letzten Gefecht gegen den aus Elba entflohenen Napoleon, in Heilbronn Station. Und nun erfüllte sich Julianes prophetische Sendung. Als sie am Abend des 4. Juni 1815 im Quartier des Zaren erschien, kam es diesem wie die Erhörung eines Gebetes vor. Alexander hegte seit langem den Wunsch, die »Gottesgesandte« kennenzulernen. Als der Zar sein Hauptquartier nach Heidelberg verlegte, folgte ihm Juliane und bezog ein Häuschen am Neckar. Dort, neben einem Kuhstall, kehrte Alexander jeden zweiten Abend zu Bibellektüre und Gebet ein. Oft lagen der Zar und seine Prophetin bis tief in die Nacht betend auf den Knien, und Juliane sprach mit Alexander von Gottes verzeihender Liebe und der Versöhnung der Völker im Geist des Christentums. Es fiel ihr nicht schwer, den ohnehin zur Mystik neigenden Zaren davon zu überzeugen, dass er

als Werkzeug Gottes berufen sei, den Völkern Europas den Frieden zu bringen.

Das Resultat dieser nächtlichen Erbauungsstunden ist uns als »Heilige Allianz« bekannt – ein Bündnis dreier Monarchen unterschiedlicher Konfession. Der orthodoxe Zar, der katholische Kaiser von Österreich und der protestantische König von Preußen verpflichteten sich, eine christliche Ordnung in Europa zu errichten und aufrechtzuerhalten. Ein religiöses Fundament der Politik sollte den Frieden sichern und verhindern, dass sich so etwas wie die napoleonische Katastrophe jemals wieder ereignete. (Dass sich das gut gemeinte Fürstenbündnis alsbald zum Unterdrückungsinstrument bürgerlicher Freiheitsbestrebungen entwickelte, ist eine andere Geschichte.)

Am badischen Hof, wo man die Baronin Krüdener von ihrem Besuch bei Jung-Stilling als mondäne Erscheinung und gefeierte Autorin des Kultromans »Valerie« noch in guter Erinnerung hatte, sah man sie nun »im Strahlenkranz der Frömmigkeit«, wenn auch nicht ohne Vorbehalt. Sie habe viel Unglück geweissagt, erinnert sich die badische Hofdame Ka-

Die Erweckten warteten auf die nahe Wiederkunft Christi und ein tausendjähriges Friedensreich auf Erden. – Ein Ereignis, wie es diese Lithografie von 1850 mit dem Titel »Die Herabkunft des Königs aller Könige vom Himmel« ins Bild zu setzen versuchte.

roline von Freystedt, »unter anderm die gänzliche Zerstörung von Paris, woselbst kein Stein auf dem andern bleiben werde. Diese Stadt werde durch ihre Sittenverderbtheit der allgemeinen Verachtung preisgegeben werden. Mit größtem Ernst und einer ihr eigenen Beredsamkeit konnte sie stundenlang über ähnliche Dinge sprechen und, wenn schon die Vernunft nicht oft auf ihrer Seite war, riß doch die Wärme ihres Vortrags nicht selten hin.« Auch von Erscheinungen war häufig die Rede. Mystik war Mode, und wer die Werke von Jung-Stilling und Madame Krüdener nicht gelesen hatte, konnte in Gesellschaft nicht mitreden.

Als Alexander im Juli 1815 als Sieger in Paris einzog, wollte er seine Seelenführerin nicht missen. Juliane reiste ihm nach und brachte auch Pfarrer Fontaines und Maria Gottliebin Kummer mit. Diese beging allerdings den Fehler, in ihren Visionen allzu deutlich zu werden. Alexander solle Geld für den Rappenhof spenden. Der pikierte Zar wollte die penetrante Prophetin schließlich nicht mehr sehen. Fontaines und die Kummerin reisten nach drei Wochen ab, aber auch das Vertrauensverhältnis zwischen Juliane und dem Zaren hatte gelitten. Im Herbst 1815 verließ die »Einigerin der drei Kirchen« und »göttliche Mutter des Heiligen Bundes« Paris im glücklichen Bewusstsein, ihre Sendung erfüllt zu haben. Nach einem Jahrzehnt als Evangelistin der oberen Zehntausend schickte sie sich nun an, das Volk zu missionieren.

Julianes unbestreitbares Charisma wurde ihr oft als Geltungsdrang, Eitelkeit, Sich-in-den-Mittelpunkt-stellen ausgelegt. Frauen geißelten ihr Auftreten als eine »empörende, aller Weiblichkeit, aller Schaam und aller Mutterpflicht Hohn sprechende, aberwitzige Rolle«, die sie »um des Ruhmes willen« spiele. Ja, wäre sie »in der Schranke christlicher Weiblichkeit bei ihrem Wirken geblieben«, heißt es in einem Artikel der »Allgemeinen Deutschen Biographie« von 1883, hätte sie sich aufs Familienleben beschränkt, sich in herkömmlicher Weise um Arme, Alte, Kranke, Waisen, Gefangene und Gefallene gekümmert, dann stünde ihr Bild reiner und wirksamer in der Geschichte. Öffentliche Auftritte und offensives Predigen passten nicht ins Bild von der religiösen Frau, hatte doch schon Paulus verlangt, dass das Weib in der Gemeinde zu schweigen habe. Juliane allerdings ließ sich davon wenig beeindrucken. Sie berief sich auf die Autorität ganz oben und konterte kühl, Gott wähle sich seine Werkzeuge, wann und wie er wolle.

Viele Zeitgenossen vermissten die »christliche Nüchternheit« und »evangelische Ruhe« in ihrem Wirken. Bei allem Eifer und gutem Willen schien es der Prophetin an Weisheit und Klugheit zu mangeln. »So viel Gutes bei dieser lieben Frau ist, so spricht mich diese Art Christentum doch gar nicht an. Die vielen Visionen, das Dringliche wegen naher Gerichte usw. will mir nicht einleuchten, ich stimme für das Stille, Ruhige, Geprüfte und Feste im Christengang. [...] Das beständige Jammern, Klagen, Beten, Fasten, Kreuzmachen usw. kann am Ende auch Gewohnheit werden.« Und selbst der nachsichtige Jung-Stilling ließ sich zu dem Ausspruch hinreißen: »Ja, ja, Ihre gepriesene Frau v. Krüdener mag eine sehr liebe, vortreffliche Frau sein, wenn sie nur nicht so viel bekehren wollte.«

Überall, wo sie auf ihren Erweckungszügen hinkam, eilte ihr ihr Ruf voraus, samt Berichten über Bekehrungen und Wunderheilungen. Überall strömten die Massen, überall hatte sie ein volles Haus und tausend oder noch mehr Zuschauer vor der Tür, die die Prophetin sehen und hören wollten: eine Frau mittleren Alters, mit interessanten Gesichtszügen, eine »zarte Orangenblüthe unter den Distelköpfen«, sichtlich mitgenommen von den Strapazen des Reisens, das seidene Kleid fleckig, die Haube »nichts weniger als weiß«, denn gewiss gab es in diesen aufregenden Zeiten Wichtigeres zu tun, als auf Äußerlichkeiten zu achten. Es herrschte ein schreckliches Gedränge, sodass die Prophetin, die vom Fenster aus zur Menge sprach, oft kaum zu vernehmen war. Vom Umland strömten die Menschen herbei – eine »zerlumpte Republik« von Bettlern hauptsächlich, die tags mit der gnädigen Frau beteten und sich abends betranken und Unzucht trieben. So jedenfalls sah es die besorgte Obrigkeit und versuchte, der »Wallfahrt von Halunken und Bettlern« Herr zu werden.

Was die Bedürftigen aber noch mehr anzog als das Wort Gottes, war die Armenküche der Baronin, denn von jeher hatte sie sich nicht aufs Predigen beschränkt, sondern immer auch einen Blick für profane Notlagen gehabt. Sie verkaufte ihren Schmuck und gab alles Geld, das sie auftreiben konnte, für die Speisung der Armen aus. Davon gab es viele. Die Napoleonischen Kriege hatten das Land ausgeblutet. In einer Serie von nassen, kalten Sommern waren die Trauben verfault und das Getreide nicht gereift. Im Sommer 1816 führten sintflutartige Regenfälle zu Erdrutschen, der Bodensee trat über seine Ufer, noch im Juli fiel Schnee. Hagelschlag und Stürme machten es den Leuten leicht, an den Weltuntergang zu glauben. Der Brotpreis wurde unerschwinglich, die Armen ernährten sich von Schnecken, Brennnesseln, Baumrinde, suchten im Wald nach Essbarem oder bettelten in den Schlachthöfen um das Blut frisch geschlachteter Tiere. Was Wunder, dass die Suppentöpfe der Baronin Krüdener die Hungernden anzogen.

Doch nicht nur die Armen kamen. Auch die Damen der guten Gesellschaft fühlten sich von der charismatischen Predigerin angezogen, brave Bürgertöchter opferten ihre Spargelder. Hausväter fürchteten um die Dienste ihrer Frauen, Töchter und Mägde, denn es war ihnen klar, »daß in dem Maße wie das tägliche Beten zunehme, die täglich Arbeit und Besorgung der Hausgeschäfte abnehme«. Frau von Krüdener polarisierte Familien, Cliquen, Städte. Ihre Gegner verspotteten die Versammlungen als Tränensociétés und Seufzerkolonien. Denn bei ihren meist aus dem Stegreif gehaltenen, nicht immer zusammenhängenden, aber stets zu Herzen gehenden Predigten brachen die Zuhörer oft in Tränen der Rührung aus.

In Arbon, wo sie sich im August 1817 aufhielt, wurde die spektakuläre Bekehrung eines notorischen Tunichtguts aus bestem Hause Stadtgespräch. Er weine, bete, herze seine Kin-

»Ich habe ihm ungeheure Dinge zu sagen.« Als Seelenführerin von Zar Alexander I. erfüllte sich Julianes prophetische Sendung.

der, hieß es, er beklage, welch ein Sünder er gewesen sei, und wolle mit Sack und Pack der Prophetin folgen, um gleich ihr das Evangelium zu verkünden, wenn seine Frau damit einverstanden sei. »Der neue Jünger [...] erteilte Trost mit Religionsgründen, ermahnte zur Geduld, Sanftmut, Bekehrung, prophezeite gleich Jonas der Welt Ende; er war hie – da – dort – überall; unten im Wirtshaus gab er Almosen, ein Troß Bettler und Landstreicher umgab ihn, er betete laut, segnete sie, warf sich auf die Knie, später zur Erde, mit dem Angesichte, darauf schrie er laut, flehte um fernern Beistand Gottes, eine halbe Stunde fortdauernd. Die einen liefen erschrocken weg, die andern weinten, die dritten beteten mit, die vierten fluchten.« Die Freude seiner Familie über die wunderbare Wandlung dauerte allerdings nur so lange, bis er den Schmuck seiner Frau versilberte, um den Erlös für Almosen zu verwenden. Ein Basler Professor entsagte seiner Universitätskarriere, um sich der Mission der Madame Krüdener anzuschließen, stellte Landhaus und Geld zur Verfügung.

In Basel, einer Hochburg pietistischer Frömmigkeit, hatte Juliane ihren Erweckungsfeldzug begonnen. Am 24. November 1815 traf sie mit stattlichem Gefolge, bestehend aus Tochter und Schwiegersohn, Freunden, Gönnern, Arzt, Sekretär und geistlichen Beratern, ein. Gleich am ersten Tag kamen hundert Neugierige, und es wurden immer mehr. Der Rat sah dem beunruhigenden Treiben eine Zeitlang zu, dann verfügte er die Ausweisung der Prophetin. Juliane ließ sich in der Nähe, auf badischer Seite, am Grenzacher Horn nieder. Die Basler Behörden waren zunächst froh, das Problem los zu sein, bis dann die Massen auch auf Basler Gebiet überschwappten.

»Von allen Seiten kommen mir Klagen ein über die Menge Bettler, Landstreicher und verdächtigen Leute, welche die Frau von Krüdener in unsere Gegend zieht. – Unmöglich können wir unsere Grenzen davor bewachen; täglich muss ich Vorfälle auf dem rechten Rheinufer befürchten, und auch der Fluß ist ganz leicht zu passieren«, schimpfte der Basler Polizeipräsident. Und weil die badischen Gendarmen den Volksauflauf schließlich unter Androhung von Waffengewalt zerstreuten und missliebige Personen verhafteten, kam es zu regelrechten Kämpfen. Die Stimmung wurde so aufgeheizt, dass das Lörracher Oberamt das Grenzacher Horn abriegeln ließ. Im Februar 1817 wurde die Baronin aus dem Großherzogtum Baden ausgewiesen, nach einem vergeblichen Protest zog sie im April schließlich weiter.

Madame Krüdener missionierte nicht nur, sie kritisierte auch die Armenfürsorge der öffentlichen Hand. Warum behaupteten die Behörden, für die Armen werde gesorgt, wo sie ihr doch die Türen einrannten? Sie wetterte, »daß es eine unverschämte Lüge der Zeitungen ist, von Müßiggängern zu reden in einem Augenblick, wo Niemand Arbeit hat, wo Tausende darnach seufzen, wo alle Fabriken stille stehen [...]. Weit entfernt, von Diebstählen zu hören, wie es ebenfalls heißt, ist sich vielmehr zu verwundern, daß nicht alles voll Räuber ist.« Anstatt den Armen Arbeit zu geben, kritisierte sie, überlasse man sie »Wohltätigkeitsanstalten, welche gänzlich die Liebe ersticken«. In ihrer Flugschrift »Zeitung für die Armen« drohte sie den Reichen das Strafgericht Gottes an und rekrutierte die Besitzlosen als »Gottes liebste Kinder« zur Errichtung seines Reiches, soll heißen: Sie animierte die Notleidenden zur Auswanderung. Die Behörden reagierten indigniert über die Einmischung. Wollte diese Fremde, die keine Ahnung von den hiesigen Verhältnissen hatte, der Obrigkeit sagen, was sie besser machen sollte? Sie stiftete Unruhe und wiegelte die Leute auf. Noch hatte man die Revolution in Frankreich in lebhafter Erinnerung. Diese Frau war nicht nur lästig, sie war gefährlich. Ihre Predigten und Armenspeisungen wurden verboten, wodurch sich die Prophetin aber keineswegs beirren ließ. Sie tat doch nur, was die Bibel verlangte, das war doch kein Unrecht! Und sie nahm kein Blatt vor den Mund, wenn es darum ging, den Regierungen, die ihr Liebeswerk behinderten, kräftig die Leviten zu lesen. Was waren denn das für Gesetze, was waren das für Politiker, die sie verfolgten, weil sie die Hungernden speiste, die Obdachlosen beherbergte, den Verzweifelten Hoffnung spendete?

Ihre fromme Karawane wurde nirgends lange geduldet und mäanderte zwischen der Schweiz und Baden hin und her. Während man das »Bettelvolk« ohne Umstände per Transportbefehl, Laufpass oder Armenfuhre in die jeweiligen Heimatorte zurückexpedierte, wurde die Baronin höflich, aber bestimmt zur Weiterreise aufgefordert. Oder man verweigerte ihr die Einreise gleich am Stadttor. In Aarau erließ man eine scharfe Verordnung gegen religiöse Schwärmerei. An der Rheinfelder Brücke errichteten Aargauer Bauern

Baronin Krüdener mobilisiert am Grenzacher Horn die Massen (auf dem Bild im Hintergrund im Türrahmen stehend).

eine Barrikade und warfen Steine, von denen einer Juliane an der Schläfe verletzte. In Zürich durfte sie nur übernachten und wurde dann mit einem Polizeiaufgebot zur Kantonsgrenze begleitet. In Schaffhausen stellte man ihr eine Wache vor die Tür. In Radolfzell drängte der großherzoglich badische Oberamtmann auf schleunige Abreise. Dann zog sie am Bodensee entlang zur österreichischen Grenze, wo man ihr drohte, zu schießen, falls sie versuchen sollte, den Rhein heimlich zu überqueren. Wieder in Konstanz wollte man ihr die Einreise verweigern, gestattete dann aber gefälligkeitshalber die Durchreise auf einer festgelegten Route. Und aus Arbon berichtet ein Zeitzeuge, der sich schon gefreut hatte, dass der Bekehrungsspuk mit der Abreise der Baronin sein Ende gefunden habe, von einem abendlichen Tumult: »Welch ein Zug, was für ein Gelärm! Eine Kutsche mit vier Pferden bespannt, eine zweite mit dreien, ein Bagagewagen folgend gleich Artillerietrain, wieder eine Kutsche, noch ein Wagen vollgepfropft und vollgepackt überall, innen und außen von

Männer, Weiber, Kinder, mit und ohne Schirm in vollem Regen. Es ist das Gefolge von Frau von Krüdener, das gestern Nachmittag nach Höchst verreiste und heute mit Sack und Pack die Landstraße von St. Gallen wieder daherkommt und mit Pomp hineinzieht ins beliebt alte Quartier der löblichen Stadt Arbon! Ich fasse mich nicht, ist nicht alles nur eine Erscheinung, aber eine – zum toll werden!«

Die Missionsreise der Baronin Krüdener glich eher einer Irrfahrt als einem Kreuzzug. Ihre eigentlichen Ziele – die östliche Schweiz und Vorarlberg, wo Hunger und Not am schlimmsten wüteten – erreichte sie überhaupt nicht. Von Ort zu Ort vertrieben, kam sie schließlich in Freiburg an. Von dort wurde sie – die Freundin des Zaren, die Jahre zuvor ein hoch willkommener Gast am badischen Hof gewesen war – ausgewiesen und unter Polizeibewachung zur Landesgrenze gebracht. »Ihre Reise durch Deutschland glich einem Triumphzug«, schreibt der »Schwäbische Merkur« im November 1817. »Als sie in Freiburg angelangte, eilten die Studenten aus Tübingen hin, um sie zu sehen. Von einer Stadt zur andern wurde ihr eine ›angemessene polizeiliche Begleitung‹ zuteil.« So reiste sie predigend durch Württemberg, Bayern, Sachsen, zurück in ihre Heimat. Noch einmal musste sie eine herbe Zurückweisung erleben: In St. Petersburg weigerte sich der Zar, der mittlerweile auf andere Ratgeber hörte und sich von seiner einstigen Seelenführerin distanziert hatte, sie zu empfangen. Enttäuscht verließ sie die Residenz und zog sich auf ihr Gut Kosse zurück.

Ihre letzte Reise führte sie im Jahr 1824 auf die Halbinsel Krim, wo der Zar den Auswanderern aus Südwestdeutschland und der Schweiz Land zur Verfügung gestellt hatte. Dort starb sie am Weihnachtstag. Kurz vor ihrem Tod hatte sie an ihren Sohn geschrieben: »Was ich Gutes getan habe, wird bleiben: was ich Böses getan (denn wie oft habe ich nicht für Gottes Stimme genommen, was die Frucht meiner Einbildung und meines Stolzes war), das wird die Barmherzigkeit meines Gottes auslöschen.«

# Gräfin von Hochberg

*stürzt sich in Schulden*

Das Hoffräulein Luise Karoline Geyer von Geyersberg konnte es noch gar nicht fassen. Soeben war der dunkellockigen Schönheit aus verarmten Adel die Ehe mit ihrem Landesfürsten angetragen worden. Nie hätte Luise auch nur im Traum daran gedacht, dass der verwitwete Markgraf sie anders als mit väterlichem Wohlwollen betrachtete. Denn Luise Karoline war 19 Jahre alt, lebenshungrig und in einen schneidigen, aber mittellosen Offizier verliebt. Karl Friedrich von Baden ging schnurstracks auf die Sechzig zu und war ein allseits geliebter Landesherr. Aber ein künftiger Ehemann? Luise war so perplex, dass sie zu keiner Antwort fähig war. – Vier Tage später fand die Hochzeit statt.

Eine Mitgift hatte Luises Familie nicht aufzubieten, womöglich hätte sie ihr Lebtag Hoffräulein bleiben müssen. Hofdamen dienten der fürstlichen Repräsentation und verrichteten kleine persönliche Dienste, sie begleiteten ihre Herrin auf Spazierfahrten, Promenaden und auf Reisen, sie schmückten Empfänge und Bälle mit ihrer anmutigen Gegenwart. Der Dienst bei Hof war ein ehrenvolles Amt, das seiner Trägerin Ansehen und ein bescheidenes Einkommen verschaffte, aber mit viel Disziplin und Langeweile erkauft sein wollte. Sich herausputzen, Visiten machen, warten, Mund halten, lächeln

– so sah oft genug der unromantische »Alltag« einer Hofdame aus. Ein glänzendes Elend, sofern man nicht mit einer wirklich gnädigen Herrin, Geduld und einem Talent zur Selbstverleugnung gesegnet war.

Luises Familie stammte aus Niederösterreich und hatte sich nach mehreren Generationen der Migration in Baden angesiedelt. Ihr Vater, ein Oberstleutnant in Durlach, war gestorben, als Luise noch klein war. Die Mutter hatte nur Schulden geerbt und das Haus in Karlsruhe verkaufen müssen. Karl Friedrich gewährte ihr ein »Gnadengeld« von 200 Gulden pro Jahr, das sie immer wieder neu erbitten musste. Luise, die ein Patenkind des Markgrafenpaares war, bekam die Ausbildung in einem Pensionat in Colmar bezahlt, das sie drei Jahre lang besuchte. Danach bekam sie, bei einem Jahresgehalt von 300 Gulden, die Stelle der dritten Hofdame bei der Erbprinzessin Amalie, der Schwiegertochter des Markgrafen, die ihr anderthalb Jahre später dessen Brautwerbung überbrachte.

Karl Friedrich war, anders als sein württembergischer Namensvetter und Altersgenosse Carl Eugen, ein Herrscher vom Typ »Landesvater«: absolut zwar, aber aufgeklärt, fromm und pflichtbewusst, ein Frühaufsteher und fleißiger Arbeiter, ein Mann mit festen Gewohnheiten. Tatkräftig und kompetent kümmerte er sich um alles, wählte seine Beamten selbst aus und gab seinem Land eine mustergültige Verwaltung. Er förderte das Gewerbe, verbesserte das Schulwesen, modernisierte die Landwirtschaft und war sich auch nicht zu fein, im Sumpf herumzustiefeln, um seinen Bauern zu zeigen, wie man eine Drainage anlegte. Er schaffte die Folter ab und hob die Leibeigenschaft auf. Seine Untertanen sah er nicht als Knechte, sondern als Bürger an, denen er freien Zutritt gewährte. Wenn man ihn als Muster eines Fürsten pries oder ihn, wie Herder, zu Deutschlands bestem Fürsten erklärte, so steckte weitaus mehr Aufrichtigkeit dahinter als beim üblichen Fürstenlob.

Der Markgraf von Baden war ein Mann von mittlerer Größe, etwas untersetzt, rundlich, mit vollem Gesicht. Ein spätes Porträt zeigt ihn als freundlich-ernsten Herrn mit wohlwol-

lendem Blick und einer von weißem Haar umrahmten Halbglatze. Im persönlichen Umgang war er zunächst reserviert, aber nicht aus Stolz, sondern aus Schüchternheit. Er brauchte einige Zeit, um aufzutauen, erwies sich dann aber als leutselig und gütig. Der Karlsruher Hof, der nach dem Willen Karl Friedrichs ein Vorbild für das Land sein sollte, war durch Nüchternheit und Schlichtheit geprägt. Man hielt auf standesgemäße Repräsentation, aber überhaupt nichts von Luxus und Schwelgerei wie anderswo. »Von Karlsruhe sind wir gestern früh ab. Die Langeweile hat sich von Stunde zu Stunde verstärkt. Gott im Himmel, was ist Weimar für ein Paradies!«, schrieb Goethe – dessen Dienstherr Karl August von Sachsen-Weimar war mit einer Schwester von Erbprinzessin Amalie verheiratet – nach einem Besuch im Jahr 1779.

Karl Friedrich war nicht nur lange, sondern auch gerne verheiratet gewesen: mit Karoline Luise von Hessen-Darmstadt, einer kunstsinnigen, naturwissenschaftlich interessierten, intellektuell beschlagenen Frau, neben der er immer ein wenig blass wirkte. In allen wichtigen Staats- und Hausangelegenheiten, so schrieb sein Biograph Freiherr von Drais, sei sie »sein geheimster Berater« gewesen. Dieses Eheglück wurde durch den Tod von Karoline Luise im Jahr 1783 jäh beendet. Karl Friedrich trauerte tief um die Gefährtin, die ihn, wie er ihr einmal schrieb, zum glücklichsten aller Sterblichen machte, und anfangs hatte er geglaubt, »der Verlust, den ich erlitten habe, war so groß und in meinen Augen und meinem Gefühl so unersetzlich, daß ich bis jetzo, durch die Erneuerung dieser schmerzhaften Empfindung den Trieben der Natur und der Einbildungskraft zu widerstehen hoffte«. Dann aber bekannte er: »Ich spüre Triebe nach dem weiblichen Geschlecht, und denen möchte ich auf eine erlaubte, mir, meinem Hause und dem Lande unschädliche Art genüge tun.«

An alles hatte er gedacht. Eine neue ebenbürtige Ehe würde seiner Familie keine Freude machen. Es würde ein Konkurrenzverhältnis zwischen den Kindern aus erster und zweiter Ehe entstehen. Und teuer werden würde es auch, wie dem sparsamen Haus- und Landesvater nur allzu bewusst war. Einer Fürstin standen eine Morgengabe, eine eigene Hofhaltung, Apanage und Wittum zu, die Kosten würden die Staatskasse belasten und das Erbe seiner Kinder aus erster Ehe schmälern. Davon abgesehen hatte sich Erbprinzessin Amalie, die Frau seines ältesten Sohnes Karl Ludwig, seit dem Tod von Karoline Luise in der Rolle der ersten Dame des Hofes eingerichtet. Es würde ihr nicht gefallen, wieder hinter eine Landesfürstin zurücktreten zu müssen. Eine Mätresse konnte sich der biedere Markgraf aber auch nicht vorstellen, »mir eine Person zur linken Hand trauen zu lassen, ist der einzige Weg, den ich vor mir sehe!«

Eine morganatische Ehe, das heißt eine Ehe mit einer nicht ebenbürtigen Frau, war zwar vollkommen gültig vor Gott, vor den Menschen jedoch von geringerem Ansehen – ein Privatvergnügen des Herrschers, keine Staatsangelegenheit. Als nicht Ebenbürtige zählte die Gattin zur Linken wie ihre Kinder nicht zum Fürstenhaus, die Kinder blieben von der Thronfolge ausgeschlossen. Staatsbesuchen und anderen offiziellen Anlässen blieb sie tunlichst fern, um protokollarische Verlegenheiten zu vermeiden. Oft ließ die Familie des Fürsten die Aufsteigerin fühlen, dass sie nicht dazugehörte. Sympathie und Anerkennung mussten durch Bescheidenheit, Dankbarkeit, demütig demonstriertes Bewusstsein der niederen Her-

Großherzog Karl Friedrich: »Ich spüre Triebe nach dem weiblichen Geschlecht, und denen möchte ich auf eine erlaubte, mir, meinem Hause und dem Lande unschädliche Art genüge tun.«

kunft und völlige Abstinenz von politischer Einmischung oder gar vom Versuch, ein Sukzessionsrecht für die Söhne zu erwirken, erdient werden. Ihr Status bewegte sich »irgendwo zwischen Mätresse und Fürstin«, konstatiert der Historiker Martin Furtwängler.

Für einen Fürsten war eine morganatische Ehe das Mittel der Wahl, wenn er seiner Pflicht zur Erhaltung der Dynastie bereits genügt hatte und die Nachfolge geregelt war. Karl Friedrich hatte drei erwachsene Söhne, außerdem mehrere Enkelinnen und einen Enkelsohn, von dem nicht zu erwarten war, dass es der einzige bleiben würde. Da durfte er nun unbekümmert um Belange der Staatsräson an sich denken. Er wünschte sich keine Neuauflage seiner ersten Ehe, die bei aller Liebe doch auch ein etwas anstrengendes Glück gewesen war, sondern einen Bettschatz mit dem Segen der Kirche. Sein Wunschzettel sah ein umgängliches weibliches Wesen vor: freimütig, offen und munter soll sie sein, dabei bescheiden und zurückhaltend, wissbegierig, aber nicht neugierig, ohne Herrschsucht, mit »Freude am Guten und Schönen, besonders der schönen Natur; Menschen liebend und mitleidend ohne Empfindelei. Ich wünschte, daß sie mir gut vorlesen könnte in deutscher und französischer Sprache und selbst Vergnügen an der Lektüre hätte ohne den mindesten Schein oder einige Prätension an Gelehrsamkeit; die Pracht und Putz weniger liebt als Reinlichkeit und Ordnung, und mehr durch das letzte als das erste gefallen will«.

Am Morgen des 19. November 1787, berichtete seine Schwiegertochter, Erbprinzessin Amalie, habe der Markgraf sie ins Vertrauen gezogen:»Ich habe einen Plan, der Ihnen hoffentlich nicht unangenehm sein wird. Da ich noch kräftig bin für mein Alter und alles in allem kein Keuschheitsgelübde abgelegt habe, glaube ich, dass es für meine Gesundheit notwenig ist, eine Frau zu nehmen.« An ein Fräulein aus guter Familie habe er gedacht. Seine Wahl hatte er schon getroffen. Nach der anspruchsvollen Karoline Luise wollte er nun ein gemütliches Ehe- und Familienleben mit Luise Karoline. »Sie hat ein gutes Herz, viel Aufrichtigkeit und Gradheit und ist dabei munter und aufgeweckt«, lobte er seine Zukünftige. Attraktiv war sie auch und vor allem: jung und formbar. Nun hatte er es eilig. Er bat die Schwiegertochter, bei Fräulein von Geyer vorzufühlen, ob sie denn geneigt sei, die Seine zu werden. Das Fräulein war, wie gesagt, erst einmal sprachlos, kam dann aber am nächsten Morgen zu Amalie, um die Angelegenheit mit ihr zu bereden, »aber sie war noch nicht eine halbe Viertelstunde da, als der Markgraf kam, und es dauerte nicht so lange, daß er sich erklärte. Nachdem er mit ihr einige Zeit unter vier Augen gesprochen hatte, stellte er sie mir in den gnädigsten Ausdrücken als seine künftige Gemahlin vor.«

Anderntags besprach der Markgraf mit Sohn und Schwiegertochter bei einer Spazierfahrt den neuen Status der Zukünftigen. Keinen Titel sollte sie bekommen, befand der Markgraf, seine Frau zu werden, sei Ehre genug. Luise würde Freiin von Hochberg heißen, die Kinder aus dieser Ehe sollten erzogen werden wie Kinder aus guter Familie »und nicht anders«. Beim Aufsetzen des Ehekontraktes, berichtet Amalie aber, dass »ich Angst bekam, es würde davon die Rede sein, sie zur Fürstin zu machen, und ihre Kinder würden mehr begünstigt werden als meine«. Diese Angst ließ Amalie nie wieder los, und so wurde aus der Gönnerin eine Gegnerin.

Der alternde Markgraf blühte auf: »Er genießt sein Glück in vollen Zügen, das ihn um mindestens zehn Jahre verjüngt hat. Da Frau von Hochberg jung, hübsch, lustig, liebenswürdig, sanft, zuvorkommend ist [...], da sie ferner von der ganzen Familie geliebt wird, so scheint mir das Glück des Herrn Markgrafen für den Rest seiner Laufbahn gesichert«, bemerkt sein Minister. Und Luise? Eigentlich, gibt die Publizistin Annette Borchardt-Wenzel zu bedenken, habe Luise keine Wahl gehabt. Hätte sie den Markgrafen abgewiesen, hätte die Familie wohl kaum in Baden bleiben können. Ihr älterer Bruder, Offizier wie sein Vater, hätte vielleicht auch an einem anderen Hof, bei einem anderen Heer einen Dienst finden können, aber ihre Mutter hatte Karl Friedrichs Gnadengeld bitter nötig und Luise selbst war auf die Hofdamenstelle bei Amalie angewiesen. Verwandte, bei denen die beiden Frauen hätten unterkommen können, gab es keine.

Eine Zeitlang scheint Luise mit ihrer Ehe ganz zufrieden gewesen zu sein. Der mächtigste Mann des Landes liebte und umsorgte sie. »Madame Sanssouci«, Frau Ohnesorg, nannte er sie zärtlich. Sie nannte ihn Papa, denn in rascher Folge wurden fünf Kinder geboren, von denen vier am Leben blieben. Sie waren allesamt jünger als Karl Friedrichs Enkel aus erster Ehe. Solange sich Luise damit begnügte, Karl Friedrich den Lebensabend zu verschönen, durfte sie sich im Wohlwollen der markgräflichen Familie sonnen. Aber irgendwann muss ihr aufgegangen sein, dass ihr Mann sie finanziell ziemlich kurz hielt. Sie hatte auch nicht in die Gemächer der verstorbenen Markgräfin einziehen dürfen, sondern bewohnte die Räume des Markgrafen. Er duzte sie, sie siezte ihn. Bei Ausfahrten mit hohem Besuch fuhr Luise nicht in einer Kutsche mit dem Markgrafen und seinen Gästen wie eine ebenbürtige Gemahlin, sondern mit dem Gefolge. Luise begleitete Karl Friedrich auf seinen Reisen, aber ohne dass ihr die üblichen Ehrenbezeugungen zuteil wurden.

Falls Luise so unbesonnen gewesen war, von fürstlichem Glanz zu träumen, so erfüllte sich dieser Traum nicht. Der

Markgraf zog sich mehr und mehr vom Hofleben zurück, um sich ganz seiner neuen Familie zu widmen, in der Leopold (geboren 1790), Wilhelm (1792), Amalie (1795), so benannt nach der Erbprinzessin, und Maximilian (1796) in glücklicher Geborgenheit aufwuchsen. Wobei von draußen immer wieder Episoden der Unsicherheit und Gefahr in das Familienidyll einbrachen, denn im Nachbarland Frankreich ging es dem Adel an

Karlsruhe – zu Karl Friedrichs Regierungszeit eine nüchterne Residenz

den Kragen, und die Kriege im Gefolge der Revolution berührten Baden immerhin soweit, dass mehr als einmal die Flucht aus Karlsruhe geraten schien.

Mit der Zeit verschob sich die Balance in der Ehe zugunsten von Luise. Die Gräfin Hochberg wuchs sich zu einer Größe aus, mit der man in Karlsruhe zu rechnen hatte. Sie führe den Markgrafen am Gängelband, ließ ein französischer Agent 1794 verlauten: »Sie ist jung und voll Geist und Feuer, und er eine alte chinesische Pagode.« Luise hatte es satt, hinter den fürstlichen Damen zurückzustehen. Vom bescheidenen Glanz des Hofes hätte sie gerne mehr abbekommen, als der alte »Papa« ihr zugestand. Nun hielt sie sich schadlos, denn je älter und gebrechlicher dieser wurde, desto mehr wuchs ihr Einfluss auf ihn. Sie tat sich keinen Zwang an, gab Geld aus, das sie nicht hatte, und machte Schulden, die sie bald nicht mehr überblickte. Aber was sollte aus ihr und den Kindern werden, wenn Karl Friedrich das Zeitliche segnete?

Luise wollte ihre Kinder als vollgültige Mitglieder des Hauses Baden anerkannt sehen, mit Thronfolgeberechtigung und allen Titeln und Ehren. Das war mehr als in der Macht des alten Markgrafen stand. 1796 erhob er Luise und die Kinder in den Grafenstand und verfügte per Hausgesetz, dass die Grafen Hochberg die Erbfolge antreten sollten, falls seine Söhne aus erster Ehe und deren Nachkommen stürben. Allerdings

**Von der Gönnerin zur Gegnerin: Amalie von Baden**

tat er das, ohne die Zustimmung der Prinzen einzuholen und ohne seine Verfügung vonseiten des Reiches anerkennen zu lassen. Karl Friedrich wollte zwar das Beste für seine Kinder mit der Gräfin Hochberg, aber auch seine fürstliche Familie nicht vor den Kopf stoßen. Für einen offenen Konflikt fühlte er sich nicht mehr stark genug, was nicht hieß, dass man ihn schonte – Luise nicht, die das Sukzessionsrecht für ihre Söhne durchsetzen wollte, und Amalie nicht, die um jeden Preis verhindern wollte, dass die unebenbürtigen Kinder ihres ehemaligen Hoffräuleins mit ihren eigenen Nachkommen auf einer Stufe stehen sollten.

Dazu kamen die politischen Wirren. Napoleon krempelte mit seinen Eroberungszügen die Landkarte um und pfropfte neue Reiser auf die altehrwürdigen Stammbäume der europäischen Herrscherhäuser, indem er deren Sprösslinge mit Mitgliedern seiner Großfamilie verheiratete. Baden als unmittelbarer Nachbarstaat Frankreichs und wichtige Pufferzone nach Osten lag Napoleon besonders am Herzen. Er bedachte es mit großzügigen Gebietserweiterungen. (Am Ende der Napoleonischen Ära war Baden viermal so groß und zählte fünfmal so viel Einwohner wie beim Regierungsantritt Karl Friedrichs im Jahr 1746.) Der Markgraf wurde erst Kurfürst, dann, nach dem Ende des Alten Reiches im Jahr 1806, Großherzog und »Königliche Hoheit«. Luise blieb eine einfache Gräfin.

Den bereits anderweitig verlobten Erbprinzen, Amalies Sohn Karl, verheiratete Napoleon 1806 mit seiner Adoptivtochter Stéphanie de Beauharnais, die als Mitgift den Breisgau in die Ehe brachte. Im Gegenzug zu seinem Einverständnis hatte Napoleon dem alten Großherzog zugesagt, sich für die Anerkennung der Grafen Hochberg einzusetzen, an deren Nachfolge auf den badischen Thron ihm allerdings nicht wirklich gelegen sein konnte, schließlich hatte er seine Adoptivtochter mit dem badischen Erbprinzen vermählt, damit diese die Dynastie Baden fortsetzen würden. Jetzt monierte Napoleon den Zustand der badischen Staatsfinanzen, vor allem die immensen Schulden der Gräfin Hochberg und deren unguten Einfluss auf die Politik, soll heißen: auf Karl Friedrich. Erst sollte die Schuldenwirtschaft abgestellt und der Staatshaushalt in Ordnung gebracht werden, ehe er sich mit der Regelung der Nachfolgefrage beschäftigen könne. Die Staatseinnahmen beliefen sich auf etwa 2,6 Millionen Gulden pro Jahr, Luises Schulden auf etwa eine Million. Und Karl Friedrich, der sie seinerzeit geehelicht hatte, weil er glaubte, mit dieser Heirat Land und Haus Baden nicht zu belasten, hatte einen Großteil des Schuldenberges getilgt.

Allerdings: Napoleon irrte sich, wenn er glaubte, dass Luise das Geld auf die Seite gebracht habe. Sie konnte einfach nicht mit Geld umgehen. Sie lebte über ihre Verhältnisse, häufte Schulden an und fälschte sogar die Unterschrift des Markgrafen auf Wechseln. Dazu kamen haarsträubende Fehlinvestitionen, wie zum Beispiel in die Goldmacherkünste des Leibarztes Dr. Schrickel. Der hatte »entdeckt«, wie man Silber mit Hilfe von Vitriolöl und Sonnenwärme in Gold umwandeln könne. Auch Karl Friedrich, der sich früher auf solche Abenteuer niemals eingelassen hätte, beteiligte sich und büßte 10 000 Gulden dabei ein.

Luise schrieb einen Rechtfertigungsbrief an Napoleon: Man habe sie schmachvoll bei ihm verleumdet. Das Schicksal habe ihr bestimmt, einem hoch geachteten Fürsten zu gefallen, und so habe sie denn, unerfahren, wie sie war, ihre Jugend seinem Glück geopfert, auch deshalb, weil ihr Herz für die Armen geschlagen habe – und schob allzu großzügig gewährte Wohltaten vor, um ihre Finanzmisere zu rechtfertigen. Sie führte die gestiegenen Repräsentationsausgaben ins Feld und erinnerte daran, dass er der Markgräfin Amalie eine Apanage von 120 000 Gulden verschafft habe, sie selbst jedoch mit viel weniger auskommen müsse. Derartig unprotokollarische Schmeichel-, Bitt- und Klagebriefe ließen Napoleon ziemlich ungerührt, aber dass die Gräfin Hochberg damit nicht nur sich selbst blamierte, sondern auch den Großherzog bloßstellte, nahm man ihr bei Hof übel. Sie wusste ein-

Hochberg-Sohn Leopold mit Familie. Nach Luises Tod wurde er Großherzog.

fach nicht, so sahen es ihre Gegner und Gegnerinnen, was sich für eine Frau in ihrer Position gehörte: Bescheidenheit, Zurückhaltung, Demut. Stattdessen gab es Anmaßung, Wutausbrüche, hässliche Szenen. So beschimpfte Luise Personen, denen Karl Friedrich vertraute, als »Spione und Verräter, die gar nicht das Brot verdienen, das sie von ihm erhalten«. Herrschsüchtig und nachtragend sei sie, so hieß es, hart und beleidigend. Die einstige »Madame Sanssouci« hatte ihre Unbeschwertheit schon lange verloren.

»Die Heirat war das größte Unglück, das einem bis dahin gut regierten Lande und einem wegen seiner Tugenden, seiner Kenntnisse und seiner Herrschergabe hochgeachteten Fürsten widerfahren konnte. Frau von Hochberg soll schön gewesen sein. Als ich sie kennenlernte, sah man nur noch Spuren davon. Sie war groß, hager, dunkel, von gewöhnlichem Aussehen, mit Puder und Schminke bedeckt. Ihre Stimme war heiser, und sie sah mehr aus wie ein Grenadier als wie eine Dame, die einen immerhin ziemlich hohen Rang einnahm. Ihren armen Gatten behandelte sie hart; er schien Furcht vor ihr zu haben«, schrieb Großherzogin Stéphanie von Baden in ihren Lebenserinnerungen.

Luise scheiterte an Mächten, denen sie nicht gewachsen war: der großen Politik, für die ihr das Geschick fehlte, dem Geld, das ihr zwischen den Händen zerrann, und dem Standesdenken ihrer Zeit, das ihr nicht erlaubte, ihre Außenseiterposition zu überwinden. Am deutlichsten wurde das in ihrer Beziehung zu ihrer ehemaligen Herrin Amalie. Zwar blieb deren Ehrgeiz, sich als Landesfürstin zu profilieren, durch den frühen Tod ihres Mannes Karl Ludwig im Jahr 1801 unerfüllt, und es verdross sie unendlich, dass sie sich nicht nur gegen die morganatische Zweitfrau ihres Schwiegervaters behaupten musste, sondern dass ihr mit Napoleons Adoptivtochter Stéphanie de Beauharnais eine Parvenü-Schwiegertochter als »kaiserliche Hoheit« vor die Nase gesetzt wurde. Aber Amalie hatte ihre Töchter derart geschickt verheiratet, dass das Haus Baden mit den Herrschern von halb Europa verschwägert war. Gerne sprach die Schwiegermutter Europas von »ma fille de Russie«, »ma fille de Suede«. Amalie hatte zwar keine unmittelbare Macht, aber beste Verbindungen zu den wichtigen Höfen Europas und so viel Einfluss, dass selbst Napoleon sich gut mit ihr stellen musste. Lange Zeit hintertrieb Amalie die Bemühungen des Markgrafen um die internationale Anerkennung seiner Hausgesetze über die Erbfolgeberechtigung der Grafen Hochberg mit Erfolg. Was machten ihr da die Nadelstiche aus, die die Gräfin ihr in ohnmächtigem Zorn versetzte? Die war doch alles, was sie war, nur durch Karl Friedrich und nur so lange dieser am Leben blieb.

Am besten verstand sich Luise mit Ludwig, dem jüngsten Sohn ihres Mannes. Ludwig hatte im preußischen Militärdienst Karriere gemacht und war 1795 – schwer verschuldet – an den Karlsruher Hof zurückgekehrt. Als unterhaltsamer Gesellschafter und gern gesehener Tischgenosse bei Karl Friedrich avancierte er bald zu dessen Vertrautem. Er behandelte seine Stiefmutter, die fünf Jahre jünger war als er selbst, nicht nur mit großem Respekt, sondern unterstützte auch ihre Bemühungen um die Sukzessionsberechtigung ihrer Söhne. Das trug ihm ihre Sympathien ein. Allerdings gab diese Freundschaft Anlass zu Klatsch und Tratsch. Der kleine Maximilian, Luises Jüngster, habe, so hieß es, nicht den alten Markgrafen, sondern dessen Sohn zum Vater.

Seit dem Tod seines Thronerben Karl Ludwig im Jahr 1801 baute Karl Friedrich mehr und mehr ab. Von einem Schlaganfall 1804 erholte er sich zwar wieder, aber Gedächtnis und Gehör ließen ihn im Stich, und eine Herzkrankheit machte ihm zu schaffen. Die politischen und familiären Querelen, denen Karl Friedrich ausgesetzt war, machten es auch nicht besser. Der französische Geschäftsträger berichtete, der Großherzog sei nur noch ein Abglanz seiner selbst. Luise wurde die Stütze, auf die der hinfällige Herrscher sich ganz und gar verließ. Sie allein bestimmte, wer Zugang zu ihm hatte. Sie nutzte ihre Machtposition, um für die Zukunft vorzusorgen. Karl Friedrich hatte ihr das Gut Bauschlott bei Pforzheim geschenkt, ihre Kinder bekamen die »Pfälzer Höfe«, vier Güter in der früheren Rheinpfalz, später kam noch die Herrschaft Zwingenberg dazu. Auch Luises Bezüge wurden mehrmals erhöht. Karl Friedrich, so klagte Amalie im September 1804,

*Caspar Hauser.*

**Caspar Hauser – ein badischer Prinz, den die Gräfin Hochberg auf dem Gewissen hat?**

»wird alle Tage mehr zur Maschine, handelt nur noch nach den Plänen anderer. Und er ist von schlechten Menschen umgeben. Prinz Ludwig steht an der Spitze der Finanzen, der Forsten, des Militärs, usw.; er versteht von nichts etwas, außer von letzterem. So geht alles zum Teufel, selbst der Staatskredit sinkt täglich. Und man gibt Ländereien, die bis zu zehntausend Gulden jährlich einbringen, an Frau von Hochberg und deren Kinder.«

1808 beteiligte sich Luise an einem regelrechten Staatsstreich. Der Großherzog sollte eine Verfassung erlassen, die nicht nur das Nachfolgerecht der Grafen Hochberg festschrieb, sondern auch alle Schulden, die im Namen des Großherzogs gemacht worden waren (also auch und vor allem die ihrigen), zu Staatsschulden erklärte. Mit diesem Coup, den sie mit Hilfe einiger badischer Beamten und französischer Abenteurern anzettelte, schnitt sie sich allerdings ins eigene Fleisch. Selbst der für seine Lethargie berüchtigte junge Erbprinz sah sich zum Handeln genötigt. Es stellte sich heraus, dass sein Großvater keine Ahnung hatte, was die fragwürdigen »Verfassungsväter« von ihm gewollt hatten und was er da unterzeichnet hatte. Nun war seine Regierungsunfähigkeit offenkundig, sein Enkel wurde Mitregent, und es erging eine Schuldenpragmatik, wonach die »Schulden volljähriger Mitglieder aus der Familie des Regenten namentlich ihrer Gemahlinnen und Witwen« Privatschulden seien.

Luise war kaltgestellt, politisch und finanziell. Da halfen auch keine Bettelbriefe an Napoleon, in denen sie Amalie und ihren Stiefsohn Ludwig, mit dem sie inzwischen verfeindet war, anschwärzte. »Man verargt mir, daß ich nicht als Prinzessin zur Welt kam und daß ich dem Großherzog drei Söhne geschenkt habe. [...] Man verargt es mir ebenso, daß ich die einzige Vertraute des Großherzogs bin.« Sie sei von Feinden umgeben und flehe Napoleon um seinen Schutz an. »Sire, dieser Brief enthält meinen Herzenswunsch. Ich flehe Eure Majestät an, ihn günstig aufzunehmen«, stand in Karl Friedrichs zitteriger Greisenhandschrift darunter.

Am 10. Juni 1811 starb der Großherzog mit 82 Jahren. Bisher hatte man mit Luise rechnen müssen. Mit Karl Friedrich war ihr Einfluss endgültig dahin. Und der Status ihrer Kinder hing noch immer in der Schwebe. Von Großherzog Karl aufgefordert, räumte Luise widerwillig ihre Wohnung im Karlsruher Schloss – aber erst, nachdem sie dem neuen Herrscher die Zahlung ihrer dringlichsten Schulden abgetrotzt hatte. 1816 war sie bankrott. Die Güter, die Karl Friedrich ihr geschenkt hatte, musste sie an ihre Söhne abtreten und bekam im Gegenzug von diesen eine Jahresrente von 10 000 Gulden. Luise wurde unter Kuratel gestellt und konnte keinen Kredit mehr aufnehmen. Der Großherzog sah sich gezwungen, in der badischen Staatszeitung zu inserieren, dass die Schulden der Gräfin Hochberg nicht mehr beglichen würden. Am Ende fühlte sie sich von aller Welt verfolgt und betrogen und verdächtigte sogar ihre Söhne, die inzwischen volljährig und finanziell von ihr unabhängig geworden waren, sich an ihrem Ruin zu bereichern.

Für Baden stellte sich die Sukzessionsfrage mit immer größerer Dringlichkeit. Großherzog Karl (der Enkel Karl Friedrichs) war krank, seine beiden Söhne waren kurz nach der Geburt gestorben, weitere nicht zu erwarten. Die altfürstliche Linie war am Erlöschen – und die Hoffnung hieß Hochberg. Großherzog Karl erließ 1817 ein weiteres Hausgesetz, das die Thronfolge der Hochberg-Söhne regelte und aus den Grafen

Hochberg Prinzen von Baden machte. Auf dem Aachener Fürstenkongress 1818 wurde ihre Sukkzessionsberechtigung endlich international anerkannt.

Für Luise brachte die Standeserhöhung ihrer Kinder keinen Vorteil und ihre Schulden nahm ihr auch keiner ab. Dass ihr Sohn Leopold 1830 Großherzog von Baden wurde, erlebte sie nicht mehr. Verbittert starb sie am 23. Juni 1820 an einem Herzleiden, mit 52 Jahren. »Sie hinterläßt viele Schulden und wird nur wenig betrauert«, berichtete der französische Gesandte. »Der Staat gewinnt dabei die 40 000 Gulden, die sie als Witwengeld erhielt. [...] Nur ihre Gläubiger haben Ursache, sie zu beweinen.« Ihre Kinder schlugen ihr Erbe aus, damit sie ihre Schulden nicht übernehmen mussten. Doch als Mutter des künftigen Großherzogs fand sie nun endlich, wenn auch erst im Tod, Aufnahme in die fürstliche Familie und wurde in der Fürstengruft in Pforzheim beigesetzt.

Ihr schlechter Ruf ging ihr über den Tod hinaus nach. Einer Frau, die sich so wenig in die Schranken dessen schickte, was Stand und Herkommen ihr auferlegten, traute man jede Schändlichkeit zu. Sie habe, so wurde kolportiert, auf dem Totenbett gebeichtet, dass ihre Kinder aus einer »verbrecherischen« Verbindung mit ihrem Stiefsohn Ludwig stammten. Und als 1828 ein junger Mann in Nürnberg auftauchte, der sich Kaspar Hauser nannte, verbreitete sich das Gerücht, das sei der legitime Spross des Hauses Baden, den die Gräfin Hochberg seinerzeit gegen einen todkranken Säugling ausgetauscht habe, um ihren Söhnen den Weg auf den badischen Thron freizumachen. Das ist zwar unwahrscheinlich, denn Luise mochte ein Motiv gehabt haben, jedoch kaum die Gelegenheit und das nötige strategische Kalkül zur Ausführung eines solchen Planes. Aber für einen spannenden historischen Krimi ist der Verdacht allemal gut genug.

# Susanna Striffler
*wird wegen Unzucht verurteilt*

So wie viele andere Städte, hatte auch die hohenlohische Salzstadt Hall während der Napoleonischen Kriege allerhand zu erdulden: hohe Steuer- und Abgabenlasten, Truppendurchmärsche, Requirierungen und Einquartierungen, die das eine oder andere Andenken hinterließen. Als die Soldaten – bayerische oder österreichische – wieder abrückten, war Susanna Catharina Röthel, die Tochter des Stadtgerichtsdieners, schwanger.

Aber Susanna hatte Glück, denn ihr Bräutigam, der Tagelöhner Johann Friedrich Striffler, heiratete sie trotzdem, wenn er sich auch weigerte, für das Kind aufzukommen. Es sei ja nicht seins. Striffler hatte als Soldat gedient. Vielleicht hatte er sogar die Schlacht an der Beresina und den Rückzug durch den grausamen russischen Winter mitgemacht, was nur wenige aus dem württembergischen Truppenkontingent überlebten. Er war mit einer silbernen Verdienstmedaille ausgezeichnet worden und trug sie mit Stolz. Aber mit Krieg hatte er nichts mehr im Sinn, jetzt wollte er ein Haus, eine Frau, eine Familie und sein Auskommen. Und Susanna wollte gerne das Ihre dazu beitragen, dass es ihnen gut ging.

Doch statt besserer Zeiten brachte das Jahr 1816 eine schwere Agrarkrise. Die Lebensmittelpreise stiegen um das drei- bis fünffache. Handel und Gewerbe erlitten schwere Einbußen. Wer Geld hatte, wurde ärmer, wer ohnehin schon arm war, geriet vollends in Not. Verlor seine Arbeit. Musste borgen. Schmuckstücke und Kleidung verpfänden. Schulden machen. Manche gingen sogar betteln. Johann Friedrich Striffler bewarb sich als Salzstößer bei der Saline, dem Hauptarbeitgeber der Stadt.

Die Saline war nach der Besetzung der freien Reichsstadt im Jahr 1802 in den Besitz Württembergs übergegangen, das den freien Salzhandel einstellte und, so würde man heute sagen, Rationalisierungen vornahm. Also auch hier – düstere Aussichten. Von einem Juristen aus einer angesehenen Haller Familie bekam Striffler den Tipp, dass ein Geldgeschenk von 100 Gulden »für die Stuttgarter Herren« seiner Bewerbung auf die Sprünge helfen würde. Die Eheleute Striffler pumpten sich das Geld von allen Seiten zusammen, aber es kam nie an seinem Bestimmungsort an. Der Salineninspektor klärte sie schließlich darüber auf, dass die Herren in Stuttgart kein Geld annähmen und sie einem Schwindel aufgesessen seien.

Die 100 Gulden waren dahin. Die fälligen Einstandsgeschenke an den Salinendirektor, den Salzverwalter und den Salzschreiber verschlangen noch einmal um die 50 Gulden. Striffler stand schon mit einem halben Jahreslohn in der Kreide, ehe er auch nur einen einzigen Kreuzer verdient hatte. Dazu kamen Verdienstausfälle im Winter. Denn gesotten wurde das Salz hauptsächlich im Sommer, da waren die Dienste der Salzstößer vonnöten, um das feine, weiße Haller Salz zu zerstoßen und in Säcke zu verpacken. Zu reichsstädtischen Zeiten hätte es im Winter genügend Holzarbeiten im Taglohn gegeben, aber die königlich-württembergische Salinenverwaltung ließ das Holz, das früher in Stämmen auf dem Kocher nach Hall geflößt wurde, schon an Ort und Stelle zerkleinern.

Zu alledem steckten Johann Friedrich und Susanna durch den Kauf ihres Hauses so tief in Schulden, dass man ihnen das Haus wegpfändete, als sie nach der Tilgung des ersten

Im Jahr 1824
erschütterte ein
Sexskandal die
Stadt Hall.

Drittels nicht mehr zahlen konnten. Der Bürgermeister hatte Striffler sogar »ins Wochenblatt eingerückt«, das heißt seine Zahlungsunfähigkeit publik gemacht. Nun rannten ihnen die Gläubiger die Türe ein. Es sei zum Verzweifeln, klagte Susanna.

Auch die Ehe steckte in einer Krise, denn Susanna hatte einen Weg gefunden, die Geldnot zu lindern. Die junge Frau gefiel den Männern, und daraus versuchte sie, Kapital zu schlagen. Was aber ihrem Mann überhaupt nicht gefiel. Als Susanna im Hungerjahr 1817 mit dem Bachmüller Ruoff aus dem benachbarten Steinbach ins Gerede kam, platzte ihm der Kragen. Er ließ sich doch nicht zum Hahnrei machen! Wütend lief Johann Friedrich nach Steinbach, stellte Ruoff zu Rede und beschimpfte ihn. Verklagen wollte er den Ehebrecher! Striffler war auch fest entschlossen, sich scheiden zu lassen. Inzwischen hatten sie ohnehin mehr Streit als gute Tage, denn Susanna war keine Frau, die sich etwas vorschreiben ließ. Aber dann traten die Freunde in Aktion. Da die Sache nun einmal passiert und nicht mehr ungeschehen zu machen sei, solle er sich doch nicht so anstellen und seinen Nutzen daraus ziehen, hielten sie Striffler vor. Als betroge-

Bilderbogen
mit Waren und
Preisen aus dem
Teuerungsjahr
1817

nem Gatten stehe ihm eine Entschädigung zu, die Ruoff auch zu zahlen bereit sei. Von einer Klage hätte keiner etwas und das Geld könne er doch gut gebrauchen. Zuerst wollte Striffler mit solchen Lumpenhändeln nichts zu schaffen haben, am Ende nahm er das Geld aber doch. Es war immer noch besser als zu stehlen.

Susannas Ruf war mittlerweile gründlich ruiniert. Man wusste, dass sie sich für Geld mit Männern einließ. Die passten sie ab, sprachen sie auf der Straße an und verfolgten sie, wenn ihr Mann unterwegs war, sogar bis in ihre Wohnung. »Die Mannsbilder hätten mich eben auch gehen laßen sollen, ich bin nicht allein schuldig daran, die Mannspersonen haben auch ihre Schuld«, verteidigte sie sich später vor Gericht. Manche Einnahme verschwieg sie ihrem Mann, und das nicht nur, weil der immer noch zornig auf ihren Nebenverdienst reagierte, sondern auch, weil »mir mein Mann alles vertrunken hat«. Striffler litt wie ein Hund und ersäufte den Kummer um seine verlorene Ehre im Alkohol. Susanna prostituierte sich weiter, denn wovon sollten sie leben, wenn der Mann alles Geld ins Wirtshaus trug? Dafür musste sie sich verprügeln und als »Lumpenmensch« beschimpfen lassen. Einmal stieß Striffler sie in seiner Wut die Treppe hinunter. Er verklagte sie auch beim Oberamt, das den unsittlichen Lebenswandel der Strifflerin zu den Akten nahm.

Mit der Zeit jedoch und mit der Erkenntnis, dass auf legale Weise nichts zu gewinnen war, arrangierte sich Johann Friedrich mit dem anrüchigen Gelderwerb seiner Frau. Das Ehepaar raufte sich zusammen und zog das Geschäft mit der ungesetzlichen Lust schließlich ganz professionell auf. Auch Susannas ältere Schwester Maria Catharina Röthel gesellte sich dazu. Die hatte sich nach zwölf Jahren Ehe von ihrem Mann, einem Zimmermeister, scheiden lassen, war krank, saß auf einem Berg von Schulden und versuchte vergebens, sich als Strumpfstrickerin durchzubringen. Aber sie hatte ein günstig gelegenes Haus in der Gelbinger Gasse, gegenüber der Post, an einer Ausfallstraße nach Nordwesten und ganz in der Nähe des Stadtgrabens, wo man als Bürger unverdächtig spazieren gehen konnte.

Ein inzwischen verstorbener Knecht des Adlerwirts, so gab die Röthlin später zu Protokoll, habe sie überredet, ihr Haus für Kunden zu öffnen, die sich dort mit Mädchen treffen wollten, die er, der Knecht, herüberschicken würde. Das Geschäft lief wie von selbst: »Das kann ich mit Wahrheit sagen, daß ich keine Mannspersonen herbei rief, sie kamen alle von selbst und sagten mir, ich solle ihnen Mädchen hohlen, das Geld trieb mich eben dazu, es zu tun.« Denn für das Geld, das dabei heraussprang, hätte eine arme Frau lange stricken müssen. Weil sie krank war »und doch der Obrigkeit nicht zur Last fallen wollte«, wurde aus der Haller Matrone eine Kupplerin. Die Existenz des verrufenen Hauses war bald ein offenes Geheimnis, nicht nur in der Stadt, sondern auch im weiten

Umkreis. Es genoss hohe Protektion, denn die Haller Honoratioren ließen ihre Abende gern bei Wein, Weib, Gesang und Kartenspiel im Haus der Röthlin ausklingen. Es kamen auch Kaufleute auf Geschäftsreise, geistliche Herren, höhere Beamten, Offiziere – Männer von Stand und Vermögen.

Die Nachfrage war groß, die Röthlin hatte gerade genug zu tun, Frauen, gerne auch »junge Maidlich« (Mädchen) für ihre Kundschaft anzuwerben, und sie spannte auch ihre Schwester als Kupplerin ein. »Die Strifflerin hat mir gesagt, daß ich zu ihrer Schwester gehen solle, ich sey arm, dann könne ich mir doch auch etwas anschaffen.« Und: »Ich sey ein armes Mädchen und ohne Eltern, ich könne es wohl brauchen. Und im Dienst bekomme man ja doch nicht viel.« Diesen Zuverdienst samt Essen und Kaffee nahmen viele Mägde, Wäscherinnen und Näherinnen wahr, um ihren mageren Lohn aufzubessern oder etwas für ihre Aussteuer anzusparen. Mütter schickten ihre Töchter gern ins Haus der Röthlin – solange es beim Küssen, Tätscheln und Grabschen blieb. Und die Mädchen selbst sahen sich verpflichtet, ihre Familie zu unterstützen, »weil wir eben nichts zu eßen gehabt haben und ich kein Kleidle auf dem Leib«.

Allerdings war weder die Röthlin noch ihre Schwester Susanna eine Wohltäterin Bedürftiger. Bis zur Hälfte vom Verdienst der Frauen blieb als Provision bei den Vermittlerinnen hängen. Die Röthlin scheute sich auch nicht, junge Frauen ohne Anhang unter einem Vorwand in ihr Haus zu locken, wo sie mit mehr oder weniger Nachdruck dazu gebracht wurden, einem Kunden zu Willen zu sein. Auch Susanna zwang eine junge Frau zur Prostitution, nachdem sie das arbeitslose Mädchen aufgenommen hatte, »bis ich wieder einen Dienst habe«. Und als das Mädchen, dem der Dienst bei der Röthlin nicht gefiel, sich beim zweiten Mal weigerte, hinzugehen, sperrte Susanna sie aus der Wohnung aus, sodass ihr gar nichts anderes übrig blieb, als zu tun, was man von ihr verlangte.

Mit der Zeit kam Susanna darauf, dass sich das Geschäft mit der Lust und der verlorenen Ehre noch ausweiten ließ,

Am Stadtrand an einer Ausfallstraße nach Nordwesten lag das Bordell der Maria Catharina Röthlin.

und andere taten es ihr nach. Denn was lag näher, als noch einmal zu kassieren, indem die Frauen eine Schwangerschaft vorgaben? Die Männer hatten schließlich auch ihren Nutzen davon, wenn die Sache nicht herauskam. Jede Form nichtehelicher Sexualität wurde als »Unzucht« mit saftigen Geldbußen, aber auch mit Gefängnisstrafen geahndet. Ein Mann, der des Ehebruchs überführt war, musste mit drei Monaten Festungshaft rechnen – und dem Verlust seiner Ämter. Für Wiederholungstäter fiel die Strafe noch härter aus. Für Frauen standen auf »gewerbsmäßige Hurerei« zwei, im Wiederholungsfall sechs Monate Zuchthaus.

Die Erpresser gingen nur dorthin, wo etwas zu holen war. »Armen Leuten nahmen wir nie etwas ab«, gab Striffler später zu Protokoll. Man fragte bescheiden, ob der Herr »etwas geben« möchte, einen Notpfennig für die Schwangere, und bemäntelte den gesetzeswidrigen Erwerb, indem man ihn nach Art eines regulären Handels abschloss: verbrieft, quittiert und mit einem Umtrunk begossen. Man bat mit Gefühl, aber manchmal war Nachdruck vonnöten. Es kam immer darauf an, die richtige Dosis Angst zu erzeugen. »Jetzt ist die

Zeit daß ich einen KindVater anzeige«, bluffte Susanna einen Kunden. Wenn er ihr etwas geben wolle, so sei es ihr recht, »wollen Sie aber nicht, so derfen Sie es mir nur zu wißen Thun, dann gebe ich es in meinem Brodokoll an«.

Die Herren zahlten fast immer anstandslos, ehe sie sich eine gute Partie oder eine bevorstehende Beförderung entgehen ließen oder ihren Hausfrieden aufs Spiel setzten – selbst dann, wenn sie sicher sein konnten, dass die Schwangerschaft erfunden und der erbetene »Notpfennig« nur ein schlecht getarntes Schweigegeld war. Manchmal nutzten die Frauen den Rausch eines Freiers aus, um einen sexuellen Kontakt zu behaupten, der gar nicht stattgefunden hatte, oder sie stellten Fallen, in die die Opfer allerdings nicht immer hineintappten. So beschied Susanna den einen oder anderen Freier zum Stelldichein und gleichzeitig einen Helfershelfer dazu, der »sie beieinander antreffe, [...] wenn er gerade ob ihr sey und sie seinen Willen erfülle«. Die geübteren unter den Erpresserinnen betrogen aber auch Ahnungslose aus dem eigenen Lager. Manche angeblich Geschwängerte wusste noch nicht einmal, dass in ihrem Namen Ansprüche erhoben wurden. Von dem Geld bekam sie natürlich auch nichts zu sehen, das teilten die Drahtzieherinnen unter sich auf.

Meist waren es Männer, die den »Schwangerschaftsansprüchen« der Frauen den gehörigen Nachdruck verliehen. Da konnte allerdings nicht jeder kommen. Gut zu Fuß musste man schon sein, denn es erforderte oft mehrere Gänge über Land, bis ein Geschäft unter Dach und Fach gebracht war. Man musste übernachten, ein Fuhrwerk bezahlen, also erst einmal investieren. Respektable Kleidung gehörte dazu und ein seriöses, selbstbewusstes Auftreten, damit man als Verhandlungspartner ernst genommen wurde. Johann Friedrich Striffler trug bei solchen Anlässen seine silberne Militär-Verdienstmedaille. Die verschaffte ihm Achtung. Auch »Schwätzen« musste man können, geschickt verhandeln, überzeugend argumentieren. Und schauspielerische Qualitäten konnten auch nicht schaden.

Denn wenn Briefe und bescheidenes Bitten nichts fruchte-
ten, rückte man dem Opfer auf den Pelz. Das zeitigte vor allem im ländlichen Milieu große Wirkung. Wenn man am Ziel
im Wirtshaus einkehrte, sich nach dem Gesuchten erkundigte,
wurde man natürlich gefragt: Wer seid Ihr? Woher kommt
Ihr? Was wollt Ihr? Und wenn dann ein erzürnter »Vater«
gegen den Schwängerer der Tochter wetterte oder ein zor-
niger »Bräutigam« eine Entschädigung fürs Kindbett seiner
entehrten Braut verlangte, so lieferte das auf Monate hinaus
Gesprächsstoff für das ganze Dorf.

Im Fall des Reinsberger Schultheißen Horn führte die öffentliche Bloßstellung sogar zum Selbstmord. Zunächst hatte
Striffler den Schultes, den er verdächtigte, hinter seiner Frau
her zu sein, auf seinem Heimweg abgepasst. Die beiden stritten
heftig miteinander, und es war von Geld die Rede. 600 Gulden
verlangte Striffler. Um seiner Forderung Nachdruck zu verlei-

Ein Erpresserbrief der Strifflerin vom 14. November 1824

hen, ging Striffler tags darauf – es war Sonntag – noch einmal nach Reinsberg und ließ Horn aus der Sitzung des Kirchenkonvents holen. Diese Blamage verwand der Schultes nicht. In der Nacht zum Montag erhängte er sich in seiner Scheune. Über das Motiv für den Selbstmord wurde heftig spekuliert. Horns Freunde wussten, dass er in Hall »öfters auch Ausgaben gehabt, wovon sein Weib nichts habe wissen dürfen«, aber den wahren Grund für Horns Selbstmord durchschauten damals, im November 1820, nur wenige, und die hüteten sich, die Polizei einzuschalten. Striffler litt noch Jahre später unter Gewissensbissen, während Susanna meinte, Horn habe doch auch mit anderen Weibspersonen zu tun gehabt, anscheinend sei er sogar Vater eines außerehelichen Kindes gewesen, vielleicht habe er sich ja auch deswegen umgebracht.

Die Mitwirkenden beim Erpressertheater wurden aus dem Kreis der Verwandten, Nachbarinnen, Trinkkumpane oder Arbeitskameraden rekrutiert. Man wollte ihnen etwas zukommen lassen, weil sie arm dran waren oder verschuldet, weil sie kranke Kinder über den Winter zu bringen hatten. Etwas sprang für alle Beteiligten heraus, und wenn es nur eine Maß Bier oder eine Suppe war. Wer in Not war, wurde animiert, es doch auch zu versuchen, und gefragt, »ob sie nicht einen wiße, mit dem sie zu thun gehabt habe, damit sie von demselben etwas erhalten könnte«. Oder man wandte sich gleich an Susanna, die sich einen Ruf als verhandlungsgeschickte, durchsetzungsfähige Expertin erworben hatte und als mütterliche Freundin der »Geschädigten« auftrat.

Im Lauf der Jahre entwickelte sich das einträgliche Geschäft mit stillschweigender Duldung der Obrigkeit zu einer Art Gewohnheitsrecht. Wohl gab es Gerüchte über »Hurengeschichten«, Presserei (Erpressung) und Prellerei (Betrug), aber weder Kläger noch Richter. Denn die Erpressungsopfer – fast durchweg Persönlichkeiten des öffentlichen Lebens – hängten die Angelegenheit nicht an die große Glocke. Die Erpresser bewegten sich mit ihren Forderungen innerhalb bürgerlicher Schmerzgrenzen und hüteten sich, ihre Drohungen wahrzumachen, wenn nicht gezahlt wurde. Den Nerv, es darauf ankommen zu lassen, hatten allerdings nur die wenigsten Opfer. Dass die illegale Form der Selbstversorgung im Frühjahr 1824 aufflog, lag ausgerechnet an Susanna Striffler. Und das kam so: Die 23-jährige Sophie Caroline Weber, die bei Susanna im Taglohn stand, war dem Kaufmann Keinath sexuell zu Diensten gewesen. Der wohlhabende Betreiber einer »Specerey-Handlung« hatte sie mit einem Viertelpfund Kaffee und Zucker und einem schwarzen Seidentuch, das sie für 54 Kreuzer weiterverkaufte, abgespeist. Worauf Susanna meinte, da sei noch mehr zu holen, und sich der Sache annahm, allerdings ohne den gewohnten Erfolg. Mit der Begründung, er habe dem »schlechten Menschen schon genug gegeben«, wehrte der Kaufmann alle weiteren Forderungen so beharrlich ab, dass Susanna die Geduld verlor. Sie beschloss, die »Ansprüche« ihrer Freundin mit Hilfe der Behörden durchzusetzen, wandte sich ans Oberamt – und geriet an den Falschen.

Als altwürttembergischer Beamter war der 56-jährige Oberamtsrichter Carl Christoph Gottlieb Mögling ein Fremdkörper im Klüngel der seit Menschengedenken miteinander verflochtenen, verbandelten, um nicht zu sagen: verfilzten reichsstädtischen Oberschicht. Und so kam Susanna in einem Machtkampf der alten reichsstädtischen Honoratiorenschaft mit der neuen königlich-württembergischen Gerichtsbarkeit zwischen die Räder. Oberamtsrichter Mögling witterte gewerbsmäßige Unzucht und Erpressung und lud die angebliche Kindesmutter zum Verhör vor. Auskunftsfreudig erzählte Sophie Caroline Weber von ihren geschäftlichen Sexkontakten samt den damit verbundenen Einkünften und nannte offenherzig Namen über Namen. Aber mit dem Bordell in der Gelbinger Gasse, fügte sie ungefragt hinzu, mit dem habe sie nichts zu schaffen. Mögling bohrte nach und sah einen gewaltigen Berg Arbeit auf sich zukommen, vor allem aber die Chance, ein Exempel zu statuieren.

Seit 1802 gehörte die ehemals Freie Reichsstadt Hall zu Württemberg. Mit der alten Herrschaft war auch die altständische Rechtsordnung abgelöst worden. Jetzt unterstand die Stadt der königlich-württembergischen Obergerichtsbarkeit. Aber noch immer waren Stadtrat und Polizeiverwaltung größtenteils mit Herren aus dem Haller Stadtpatriziat besetzt, und die Beamten aus Stuttgart hatten einen schweren Stand. Nun bot dieser Fall die Gelegenheit, die neue Rechtshoheit mit allem Nachdruck durchzusetzen. Unversehens brachte Susanna eine Prozesslawine ins Rollen, die das königlich-württembergische Oberamtsgericht von März 1824 bis September 1826 beschäftigte. An 100 Verhandlungstagen wurden in rund 55 Erpressungsfällen um die 150 Personen verhört und 63 verurteilt, darunter 30 Frauen.

Dank ihres Wissens über die schmutzige Wäsche der feinen Leute, die diese doch lieber nicht im Licht der Öffentlichkeit ausgebreitet sehen wollten, fühlten sich die Delinquentinnen zunächst noch ziemlich sicher. Sie redeten viel und ungeniert, und manche scheuten sich auch nicht zu drohen: »Wenn sie nicht bald aus dem Gefängniß komme, so fange sie oben bei dem StadtRath an, und mache bis unten hinaus, der ganze StadtRath müße hinein, so daß alle ins Zuchthaus kommen«, schimpfte eine Mitangeklagte der Strifflerin, jedoch ohne Erfolg.

Bald mussten die Inkriminierten erkennen, dass sie sich verrechnet hatten, denn das Gericht maß mit zweierlei Maß. Es interessierte sich weit weniger für die Ausschweifungen der angesehenen Bürger als für die Delikte der käuflichen Frauen. Deren Aussagen gegen die beteiligten Männer hielt das Gericht von vornherein für unglaubwürdig. Der Ellwanger Criminal-Senat als vorgesetzte Behörde verfügte, »daß die bloße Aussage einer Hure als rechtlich nicht glaubwürdig anzusehen und deßhalb gegen den Bezüchtigten eine gerichtliche Untersuchung darauf noch nicht zu bauen sei«. Den Honoratioren hingegen wurde aufs Wort geglaubt.

Kaum einer gab übrigens seinen Fehltritt freiwillig zu. Man kenne die Frau doch gar nicht. Man habe mit solch »liedrigen Menschern« noch nie etwas zu schaffen gehabt. Man sei ein guter Hausvater mit einer liebenden Ehefrau, der man selbstverständlich treu sei. Das Gericht glaubte das gerne. Nur wenn Geld gezahlt worden war, sah es darin ein Schuldeingeständnis. Aber auch dafür gab es gute Gründe. Man habe das Geld als Almosen gegeben, »aus Gnad und Barmherzigkeit«, um seine Ruhe zu haben, um nicht ins Gerede zu kommen. Gewissermaßen ehrenhalber. Man habe doch immer ehrlich, immer unbescholten gelebt. Und schließlich: Die losen Dirnen hätten einen verführt, ja, geradezu attackiert. Was hätte man denn tun können? Man sei verheiratet, habe Familie, das Gericht solle doch Milde walten lassen. Und das tat es auch.

Je höher die gesellschaftliche Stellung eines Betroffenen, desto schonender und diskreter die Ermittlungen, desto höflicher der Ton. Oft wurden die Herren nur als Zeugen, nicht als Beschuldigte vorgeladen. Gegenüberstellungen und peinliche Szenen im Gerichtssaal wurden ihnen erspart. Am Ende blieben sie meist unbehelligt. Manche Verfahren wurden wegen Verjährung eingestellt, Urteile angefochten und aufgehoben, Haftstrafen in Geldstrafen umgewandelt.

Für die Angeklagten aus der Unterschicht gab es solche Rücksichten nicht, auch keine mildernden Umstände. Dass sie arm waren, dass sie keine Arbeit, aber viele Kinder zu ernähren hatten, dass Schulden sie drückten, dass sie sich keinen Rat wussten, spielte keine Rolle. Das Exempel des königlich-württembergischen Oberamtsgerichtes wurde zu Lasten der kleinen Leute statuiert. Deren Zusammenhalt zerbrach unter dem Druck der Strafverfolgung. Die Angeklagten belasteten einander in der Hoffnung, die eigene Haut zu retten. Um sich selbst in ein besseres Licht zu rücken, verleugneten und schmähten sie ihre ehemaligen GeschäftspartnerInnen. Vor allem von der Strifflerin grenzte man sich ab. Mit dieser Person habe man doch im Leben noch nichts zu tun gehabt, hieß es dann, selbst von einem, der im gleichen Haus wohnte. Die hätte doch einen viel zu schlechten Ruf gehabt! Vor der hätte einen ja die Mutter schon gewarnt, »das sey eine böse Frau, ich solle mich nicht mit ihr einlaßen, die bringe die Leute in

Diese Schützenscheibe von 1902 zeigt das Württembergische Militär wie es die Freie Reichsstadt Hall besetzt.

Versuchung«! Mit einer so intriganten, berechnenden Person würde man sich doch nicht gemein machen! Und überhaupt habe man mit solchen Hurengeschichten nichts zu schaffen, »da steht mir meine Nase noch höher«. KomplizInnen, von denen man belastet wurde, stellte man als völlig unglaubwürdig dar, und immer wieder kam es im Gerichtssaal zu wüsten Beschimpfungen.

Im November 1825 ergingen die ersten Urteile. Maria Catharina Röthel wurde zu zwei Jahren Arbeitshaus und 25 Rutenstreichen verurteilt, »wegen der von ihr mehrere Jahre hindurch fortgesezten, durch Verführung unschuldiger zum Theil noch unentwikelter Mädchen erschwerten Hurenwirthschaft, auch verübter Erpreßungen«. Johann Friedrich Striffler bekam zwei Jahre Arbeitshaus und 40 Streiche. Seine silberne Militär-Medaille, die ihm im Erpressergewerbe so nützlich gewesen war, wurde ihm aberkannt. Am härtesten aber traf es Susanna mit dreieinviertel Jahren Arbeitshaus und 25 Streichen »wegen zahlreicher gewerbsmäßig verübter Erpreßungen und Erpreßungsversuche von bedeutenden Geldbeträgen«. Dazu kamen die »Verhaftkosten« – bei den »Hauptverbrechern« zwischen 50 und 100 Gulden – und die Verdienstausfälle während der langen Untersuchungshaft, die viele der Angeklagten in den Ruin trieben.

Susanna und Johann Friedrich Striffler waren nach dem Prozess so abgebrannt, dass sie um die Erlaubnis baten, nach Brasilien auswandern zu dürfen. Über ihr weiteres Schicksal ist nichts bekannt. Wenn ihr Gesuch abgelehnt wurde, wäre ihnen nach ihrer Entlassung aus dem Zuchthaus nichts anderes übrig geblieben, als nach Hall zurückzukehren, an den Ort ihres Scheiterns und ihrer Schande, um von öffentlicher Fürsorge zu leben, die ihnen nur am Heimatort gewährt wurde. Da aber die Auswanderung für die Obrigkeit immer eine willkommene Maßnahme war, Straftäter und andere unliebsame Untertanen loszuwerden, ist es nicht unwahrscheinlich, dass Susanna und Johann Friedrich, anstatt ihre Zuchthausstrafen zu verbüßen, wirklich nach Brasilien auswandern durften. Im Süden des Landes hatten in den 1820er-Jahren deutsche Auswanderer, darunter auch Siedler aus Württemberg, die Kolonie São Leopoldo gegründet, benannt nach der aus Österreich stammenden brasilianischen Kaiserin Maria Leopoldine, die deutsche Einwanderer ins Land zog. Allerdings wurde die Siedlung in den Wirren des Bürgerkrieges zwischen 1835 und 1845 beinahe völlig zerstört. Vielleicht sind Susanna und Johann Friedrich Striffler aber auch schon vorher arm, krank und elend in der Fremde gestorben, wie viele Auswanderer.

»Ach, wenn Du wüßtest,
was ich Dir getan!«

# Christiane Ruthardt
*löst ihre Ehekrise mit Rattengift*

»E r hat drei Pfannenkuchen gefressen, nun liegt
er oben und kotzt in einem fort«, beklagt sich
die Frau des Goldarbeiters Eduard Ruthardt
über ihren Mann. Solch lieblose Töne sind die Nachbarn in
der Torstraße von Frau Christiane, genannt Nanette, nicht
gewöhnt. Auch dass die tapfere, patente Frau, deren feine
Manieren man immer bewundert hat, sich neuerdings so vul-
gär ausdrückt, fällt ihnen auf. Aber niemand denkt sich etwas Böses dabei. Frau Ruthardt hat es eben nicht leicht. Die
Schulden, der Mann, der nur für seine zweifelhafte Erfindung
lebt, und nun ist er auch noch krank. Seine Pflege lässt ihr
oft nicht einmal mehr Zeit zum Kochen. Und was das kostet!
Aber Krisen gibt es in jeder Ehe.

Hätte Diakon Hofacker am Abend des 10. Mai 1844 keinen Spaziergang nach Heslach zu Schwester und Schwager
gemacht oder wäre die Schwester, durch Hausfrauenpflichten
abgehalten, womöglich nicht zugegen gewesen, dann wäre
das Verbrechen vielleicht niemals an den Tag gekommen. So
aber erzählt Diakon Hofacker den beiden von seinem Kran-
kenbesuch bei Eduard Ruthardt, dem er geistlichen Zuspruch
erteilt hat. Der Mann sei übel dran, seit Wochen schon:
ein schweres Magenleiden, nun liege er im Sterben. Seine

Schwester wundert sich. Vor ein paar Tagen erst hat sie die Frau des Kranken bei Dr. Cammerer getroffen. Frau Ruthardt habe sich dort ein Abführmittel verschreiben und einen Giftschein für weißes Arsenik zur Rattenvertilgung ausstellen lassen. Von der schweren Erkrankung ihres Mannes habe sie nichts gesagt, auch Dr. Cammerer habe nichts davon gewusst. Sonderbar, wenn er doch der Hausarzt der Ruthardts sei.

Diakon Hofacker kann sich zwar nicht vorstellen, dass Frau Ruthardt ihrem Mann Gift gegeben hat, um aber jeden Verdacht zu zerstreuen, wendet er sich doch an den Arzt. Dem ist die Sache nicht so ganz geheuer. Er fragt sich, welcher Kollege den kranken Ruthardt behandelt, und macht einen Hausbesuch unter dem Vorwand, sich zu erkundigen, ob denn das Abführmittel gewirkt habe, was Frau Ruthardt freundlich lächelnd bestätigt, ohne zu erwähnen, dass ihr Mann gerade gestorben ist. Das erfährt Dr. Cammerer erst in der nächsten Apotheke, die er aufsucht, um herauszufinden, wo Frau Ruthardt ihr Rattengift geholt hat. Da geht etwas nicht mit rechten Dingen zu, erkennt er und erstattet Anzeige.

Derweil richtet man im Trauerhaus alles für die Beisetzung des Familienvaters her. Die Leichenfrau kommt und die Putzmacherin, die Näherin bringt Stoffe für die Trauerkleider, Diakon Hofacker spendet der Witwe und ihrem zweieinhalbjährigen Söhnchen Trost. Doch dann erscheint um vier Uhr nachmittags ein Polizeidiener und fordert die Witwe auf, ihn ins Kriminalamt zu begleiten, wo Untersuchungsrichter von Bechter das Verhör aufnimmt. Natürlich streitet Christiane Ruthardt die Tat ab, aber die Polizei scheint schon alles zu wissen: Wer ihr das Gift verschrieben hat und wie viel davon und wo sie es gekauft hat. »Da dachte ich, nun ist keine Rettung mehr und das Beste, offen zu bekennen« Noch am selben Tag legt Christiane Ruthardt ein Geständnis ab.

Im Prozess schlägt der Verteidiger gutes Kapital aus ihrer geradezu romanhaften Lebensgeschichte. Für kurze Zeit sind sogar die Sympathien des Publikums ganz auf der Seite der Angeklagten, bis sie sich diese durch ihr selbstbewusstes Auftreten wieder verscherzt. Christiane wurde am 11. August 1804 geboren. Ihr Vater ist der inzwischen verstorbene, hoch geachtete königliche Leibarzt Karl Christian von Klein, ihre Mutter die Offizierswitwe Henriette von Lehsten, beide aus guten, alten württembergischen Familien. Die Verbindung hat nur den einen Fehler: Die beiden sind nicht miteinander verheiratet. Kurz vor der geplanten Hochzeit lässt der Bräutigam die schwangere Verlobte sitzen, um eine seiner Familie genehmere Frau zu ehelichen. Das Kind wird in aller Heimlichkeit geboren, bekommt einen gefälschten Taufschein und wächst als Nanette Mayer in mehreren Pflegefamilien auf. Ihre wirklichen Eltern treten als Paten in

Christiane Ruthardt: »Eine gescheite, mit vielen Kenntnissen ausgerichtete, stille und brave Person.«

Erscheinung. Die Rechte eines legitimen Kindes bleiben Nanette versagt, auch wenn sich ihre Mutter der erwachsenen Tochter schließlich doch zu erkennen gibt – und sie gleichzeitig unter Selbstmorddrohungen anfleht, ihre Herkunft nur ja für sich zu behalten.

Mit acht Jahren kommt Nanette nach Stuttgart, zu Friederike Hehl, der Schwester ihres Vaters. Die kinderlose Gattin eines wohlhabenden höheren Beamten gibt vor, ihre Mutter zu sein. Es gefällt ihr, die Kleine hübsch herauszuputzen, doch straft sie deren kleine Vergehen derart drakonisch, dass Nanette zu ihren ehemaligen Pflegeeltern flieht. Daraufhin wird sie unter »sehr erheblichen Kosten« in ein Pensionat gegeben, wo sie die übliche Mädchenerziehung erhält – in der Hauptsache Fertigkeiten, die eine Frau im bürgerlichen Haushalt braucht. Als lebhaftes Kind mit einem eigenen Kopf ist Nanette sicher kein pflegeleichter Zögling. Man legt dem phantasiebegabten Kind »den Hang, von der Wahrheit leicht und oft abzuweichen« zur Last. Nanette klaut, um sich Naschwerk zu kaufen, und schließlich bleibt dem Anstaltsleiter auch »ihr Hang zur Sinnlichkeit [...] nicht ganz unbemerkt«. Kurzum – es wird böse enden mit dem Mädchen.

So ist die Tante denn auch nicht überrascht, als sie Nanette, die seit ihrer Konfirmation wieder bei ihr lebt, bei einer »Liebeständelei« mit einem Leutnant ertappt. Über zwei Jahrzehnte später, als im Prozess Nanettes gesamte Vergangenheit durchleuchtet wird, stellt sich heraus, dass das Rendezvous, selbst für die damaligen, strengen Maßstäbe, vollkommen harmlos war. Die Tante aber, die ihre schlimmsten Befürchtungen bewahrheitet sieht, verbannt die 19-Jährige zu einer Verwandten aufs Land und sagt sich dann ganz von ihr los. Dem entsetzten Mädchen wird eröffnet, dass sie mitnichten die Tochter der Eheleute Hehl sei, sondern »ein hinter der Hecke gefundenes Kind«. Zu dem Schock kommt der gesellschaftliche Absturz. Nanette ist plötzlich keine junge Dame mehr, die nur auf einen geeigneten Heiratskandidaten zu warten braucht, sondern ganz auf sich allein gestellt. Sie hält es »lediglich meinem besseren Gefühle« zugute, »daß ich nicht eine schlechte Dirne wurde, aber keineswegs der Madame Hehl, deren verkehrte Erziehung und deren Härte gegen

Die Gerichtsakte »Ruthardt«: Lange rätseln die Juristen über ein nachvollziehbares Motiv.

mich nur geeignet waren, mich auf die Bahn des Lasters zu führen«.

Entgegen allen Prophezeiungen landet Nanette aber nicht in der Gosse, sondern baut sich eine neue Existenz als Kammerzofe auf. In dreizehn Zeugnissen von Familien aus Ulm, München, Freudenstadt und Reutlingen finden sich nur lobende Worte für »Nanette Mayer aus Stuttgart«: eine geschickte Kleidernäherin von unermüdlichem Fleiß, tadellosem Betragen und angenehmen Manieren. Nanette verliebt sich in John Rowlandson, aus dem die Skandalpresse erst einen Lord und dann einen Hochstapler aus dem finstersten Viertel Londons macht. Tatsächlich ist der Engländer aus Lancashire als Maschinenbauer in Deutschland tätig. Die beiden gelten als Brautleute, aber zur Hochzeit kommt es nicht. Im Herbst 1834 löst Rowlandson die Beziehung und heiratet kurz darauf. Er braucht eine Frau mit solidem familiärem Hintergrund – und den hat Nanette nicht. Es ist nicht die erste gute Partie, die an Nanettes obskurer Herkunft scheitert. Verzweifelt denkt sie an Selbstmord und verschafft sich Gift. Auf der Packung befindet sich ein Totenkopf und die Aufschrift »memento mori«. »Es ist lächerlich, aber wahr, der Anblick dieses Kopfes brachte mich zur Besinnung.« Sie bleibt am Leben und vergisst John nicht, ebenso wenig wie er sie.

Im Juli 1839 heiratet Nanette Eduard Ruthardt, einen Goldarbeiter in der Weberschen Bijouteriefabrik in Stuttgart. Sie ist mittlerweile fast 35, ihre Heiratschancen beginnen zu schwinden. Wenn sie noch lange wartet, ist es vielleicht zu spät. Die Ehe kommt auf denkbar unromantische Weise zustande. Ruthardt, der etwas jünger ist als Nanette, hat viele Jahre Wanderschaft hinter sich. Als er erneut in die Fremde gehen will, verkuppelt ihn seine Zimmerwirtin mit ihrer Freundin, weil sie findet, die beiden passten gut zusammen. Er ein stiller Mensch – zu still vielleicht –, aber tüchtig, solide und rechtschaffen. Sie redet gern und viel, ist temperamentvoll, gewandt und nicht unbemittelt. In fünfzehn Jahren hat sie einiges angespart, außerdem hat eine verstorbene Dienstherrin sie mit 400 Gulden bedacht. Für Nanette bedeutet die Heirat endlich einen ehrlichen Namen, eine gesicherte Position, einen eigenen Hausstand, ein Familienleben. Liebe empfindet sie keine. Für sie ist es eine reine Vernunftentscheidung. Nicht so für Ruthardt:»Ihm war's voll Ernst. Er liebte mich aufrichtig und warm«, gibt Nanette zu Protokoll.

Ein paar Wochen vor der Hochzeit meldet sich John Rowlandson. Er will sich scheiden lassen und Nanette heiraten. Nach einem schweren inneren Kampf weist sie ihn ab. Sei es, wie sie sagt, um ihr Wort gegenüber Ruthardt zu halten, sei es, weil sie eine sichere Partie nicht für eine ungewisse Zukunftsaussicht opfern will –»allein jener Vorfall hatte alle früheren Gefühle wieder in mir aufgeregt, mich ganz außer Fassung gebracht und mich gegen Ruthardt eingenommen«. Ein gutes Jahr nach der Hochzeit kommt ein Sohn zur Welt und stirbt nach wenigen Wochen. Das zweite Kind – Karl Franz Eduard – wird im Oktober 1841 geboren. Zu diesem Zeitpunkt steht es mit der Ehe seiner Eltern schon nicht mehr zum Besten.

Denn bereits im ersten Ehejahr wird Eduard eine Zeitlang arbeitslos, zudem gibt er das Geld für teure Bücher – etwa ein Konversationslexikon und Schillers Werke – aus, die er, wenn sie seine Erwartungen nicht erfüllen, zum Spottpreis wieder abstößt. Nanette macht ihm»herbe Vorwürfe«. Eduard hält ihr entgegen, er gehe nicht ins Wirtshaus, habe sonst keine Ausgaben»und wenn er sich gar nichts mehr erlauben dürfe, so schieße er sich lieber eine Kugel durch den Kopf«. Während seiner gesamten Freizeit tüftelt er an seinen Erfindungen und gibt all sein Geld dafür aus. Erst baut er eine Maschine für eine Goldfabrik, dann setzt er sich die Erfindung des Perpetuum mobile in den Kopf, ein Traum, an dem schon viele vor ihm gescheitert sind. Gleichzeitig machen ihm häufige Gichtanfälle zu schaffen, und wer damals nicht arbeiten kann, erhält auch keinen Lohn.

Nanette kann sehen, wovon sie die Ausgaben für den Haushalt bestreitet.»Er frug nie, ob ich etwas brauche und wo es genommen werden solle. Reichte nicht, was er gab, und ich begehrte mehr, so sagte er kalt: ›Ich kann aus Steinen nicht Geld schlagen.‹« Obwohl sie als Seidenwascherin und durch den Verkauf selbst gebackener Gutsle zeitweise mehr verdient als Eduard, sind die Eheleute bald verschuldet, und es bleibt Nanette überlassen, bei Freunden und Verwandten zu borgen. Geld, das sie nicht zurückzahlen können.»Mir war es eine wahre Pein, einem Menschen unter die Augen zu treten, dem ich, was ich schuldete, zu rechter Zeit nicht geben konnte. Begegnete mir ein solcher auf der Straße und war es mir nicht möglich, auszuweichen, so drückte mich sein Anblick fast zu Boden. Ich war es nie gewöhnt, Schulden zu haben und mich von Gläubigern verfolgt und gedrängt zu sehen. Meine ganze Erziehung war so, dass ich in meinem Schuldenstande notwendig etwas fand, was mich ganz unglücklich machte. Mein Stolz wurde empfindlich verletzt.«

Als Eduard plant, in seiner Heimatstadt Ludwigsburg ein eigenes Geschäft zu eröffnen, überwindet Nanette ihren Stolz und bettelt seine Familie um eine Anleihe von 500 Gulden an. Vergebens. Ebenso wenig ist die Tante, an die Nanette sich über eine Mittelsfrau wendet, bereit, ein Darlehen zu gewähren, und so scheitert auch die Übernahme einer Gastwirtschaft in Wildbad am fehlenden Betriebskapital. Ein befreundeter Apotheker, der für die Ruthardts gebürgt hat, muss 150 Gulden an den Gläubiger zahlen. Auch mit der Miete sind sie im Rückstand. Der Stress hinterlässt seine Spuren auch an Frau Ruthardts einst so adrettem Äußeren. Sie vernachlässigt sich, geht ungepflegt und schlecht frisiert unter die Leute und manchmal entschlüpfen ihr »gemeine Reden«. Nachbarn und Freunde gehen auf Distanz.

Zuhause schimpft sie, braust auf, macht ihrem Mann Vorwürfe und redet, redet, redet. Er verschanzt sich hinter einer Mauer aus Schweigen. Schon als die Ehe noch in Ordnung war, hat sie sich gewünscht, dass Eduard weniger einsilbig sei, dass sie sich mit ihm unterhalten könne. Jetzt, so scheint es, benutzt er sein Schweigen als Waffe. Er zieht sich völlig in sich selbst zurück, sitzt in der Stube, bastelt an seiner Erfindung, redet wochenlang kein Wort mit ihr. Ein Sonderling sei er gewesen, sagt sie, ein Eigenbrötler. Eigentlich habe er gar nicht zur Ehe getaugt.

Eine Zeitlang versucht Nanette noch, seine ihr unerträgliche Kälte durch Freundlichkeit und Liebkosungen aufzutauen. Ohne Erfolg. So wird das Zusammenleben mit ihm »nach und nach eine unerträgliche Bürde«. Lange bewahrt sie Stillschweigen über ihre desolate Ehe. Und denkt über Scheidung nach. Aber sie scheut »das Öffentliche eines solchen ehegerichtlichen Prozesses«. Davon abgesehen könnte sie einen gesetzlichen Scheidungsgrund auch gar nicht geltend machen, etwa Ehebruch oder »Hinweglauffen« des Ehemannes, ein todeswürdiges Verbrechen des Gatten, eine zehnjährige Zuchthaus- oder Festungsstrafe.

In seinem letzten Lebensjahr ist Eduard Ruthardt häufig krank. Er magert ab, geht gebeugt und sieht aus, als ob er an der Auszehrung leide. Bald, fürchtet Nanette, wird er überhaupt nicht mehr arbeiten können. Dann verdient er gar nichts mehr, wo doch sein Lohn jetzt schon nicht reicht, für den Lebensunterhalt nicht und von den immer drückender werdenden Schulden ganz zu schweigen. Es scheint aussichtslos.

Wieder denkt sie an Selbstmord. Aber was wird dann aus dem Kind, wenn sie tot ist: »Denn liebte Ruthardt auch sein Kind, so vermochte er es doch nicht, es zu liebkosen, er gab sich mit demselben nicht ab, – vor lauter Denken an die Maschine vergaß er alles andere.« Nein, dann doch besser er als sie. Krank ist er ohnehin. Sie könnte nachhelfen – ihm das Gift geben, das sie selbst nehmen wollte, den Haushalt auflösen, alles verkaufen, das Kind »in Kost« geben, wieder eine Stelle annehmen« wie vor der Ehe, nach und nach die Schulden abzahlen. Alles würde gut, »wenn der Mann weggeschafft ist«. Und danach würde sie ihre Untat durch ein gutes, christliches Leben sühnen.

Dreimal innerhalb von drei Wochen mischt sie Eduard Arsenik ins Essen, das sie sich von mehreren Ärzten hat ver-

Darstellung Stuttgarts von Westen, um 1845

schreiben lassen und in verschiedenen Apotheken gekauft hat. Der Hausarzt Dr. Voettiner diagnostiziert eine akute Magenentzündung. Nachbarinnen wachen bei dem Kranken, weil Nanette von der Pflege ganz erschöpft ist. Eduard klagt über starke Schmerzen. »Das müssen sie nicht so ganz glauben, er ist entsetzlich wehleidig«, wiegelt Nanette ab und sagt später zum Untersuchungsrichter: »Von dem Augenblicke an, wo ich ihm die vergiftete Speise vorgesetzt habe, um ihn zu töten, war ich ganz umgewandelt. Alle Teilnahme, jedes Mitleid war dahin. Während der langen und schmerzhaften Krankheit, die ich ihm bereitet habe, gab es wohl auch einen Augenblick, wo er mich dauerte, wo ich mir sagte: ›ach, wenn Du wüßtest was ich Dir getan!‹ Jedoch dies war nur ein Augenblick, und mein Entschluß ihn durch Gift wegzuschaffen blieb fest.«

Der Kranke erholt sich, erleidet einen Rückfall, rappelt sich wieder auf. Zwei Tage vor seinem Tod macht Dr. Voettiner der besorgten Gattin Hoffnung, dass der Patient gute Aussichten auf Genesung habe. Aber noch am Nachmittag desselben Tags erscheint Frau Ruthardt tränenüberströmt in seiner Praxis und bittet ihn, doch gleich zu kommen, »es seie sehr schlimm mit ihm geworden«. Der Arzt sieht sofort, dass jede

Hilfe zu spät kommt. Am folgenden Tag, am 11. Mai um die Mittagszeit, hat Eduard Ruthardt ausgelitten. Als das Verbrechen bekannt wird, wollen Freunde und Nachbarn es gar nicht glauben. »Wir lernten sie als eine fleißige und ordentliche Frau kennen«, heißt es fast übereinstimmend, »eine gescheite, mit vielen Kenntnissen ausgerichtete, stille und brave Person«, der man nichts Unrechtes nachsagen kann, außer vielleicht »ihr heftiges, leicht reizbares Temperament.« Und Eduard Ruthardt: ein in sich gekehrter, anständiger Mann. Beide gelten als »solide, wackere Leute«, die alles in allem gut miteinander gelebt haben. Es gibt aber auch einige Stimmen, die sagen, ihre Herzlichkeit gegen ihren Mann habe geheuchelt gewirkt, ihr habe die rechte Religion gefehlt, sie sei »eine Person von leidenschaftlichem und etwas gewalttätigem Charakter«. Und schlimmer noch: Sie werfen ihr Vergnügungssucht, verschwenderischen Aufwand als Gastgeberin, Männerbesuche am Abend vor. Die Presse nimmt solche Gerüchte über den Lebenswandel der Giftmischerin nur allzu gerne auf. Nanette setzt sich gegen solche Rufschädigungen vehement zur Wehr. Sie mag zwar eine Verbrecherin geworden sein, aber ehrbar und anständig ist sie immer gewesen.

Anklage- und Verteidigungsschrift liegen bereits im August vor, aber Nanette ist schwanger, deshalb muss die Gerichtsverhandlung verschoben werden. Im Gefängnis bringt sie in der Nacht vom 9. auf 10. November einen Sohn zur Welt. Niemand ist bei ihr in der Zelle und das Baby stürzt auf den Boden. Das Kind ist etwa sechs Wochen zu früh geboren worden und kaum lebensfähig, befindet der Arzt. Es muss kurze Zeit vor der Tat gezeugt worden sein. Die Wöchnerin bekommt Krankenkost und eine Pflegerin, ihre Zelle wird besser geheizt. Nanette stillt das Kind selbst und erweist sich als liebevolle Mutter. Nach einer Woche stirbt der Kleine. Nanette erholt sich nur schwer. Bei der Schlussverhandlung vor dem Kriminalgerichtshof in Esslingen sieht man ihr die Erschöpfung noch an.

Die Verhandlung findet in den Tagen vor Weihnachten statt und ist öffentlich. Das ist ein Novum. Bis zur Reform der Strafprozessordnung im Jahr zuvor war die Öffentlichkeit ausgeschlossen. Jetzt wird »ehrbaren Männern der Zutritt gestattet«. In Stuttgart und Umgebung spricht man von nichts anderem. Es gibt einen gewaltigen Ansturm auf die knappen Einlasskarten. Ein Mann wird im Gedränge fast erdrückt. In den Kneipen handelt man die Karten zu Schwarzmarktpreisen. Im Gerichtssaal herrscht drangvolle Enge. Die Zuschauer stehen auf Stühlen, um besser sehen zu können. Oft teilen sich mehrere Männer einen einzigen Stuhl. Ein Wunder, dass niemand zu Schaden kommt.

Die Juristen haben lange über ein für sie nachvollziehbares Motiv gerätselt. Es gibt keinen anderen Mann, geschweige denn, wie die Presse wähnt, deren mehrere. Auch die mageren Versicherungssummen der Berufs- und der Sterbekasse liefern kein überzeugendes Motiv. Und der Ehemann selber, »ein sehr braver Mann, sehr braver Mann, das versichere ich Sie«, wie die Angeklagte selbst zugibt, hat nicht getrunken, nicht geprügelt, hat keiner Fliege etwas zu Leide getan. Nur die angespannte häusliche Atmosphäre, die finanzielle Notlage! Wie viele Frauen halten das aus, ohne zu klagen, geschweige denn, zum Giftfläschchen zu greifen? Nanette hat alle Mühe, dem Gericht begreiflich zu machen, dass es wirklich nur das Gefühl der Ausweglosigkeit angesichts ihrer finanzielle Notlage war, das in ihr das Verlangen geweckt hat, sich ihres Mannes zu entledigen, um frei für einen neuen Anfang zu sein.

Die Volksseele vermisst die lüsternen Details, und die Presse, die Volkes Stimme lebhaft Ausdruck verleiht, höhnt: »als ob Schulden, nichts als Schulden ein anerkannt so leichtsinniges Weib zu einer so fürchterlichen That hätten bestimmen können«. Die Ruthardts hatten doch nicht mehr Schulden als andere einfache Leute auch. Nein, die Quelle des Verbrechens müsse man ganz woanders suchen: bei der »Wollust dieses verbrecherischen Weibes«. Die ausschweifende Sexualität der Mörderin – für die es keinen anderen Anhaltspunkt als die Männerphantasien der Journalisten gibt – ist Schuld, »wel-

Im Hof der Tübinger Anatomie (Bildmitte) bleibt der Sarg mehrere Stunden stehen. Zur Volksbelustigung wird der Kopf der Delinquentin herumgezeigt.

che bei dem fast immer kränklichen Gatten keine genügende Befriedigung fand.« Dazu müsse man sich die Frau doch nur anschauen: Hübsch sei sie zwar gewesen in ihrer Jugend, »doch wies ihre unedel geformte, mit einem tiefen Sattel versehene und stumpig ausgeschweifte Nase auf ungewöhnliche Sinnlichkeit hin«.

Ebenso enttäuschend fürs Publikum wie der Mangel an spektakulären Enthüllungen über ihr angebliches Lasterleben ist die Delinquentin selbst. Eine Frau wie jede andere, ein bisschen adretter vielleicht. Aber keine Tränen, keine Ohnmacht, keine Zerknirschung. Diese Herz- und Seelenlosigkeit ist doch nicht menschlich, geschweige denn weiblich! Nanettes Selbstbeherrschung wird ihr als Gefühlskälte ausgelegt. Die sichere Wortgewandtheit, mit der sie die Fragen des Gerichts beantwortet, mutet die ehrenwerten Männer, die einen Platz im Sitzungssaal ergattert haben, als Kaltschnäuzigkeit an.

Der Staatsanwalt kommt zu dem Schluss, dass »der Verstand der Angeschuldigten zu einem ungewöhnlichen Grade zur Ausbildung gelangt« sei, »allein es war dies geschehen auf Kosten des Gemütes. Als Folge hievon läßt sich ein hoher Grad von Selbstsucht bei der Angeschuldigten nicht verkennen. [...] Sobald die ökonomischen Verhältnisse ihrer Ehe sich ungünstig zu gestalten anfingen, da war es nur ihre eigene Lage, welche die Angeschuldigte bekümmerte. Selbstsüchtig alle Schuld ihrem Ehemanne beimessend, und die Pflichten einer treuen Ehefrau gänzlich hintansetzend, dachte sie nur daran, sich selbst der unerträglichen Bürde, zu welcher ihr der Ehestand geworden war, zu entledigen.« Er erkennt auf Mord, und darauf steht die Todesstrafe. Das Gericht folgt seiner Argumentation.

Ihr Verteidiger Gottlob Adolf Veiel, Rechtskonsulent aus Marbach und Angehöriger der demokratischen Opposition in der Deputiertenkammer, ist engagiert, versiert und findig. Den Kopf seiner Mandantin kann er trotzdem nicht retten. Das Todesurteil wird vom Obertribunal in Stuttgart in letzter Instanz bestätigt. Der König macht von seinem Gnadenrecht ausdrücklich keinen Gebrauch und so wird Christiane Ruthardt am frühen Morgen des 27. Juni 1845 auf der Feuerbacher Heide enthauptet. Auf dem Rathaus wird ihr nach althergebrachtem Zeremoniell das Todesurteil verkündet. Dann geht es unterm Geläut des Armsünderglöckchens in einer offenen Chaise zur Richtstätte. »Als sie in den Wagen saß, vergaß sie selbst die Etikette nicht, ließ sich auf dem Rücksitz nieder, um erst auf die Bitte der Geistlichen den ihr zugewiesenen Platz einzunehmen, tat freundlich mit ihnen und lächelte, als ob sie ringsum die zahllose Menge nicht bemerkte. Ja sie lächelte, zum Tode spazierenfahrend, bis zum Richtplatz.« Übereinstimmend nehmen Augenzeugen ihre Furchtlosigkeit und ihre Ruhe zur Kenntnis. Für die einen jedoch ist ihr Bemühen um Haltung eitle Selbstdarstellung, ein letztes Sich-in-Szene-setzen auf den Brettern des Blutgerüsts, den anderen nötigt es Bewunderung ab: »Sie muß ein starkes Weib gewesen seyn.«

An diesem grauen, regnerischen Tag ist halb Stuttgart auf den Beinen. Als ob man wüsste, dass es die letzte öffentliche Hinrichtung in Württemberg sein wird, will man sich das Schauspiel keinesfalls entgehen lassen. Es herrscht ausgelassene Volksfeststimmung. Die Leute sind seit drei Uhr morgens auf den Beinen, hauptsächlich junge, auch viele Kinder,»durchgängig von der niedern Klasse«. Nichts von dem Schauer, der»ernsten Rührung«, die den Vollzug der Gerechtigkeit nach den Vorstellungen der Obrigkeit begleiten sollten, ist zu spüren. »Von einer moralischen Wirkung auf die Menge habe ich nichts gesehen. Eher möchte ich glauben, daß Entsittlichung die Folge eines Schauspiels ist, wo man Spott mit dem Elend treibt, und eine Sünderin als Heldin endet.« Der Zeitungsbericht über die Exekution der Giftmörderin schließt mit einem Plädoyer gegen die Todesstrafe: »Genug von diesem blutigen Spiel. Das Kopfabschneiden tödtet die Hydra der Verbrechen nicht. Setzt Köpfe auf, das wird besser seyn, das heißt, bildet das Volk.«

Das könnte ein passendes Schlusswort zur Geschichte der Christiane Ruthardt sein, doch diese hat noch ein unwürdiges Nachspiel. Der Leichnam der gerichteten Mörderin wird, entgegen ihrer Bitte, aber wie es das Gesetz befiehlt, zur Sektion freigegeben und ins Anatomische Institut auf den Tübinger Österberg gekarrt. Unterwegs macht der Fuhrmann in Dettenhausen eine Vesperpause und öffnet den Sarg. Die herbei geströmte Menge will den Leichnam sehen, anfassen, Haare abschneiden, als Souvenir oder wegen der angeblich wundertätigen Kraft von»Galgenfleisch«. In Tübingen bleibt der Sarg mehrere Stunden lang im Hof der Anatomie stehen. Auch hier strömt wieder viel Volk zusammen. Der Kopf wird hochgehoben und herumgezeigt und, wie man am nächsten Tag anhand der Spuren feststellen muss, sogar umhergeworfen. Der Hausmeister, der für das Spektakel verantwortlich ist, wird fristlos entlassen. Denn»Kopfabschneiden« ist eine Sache. Auch dass die Leichen von exekutierten Verbrechern oder von Selbstmördern der Anatomie anheimfallen, finden die meisten Zeitgenossen in Ordnung. Aber dass man mit den sterblichen Überresten der»Giftmischerin« buchstäblich Schindluder getrieben hat, regt die Öffentlichkeit denn doch auf und stößt in Württemberg eine Debatte über einen pietätvollen Umgang mit Anatomie-Leichen und die Forderung nach deren ordentlicher Beisetzung an.

# Amalie Struve
*geht ins Gefängnis*

E s muss Liebe auf den ersten Blick gewesen sein.
Er erkannte in ihr sogleich das »Ideal meiner Seele« und auch sie fand in dem fast zwanzig Jahre
Älteren ihre »getrennte Hälfte« wieder. Dabei war ihre erste
Begegnung, fernab aller Romantik, eine Art Bewerbungsge-
spräch. Die 21-jährige Amalie Düsar suchte eine Stelle als
Gouvernante, und ihr Stiefvater hatte den Advokaten Gustav
von Struve um eine Empfehlung für Amalie gebeten. Als kor-
rekter Mensch wollte der sich von der Befähigung der Kan-
didatin selbst überzeugen und traf auf eine junge Frau von
anmutiger Erscheinung, Würde, Klugheit, Herzenswärme,
Schönheitssinn. Außerdem hatte sie »ein glühendes Gefühl
für Freiheit und Recht und einen Sinn für Kunst und Wissen-
schaft, wie ich alles dieses nie auch nur annäherungsweise
bei irgendeinem weiblichen Wesen gefunden hatte.« Kurz und
gut: »Ich sah Amalie und mein Herz flog ihr entgegen.«

Das war am 24. September 1845. Keine drei Wochen später waren Fräulein Düsar und Herr von Struve verlobt. Eine
schlechte Wahl, fanden Struves Freunde und rieten ihm vom
Heiraten ab. Die Freunde waren oppositionelle Politiker und
fortschrittliche Juristen, Männer wie Friedrich Hecker, die
sich Freiheit, Gleichheit, Bruderliebe aufs Panier geschrieben

Liebe auf den ersten Blick: Gustav und Amalie Struve

hatten. Republikanisch, demokratisch, liberal waren sie – aber so liberal nun auch wieder nicht, dass sie eine unehelich geborene junge Frau aus ärmlichen Verhältnissen als passende Partie für ihren Gesinnungsgenossen erachtet hätten. Amalies Mutter, die aus einer Mannheimer Handwerkerfamilie stammte, war von einem Offizier verführt und geschwängert worden, und auch ihre spätere Heirat mit einem Sprachlehrer konnte ihr Ansehen nicht wieder herstellen.

Amalie wuchs nicht als behütete Tochter auf, sondern trug als Kindermädchen, Erzieherin und Hauslehrerin schon früh zum Familienunterhalt bei. Dass sie ihr Geld in fremden Häusern verdiente, genügte schon, um ihren Lebenswandel in Zweifel zu ziehen. »Als unser Kreis hörte, daß er [Struve] sich mit seiner jetzigen Frau versprochen hatte, wünschten alle er möchte noch zeitig gewarnt werden«, erinnert sich Struves Mitstreiter Friedrich Daniel Bassermann in seinen »Denkwürdigkeiten«. »Weil sich zu diesem unangenehmen Geschäfte keiner verstehen wollte, so entschloss endlich ich mich dazu, besuchte ihn und teilte ihm mit, welche unwidersprochenen Gerüchte über das Mädchen im Umlaufe waren; er möge vorsichtig zu Werke gehen, bat ich ihn, und nicht in allzu raschem Vertrauen sich an ein Frauenzimmer ketten, das vielleicht schon hunderte von Umarmungen erfahren. Er nahm meine Warnung als das was sie war und dankte mir. Ich verließ ihn tief gebeugt auf das Sopha hingeworfen.«

Struve seinerseits war, obgleich aus guter Familie stammend, wegen seiner unsicheren Einkommensverhältnisse nicht gerade ein Schwiegermuttertraum, und ein Mann, der Frauenherzen höher schlagen ließ, war er auch nicht. Seinen Gegnern boten sein wenig einnehmendes Äußeres und seine Fistelstimme willkommenen Anlass zum Spott. Tabak, Alkohol und Fleischgenuss lehnte er kategorisch ab, was ihn, auch in den Augen seiner Mitstreiter, zum Sonderling und Tugendbold abstempelte. Nach den misslungenen Anfängen einer Universitätskarriere ließ Struve sich in den 1830er-Jahren als Advokat am Obergericht in Mannheim nieder, das damals nicht nur Hochburg der demokratischen Opposition im vergleichsweise liberalen, reformfreudigen Großherzogtum Baden war, sondern auch Zentrum der demokratischen Presse. Seine eigentliche Bestimmung fand Struve als politischer Publizist. Er redigierte das »Mannheimer Journal«, ehe er das Wochenblatt »Der deutsche Zuschauer« herausgab.

Gustav von Struve – seinen Adelstitel legte er 1847 ab – ließ sich von dem Gerede über Amalie Düsar zwar verunsichern, aber nicht lange. Zwei Tage später, so erzählt Bassermann, traf er Struve auf der Straße, und der erklärte ihm, er habe sich in einem offenen Gespräch mit Amalie von der Haltlosigkeit der Gerüchte überzeugt. Pikiert darüber, dass sein Mitstreiter einer Aussprache mit der geliebten Frau mehr Gewicht einräumte als der gut gemeinten Warnung seines Männerfreundes, spöttelt er, »daß die vegetabilische Kost nicht von der maßlosesten Steigerung der Leidenschaft bewahrt«. Struve aber tat gut daran, auf die Stimme seines

Herzens zu hören, denn die Ehe, die am 16. November 1845 geschlossen wurde, war das große Glück seines Lebens. Die Flitterwochen fielen aus. »Von den ersten zwölf Monaten unserer Ehe brachte mein Gustav fünf in dem Gefängnis zu«, schreibt Amalie Struve in ihren »Erinnerungen aus den badischen Freiheitskämpfen«, die sie »den deutschen Frauen« widmete. Ihr Mann hatte es gewagt, Fürst Metternich, dem Kopf der Reaktion, die Leviten zu lesen, hatte die badischen Minister des Hochverrats bezichtigt und sich mit dem Mannheimer Zensor angelegt. »Die Polizei nahm meinen Gatten fast ebenso viel in Anspruch, als die Zeitung, welche er herausgab«, erinnert sich Amalie. Gerichtsdiener, die Ladungen zustellten, »Presser« und »Zollgardisten«, die Zensurkosten eintrieben und mitnahmen, was pfändbar war, gingen bei Struves ein und aus, denn Struve verweigerte die Zahlung von Zensurkosten grundsätzlich, ebenso wie Strafgelder und Gebühren; das hätte ja die Anerkennung einer Institution bedeutet, die er für rechtswidrig hielt.

Struve, man ahnt es, war ein Mann, der wusste, was recht war, und unbeirrbar bis zur Sturheit danach handelte. Amalie unterstützte ihn dabei. »Ich achtete es als das größte Glück meines Lebens, Theil nehmen zu dürfen an den Kämpfen und an den Leiden meines geliebten Gatten. Mit Stolz ging ich, zur Zeit, da Struve seine Gefangenschaft zu bestehen hatte, an seiner Seite, während ein Polizeidiener unseren Schritten folgte. Da ich an den Arbeiten Struve's den lebendigsten Antheil nahm, ihm jederzeit meine Hand lieh, und mit voller Seele alle Pläne und Bestrebungen seines Geistes mit ihm besprach, so kann ich wohl mit Fug und Rechte behaupten, daß die Kämpfe meines Gatten auch die meinigen waren.«

Das galt auch und vor allem für die Revolution in Baden. Nachdem im Februar 1848 die Franzosen ihren »Bürgerkönig« Louis Philippe davongejagt hatten, sprang der Funke flugs über den Rhein, und auch in den deutschen Ländern begannen Fürstenthrone zu wackeln. »Während die Männer ernste Berathungen pflogen zum Wohle des Volkes«, stick-

VOM FRAUEN UND JUNGFRAUENVEREIN
CONCORDIA
IN
MANNHEIM
1849.

Auch die Frauen wurden politisch aktiv.

ten die Frauen Freiheitsfahnen und fertigten schwarz-rot-goldene Schleifen und Kokarden an. Dass Amalie diese Abzeichen dann zusammen mit einer Freundin am Bahnhof an die Männer verteilte, die von dort zu einer Volksversammlung aufbrachen, galt als gewagt – weniger aus politischen als aus Schicklichkeitsgründen. Schulbuben rannten den subversiven Bastlerinnen die Türen ein, weil sich alle mit den Freiheitsbändern schmücken wollten, und zogen anschließend mit dem Ruf »es lebe die Freiheit« durch die Straßen, bis es den Lehrern angst und bange vor der Kinderrevolution wurde. Abends wurden die politisierenden Männer mit Musik und Fackelzügen vom Bahnhof abgeholt, »denn für Sang und Klang und Fackelschein hatten die Mannheimer immer große Vorliebe«. Männer, Frauen und Kinder schwelgten im Freiheitsfrühling.

Dabei war der Machtkampf zwischen den gemäßigten Liberalen, die eine konstitutionelle Monarchie befürworteten, und den Demokraten, die die Republik wollten, noch keineswegs entschieden. Gustav Struve und Friedrich Hecker gehörten zu den Radikalen. Am 13. April 1848 brach Hecker nach einer Volksversammlung in Konstanz mit einer kleinen Armee von Freischärlern Richtung Rheinebene auf, und aus Frankreich war die »deutsche demokratische Legion« unterwegs, eine

Es war
Markttag, als die
Revolutionäre in
Lörrach
einzogen.

1000 Mann starke Truppe von Emigranten, die der Dichter
Georg Herwegh anführte. Ziel des legendären »Heckerzuges«
war Karlsruhe und die Republik. Hecker rechnete damit, dass
das revolutionär gestimmte Volk ihm in Massen zuströmen
und auch das Militär überlaufen würde, sodass man im Tri-
umph in die badische Hauptstadt einziehen und der Sieg den
Revolutionären ohne Blutvergießen zufallen würde. Andere
Länder würden, dem badischen Beispiel folgend, ihre Herrscher von den Thronen stürzen, bis ganz Deutschland vereint
und republikanisch wäre.

Gustav Struve, der politische Kopf des Unternehmens, sollte in Donaueschingen Freiwillige anwerben. Doch lange be-
vor die geplanten 1500 bis 2000 Mann auch nur annähernd
beieinander waren, mussten die Revolutionäre, von den an-
rückenden württembergischen Truppen bedrängt, überstürzt
den Rückzug antreten. Nur Amalies resolutem Zupacken war
es zu verdanken, dass der Munitionswagen nicht in die Hände der Feinde fiel. Während von der einen Seite schon württembergische Soldaten nach Donaueschingen einrückten,
fuhr Amalie mit ihrer Fracht auf der anderen Seite zur Stadt
hinaus. Unterwegs brach die Nacht herein, es wurde stock-

finster, die Wiesen waren überschwemmt und die Pferde gingen im Wasser. Aber schließlich erreichte Amalie ihren Trupp und konnte den Munitionswagen übergeben.

Trotz des schlechten Wetters herrschte euphorische Stimmung unter den Revolutionären. Man marschierte einträchtig und demonstrierte republikanische Männlichkeit, man nannte einander »Bruder« und alle duzten sich. Die Führer lehnten die angebotenen besseren Quartiere ab, sie nächtigten, um »nicht den Anschein der Weichlichkeit zu haben«, bei der Truppe und begnügten sich mit der einfachsten Kost: »Keiner sollte vor dem Andern etwas voraus haben.« Amalie, die ihren Gustav vorbehaltlos unterstützte, kam allerdings nicht umhin, leise anzumerken: »Mit wahrhaft kindlicher Unbefangenheit zog Alt und Jung den drohenden Gefahren entgegen.« Denn es fehlte nicht nur an Waffen, sondern auch an Pferden und Transportmitteln. Mit Mühe trieb man Zugtiere für die beiden kleinen Kanonen und den einzigen Bagagewagen auf. Am nächsten Tag regnete es weiter und schneite sogar, die Wege wurden bodenlos, aber die Republikaner zogen unverdrossen mit Trommeln und wehenden Fahnen in Stühlingen ein, wo zwar einige Häuser schwarz-rot-gold beflaggt waren, aber die rechte Begeisterung bei den Bewohnern nicht aufkommen wollte.

Amalie hatte sich offenbar gründlich erkältet und fuhr nach Freiburg weiter. Dort traf sie mit Emma Herwegh zusammen, die in Männerkleidern und mit einer Pistole bewaffnet als Kundschafterin zwischen der demokratischen Legion und Hecker unterwegs gewesen war. In Freiburg herrschte angespannte Atmosphäre. Was sich außerhalb der Stadt abspielte, erfuhr man allenfalls bruchstückhaft und gerüchteweise. Ein Brief von Hecker demoralisierte die Aufständischen zusätzlich. »Unglücklich und geächtet sitze ich hier in Basel«, schrieb er an seinen Bruder in Freiburg, nachdem er, nur eine Woche nach seinem triumphalen Aufbruch, bei Kandern von Regierungstruppen geschlagen worden war und fliehen musste. Dass in Freiburg viele Demokraten auf Vermitteln statt auf eine gewaltsame Lösung setzten, war Amalie ein Dorn im Auge. Man hätte, fand sie, die badischen Soldaten überzeugen sollen, sich der Sache des Volkes anzuschließen, so wie sie selbst es versuchte: »Ich trug kein Bedenken, bei jeder Gelegenheit zu erklären, daß ich es für die Pflicht jedes deutschen Mannes halte, sich offen der Sache der Freiheit anzuschließen. [...] Ich verhehlte ihnen nicht, daß der Schritt, den sie beabsichtigen, mit mannigfaltigen Gefahren verbunden sei, wies sie aber darauf hin, daß mein Gatte und alle anderen, im Felde stehenden Volksmänner diese Gefahren theilten und daß ohne Gefahren niemals die Freiheit erkämpft werden könne.«

Am Ostermontag stand eine gewaltige Übermacht badischer, hessischer und nassauischer Soldaten vor den Toren. An die 6000 Mann Verstärkung »mit allem erforderlichen Kriegsgeräthe« waren noch in der Nacht und am Morgen mit der Eisenbahn herbeigeschafft worden. Die Bevölkerung schloss Türen und Fensterläden und versteckte sich im Keller, als das Gefecht begann. Von den bewaffneten Männern waren nur die entschlossensten tatsächlich zum Kampf angetreten. »Nur ein kleines Häuflein edler aufopfernder Männer« harrte todesmutig und ohne Unterstützung auf den Barrikaden aus, von denen eine sich am Ende der Straße befand, wo Amalie im Haus des Oppositionspolitikers Karl von Rotteck Unterschlupf gefunden hatte. Trotz des dichten Kugelhagels stand sie am Fenster und feuerte die Kämpfenden an. An einer Stelle, wo sie kurz zuvor noch gestanden hatte, zerschmetterte ein Geschoss die Scheibe und schlug die Zimmerdecke ein. Von den Dächern stürzten zertrümmerte Ziegel. Ein »junges blühend schönes Mädchen«, das vom Fenster gegenüber »den lebendigsten Antheil an dem Freiheitskampfe nahm«, wurde tödlich getroffen.

Der Sieg der Bundestruppen war nicht aufzuhalten. Ernüchtert zog Amalie Bilanz: »Gegen jeden Freiheitskämpfer standen mehr als dreißig wohlbewaffnete fürstliche Soldaten. Den Republikanern fehlte es an Waffen und Munition. In

Vom Lörracher
Rathaus rief
Gustav Struve
die Republik aus.

Ermangelung von Kugeln hatten sie die Kanonen theilweise mit Steinen geladen. Oft hatten drei kampfeslustige Streiter zusammen nur ein Gewehr.« Die Republikaner hatten zu großen Respekt vor dem Eigentum gehabt, um die gut bestückten Waffenschränke der wohlhabenden Bürger zu requirieren.

Indigniert musste Amalie mit ansehen, wie die Sieger mit wehenden Fahnen begrüßt wurden. Als prominente Figur im badischen Freiheitskampf hatte sie allen Grund, um ihre Sicherheit zu fürchten. Freunde rieten ihr, die Stadt so schnell wie möglich zu verlassen, »indem ich nicht blos von den Gerichten, sondern namentlich auch von der aufgehetzten Soldateska das Äußerste zu befürchten hätte«. Hangend und bangend wartete sie, bis tags darauf endlich ein Zug fuhr. An Blutlachen und einem Gefangentransport vorbei fand sie ihren Weg zum Bahnhof. Dort wurde sie erkannt, von Reisenden beschimpft und von feindlichen Offizieren umringt. Polizeidiener folgten ihr auf Schritt und Tritt. Sie fürchtete, jeden Moment verhaftet zu werden. Dass man sie dennoch abfahren ließ, schrieb sie einer List zu. Sie hatte als Fahrtziel Mannheim angegeben, und die Polizei, so vermutete Amalie, rechnete wohl damit, dass man sie spätestens dort festnehmen würde.

Nach zweitägiger Irrfahrt traf sie in Straßburg wieder mit Struve zusammen. Es folgten mehrere Monate im Exil, teils in Frankreich, teils in der Schweiz – beides Republiken, doch in beiden waren die deutschen Revolutionsflüchtlinge nicht willkommen. Als die Bundestruppen im Spätsommer das badische Oberland wieder geräumt hatten, sah Struve eine Gelegenheit, erneut loszuschlagen. Amalie, die auf Wunsch ihres Mannes den Fortgang der Ereignisse in der Schweiz hätte abwarten sollen, wollte sich nicht wieder auf eine Trennung einlassen und folgte ihm in Begleitung ihres Bruders in einem mit Waffen und Munition beladenen Leiterwagen nach Lörrach, wo Struve am 21. September 1848 die Republik ausrief.

Weil Struves Mitstreiter darauf bestanden, musste Amalie sich im Hintergrund halten, während die Männer die großherzoglichen Wappen von den Gebäuden entfernten, regierungstreue Beamte verhafteten, die Kasse beschlagnahmten, wehrfähige Männer für das Freiheitsheer rekrutierten und das »Republikanische Regierungsblatt« druckten. »Es war mir peinlich, daß ich, statt, wie ich es seit Jahren gewohnt war, mit meinem Gatten zu arbeiten, von demselben getrennt und unthätig bleiben mußte. Niemals empfand ich so tief die unwürdige Stellung, in welcher sich bis zum heutigen Tage das weibliche Geschlecht gegenüber dem männlichen befindet. Warum sollte die Frau, welche die Fähigkeiten dazu besitzt, nicht arbeiten *dürfen* im Augenblicke der Entscheidung? Warum sollte die Gattin, welche die Gefahren des Gatten theilte, nicht auch Theil nehmen an seinen Arbeiten? Fürwahr, solange selbst im Sturm der Revolution so viele Rücksichten auf hergebrachte Vorurtheile genommen werden, wird das Joch der Tyrannei nicht gebrochen werden.«

Nun war es keineswegs so, dass die Revolution von 1848/49 ohne Frauen stattfand. Sie engagierten sich im Rahmen ihrer Handlungsmöglichkeiten. Nähen und Sticken wurden politisch, wenn Bürgerinnen sich in Frauenvereinen zusammenschlossen und sich im Rathaus oder in Gasthäusern zum Fahnensticken trafen. Mit Spendenaufrufen in der Zeitung nahmen sie öffentlich für die Revolution Partei, sammelten Geld für die Ausrüstung der Wehrmänner, opferten ihren Goldschmuck als »Liebesgaben für das Vaterland«. Als Ehrendamen in weißen Kleidern und schwarz-rot-goldenen Schärpen bekundeten sie bei Fahnenweihen, Bürgerwehr- und Vereinsaufmärschen ihre Solidarität. Viele begleiteten ihre Männer in die Volksversammlungen, wo sie zwar kein Votum hatten, aber ihre Stimmen von der Galerie herunter zu Beifalls- und Missfallenskundgaben erschallen ließen. Frauen stellten Patronen und Verbandszeug her, nähten Uniformhemden und pflegten Verwundete. Später sammelten sie Geld für eingekerkerte oder im Exil lebende Revolutionäre. Oder schmückten die Gräber gefallener Freiheitskämpfer, was die wiederhergestellte Obrigkeit nach dem Scheitern der Revolution schon als unbotmäßigen Akt vermerkte.

Diese Formen politischen Engagements wussten die Männer zu würdigen. Frauen aber, die noch weiter in männliche Domänen eindrangen und, wie Amalie Struve, ihren Mann »ins Feld« begleiteten, sahen sich Spott und Häme ausgesetzt – und nicht nur aus dem Lager der Reaktionäre. Elise Blenker nahm an der Seite ihres Mannes Ludwig Blenker am badisch-pfälzischen Aufstand teil, sie war bei den Beratungen der Offiziere zugegen und führte die Requirierung von Wertgegenständen im großherzoglichen Jagdschloss Eberstein an, wofür sie als »Banditenbraut« abgestempelt und in Abwesenheit verurteilt wurde – nicht wegen Hochverrats, sondern wegen bewaffneten Diebstahls. Emma Herwegh leistete Kundschafter- und Kurierdienste. Mathilde Franziska Anneke versah, hoch zu Ross, die Aufgabe eines Ordonanzoffiziers. Von der Karikatur wurden sie als Flintenweiber, Brillen tragende Amazonen oder Marketenderinnen verunglimpft.

Amalie wurde im Spottlied vom »weltberühmten Struwwel-Putsch« vorgeführt:

*Alle Harfendamen schwiegen,*
*Alle Orgeln standen still;*
*Putschinell muß sich verkriechen,*
*Weil kein Mensch ihn hören will;*
*Alles lauscht mit neuem Jubel*
*Auf den Mund der Frau v. Struwwel,*
*Die im schwarzen Atlaskleid*
*Auf den Balkon tritt und schreit:*
*»Hört, ihr Jungfern und ihr Frauen,*
*Ihr dürft auch nicht müßig seyn;*
*Geht an's Barrikadenbauen,*
*Macht Patronen drauf und drein;*
*Helfet uns die Freiheit retten,*
*Bringt mir Hemden und Servietten,*
*Ich verschmähe so was nie,*
*Das giebt treffliche Charpie.«*

Der Verfasser begnügt sich im Folgenden nicht damit, »Frau v. Struwwel« als zimperliche Salon-Revolutionärin zu verspotten, sondern wird richtig gemein und malt ein obszönes Guckkastenbild:

*Rumbumbum, die Trommeln gehen,*
*Und in Staufen zieht man ein.*
*Züge, kaum zu übersehen,*
*Zehentausend mögen's seyn!*
*Um den Hals die goldne Kette,*
*Vor den Augen die Lorgnette,*
*Liegt zur angenehmen Schau*
*Breit im Wagen Struwwels Frau.*

Frauen, die sich wie Amalie Struve so weit aus ihrer Rolle herauswagten, wurden dort angegriffen, wo es ihnen am meisten schadete: bei ihrer Geschlechtsehre. »Sie ist viel verhöhnt, verleumdet, verlästert worden«, schreibt ihr Mitstreiter Wilhelm Liebknecht (der Vater des Spartakistenführers). »Das Re-

aktionspack hat sie zu einer Messaline gestempelt und auch meinen Namen mit dem ihrigen in Verbindung gebracht. Nie ist feiger und niederträchtiger gelogen worden. [...] [Ich] benutze die Gelegenheit, um auf Mannesehre zu erklären, daß [...] Alles, was ihr nachgesagt wurde, theils boshafte Erfindung, theils gedankenloser Klatsch ist. Frau Struve war heiter und lebenslustig, das war ihr gutes Recht; sie war aber auch muthig, wie wenige Männer und aufopferungsvoll, wie wenige Frauen, und eine treue Gattin.«

Ausgeschlossen aus der Männerrunde, suchte Amalie sich ihr eigenes Betätigungsfeld. In Müllheim agitierte sie »pat-

**Amalie Struve als Marketenderin: Wie man(n) sich den Revolutionsbeitrag einer Frau vorstellte.**

riotische Frauen und Jungfrauen« für eine weibliche Unterstützungstruppe, die dem Freiheitsheer folgen sollte, um den Kampfgeist aufrecht zu erhalten und Verwundete zu pflegen. Allerdings blieb nicht genug Zeit, um das Vorhaben in die Tat umzusetzen. Überhaupt dauerte der Aufstand, den Struve ziemlich eigenmächtig ins Rollen gebracht hatte, gerade mal ein paar Tage, bis sein Scheitern offenkundig war. In Staufen wurde das Freiheitsheer von gut ausgerüsteten badischen Truppen gestellt. Nach zwei Stunden Beschuss aus Kanonen und Kleinfeuergewehren brannte Staufen, das Rathaus war zerschossen und wer sich nicht schon in die Büsche geschlagen hatte, musste einsehen, dass die Schlacht verloren war. Mit Mühe überredeten die, die noch standgehalten hatten, Struve, »sich nicht nutzlos zu opfern«.

Müde, vom Regen bis auf die Haut durchnässt, frierend, hungrig und von unkundigen oder verräterischen Führern in die Irre geleitet, erreichten die Flüchtlinge schließlich das Dorf Wehr, wo sie vom Bürgermeister verhaftet wurden. Eine Frau und vier Männer mit vom Regen unbrauchbar gemachten Gewehren gegen einen »racheschnaubenden Bürgermeister« samt einer Schar von Männern mit aufgepflanzten Bajonetten – da half nichts, als sich zu ergeben und sich, wenn auch unter Protest, gefangen nehmen zu lassen. Es folgten einige sehr beklommene Stunden, in einem engen Zimmer eingesperrt, vor dem sich eine aufgebrachte Menge sammelte und wilde Drohungen ausstieß, bis die Gefangenen »unter starker Bedeckung« nach Schopfheim abgeführt wurden. Die Bürgerwehrmänner, die sie bewachten, so vermutet Amalie, hatten den roten Bändel, der sie tags zuvor als Revolutionssoldaten ausgewiesen hatte, noch in der Tasche stecken.

Vor einem Versuch, die Gefangenen zu befreien, war nicht nur den Bewachern angst und bange. Struve und seinen Begleitern war zu verstehen gegeben worden, dass man Befehl habe, sie im Fall eines Befreiungsversuches zu erschießen. Unter Sympathiebekundungen, aber auch Verwünschungen und handfesten Drohungen vonseiten der Bevölkerung ging es weiter. In Schliengen wurde die Bürgerwehr von Soldaten abgelöst, die die Gefangenen mit geladenen Gewehren und gezogenen Hirschfängern in Schach hielten. Tagelang blieben sie im Ungewissen darüber, was ihre Gegner mit ihnen vorhatten. Dann wurde Struve vor ein Standgericht gestellt. Als Reaktion auf seinen Putschversuch war in aller Eile ein Standrechtsgesetz erlassen worden. Da Struve die Taten, die man ihm zur Last legte, aber vor der Verkündung des Gesetzes begangen hatte, erklärte sich das Gericht für nicht zuständig, was Struve zweifellos das Leben rettete. Auch Amalie wurde von einer Kriegskommission verhört und erklärte stolz, dass sie die politische Auffassung ihres Gatten selbstverständlich teile.

In Freiburg wurden die Gefangenen getrennt. Amalie protestierte und verlangte vergebens, mit Struve zusammenzubleiben. Von den Strapazen der vergangenen Tage erschöpft, wurde sie halb ohnmächtig in den Freiburger Turm gebracht und in einer schmutzigen kleinen Zelle, die von Ungeziefer wimmelte, ohne Licht alleingelassen. »Zwar hatte ich schon früher Gefängnisse gesehen. Mehrere Male hatte ich in Mannheim meinen Gatten in seinem Kerker besucht. Allein jetzt hatte sich Alles verändert. Damals kannten wir zum voraus den Tag, an welchem sich die Pforten des Gefängnisses wieder öffnen würden. Jetzt war unsere, wie des Vaterlandes Zukunft in die düstersten Farben gehüllt. Obgleich mit dem Gedanken des Gefängnisses seit langer Zeit vertraut, machten doch die Eisengitter an dem kleinen hoch oben angebrachten Fensterchen meiner Zelle den peinlichsten Eindruck auf mich. Früher konnte ich meinen Gatten, wenn er gefangen war, doch sehen, jetzt wußte ich ihn nicht blos gefangen, sondern auch in seinem Leben bedroht.«

Gustav Struve saß in den Rastatter Kasematten und Schuld daran war – Amalie. Er wäre nicht gefangen worden, hätte er seine Frau nicht dabei gehabt, konnte man im »Frankfurter Journal« nachlesen. Ohne sie hätte er in der Kolonne untertauchen und unerkannt über den Rhein entkommen

Gustav Struve – ein Mann, der wusste, was recht war, und unbeirrbar danach handelte.

können. Doch ein Revolutionär in Begleitung eines Frauenzimmers war von jedermann auszumachen. Es gab freilich auch andere, die Amalies Seelenstärke bewunderten. Und die brauchte sie im Gefängnis dringender denn je. Die ersten Wochen ging es ihr so schlecht, dass fast täglich der Arzt kommen musste. Vor allem litt sie an einer Gesichtsneuralgie, die ihr auch nach der Haft immer wieder zu schaffen machte. Ihre Zelle hatte keinen Ofen, sodass sie in der Herbstkälte bitterlich fror. Auf ihre Beschwerde hin wurde sie in eine heizbare Zelle verlegt und wäre dort, weil die Lüftungsklappe des Ofens zu früh geschlossen wurde, beinahe erstickt. Ein Untersuchungsrichter setzte ihr mit Drohungen zu, doch anstatt sich einschüchtern zu lassen, legte sie beim Gerichtspräsidenten Beschwerde ein, der auch stattgegeben wurde. Zu ihrer Verteidigung redete sich Amalie auf die Rolle einer loyalen Ehefrau hinaus, die lediglich tat, was sie für ihre Pflicht ansah. Und weil das nahtlos ins Frauenbild der Juristen passte, hatte sie Erfolg damit.

Mit der Zeit verbesserte sich ihre Situation. Als sie und Struve die Erlaubnis erhielten, einander zu schreiben, fühlte sie sich sehr getröstet. Auch die Anteilnahme ihrer Leidensgenossen half ihr, die Haft zu ertragen. Ein Mitgefangener trat ihr sein Bett ab, sodass sie nicht mehr auf einem verlausten Strohsack schlafen musste. »Wohlwollende Freunde« sorgten dafür, dass sie anständiges Essen bekam. Freundinnen aus Mannheim schickten ihr Kleider; sie hatte ja nichts mehr als das, was sie nach ihrem überstürzten Aufbruch aus

Staufen auf dem Leib trug. Endlich durfte sie auch ihre Zelle verlassen, um auf dem schmalen Gang davor auf und ab zu gehen und schließlich eine Stunde täglich auf dem Gefängnishof frische Luft zu schöpfen. Und es gelang ihr, die Tünche vom Gitterfenster ihrer Zelle zu wischen, sodass sie, wenn sie sich auf ihren Tisch stellte, »den blauen Himmel und ein Stückchen des Schloßbergs« sehen konnte.

Dass sie – nach 205 Tagen – ohne Prozess entlassen und Gustav Struve im ersten Schwurgerichtsverfahren, das in Baden stattfand, zu einer vergleichsweise milden Strafe verurteilt wurde, sah sie als Sieg der republikanischen Partei über die badische Regierung an. Inzwischen war es wieder Frühling geworden, Struve gab sich überzeugt, noch vor Ende Juni wieder in Freiheit zu sein. Und er behielt recht.

Die in der Frankfurter Paulskirche tagende Nationalversammlung hatte eine Verfassung verabschiedet und dem preußischen König die deutsche Kaiserkrone angetragen. Der lehnte mit schnöden Worten ab und löste damit eine Welle von Empörungen aus. Man befürchtete, dass Preußen die Übernahme der Reichsverfassung im Deutschen Bund verhindern würde. Im Mai schickten die demokratischen Volksvereine Badens ihre Deputierten zu einem Landeskongress nach Offenburg, um die Volkssouveränität durchzusetzen. Es herrschte eine ausgelassene Stimmung wie bei einem Volksfest. Die Republikaner hatten das Militär auf ihre Seite gezogen. In Rastatt meuterten die Soldaten in der Bundesfestung, in Karlsruhe das Leibregiment. Großherzog Leopold flüchtete. Der Landesausschuss setzte eine provisorische Regierung ein.

Gustav Struve war kurz vor dem Ausbruch des Rastatter Aufstandes nach Bruchsal verlegt worden, weil man seine Befreiung verhindern wollte. Als die Gefängnisleitung Amalie das Besuchsrecht verweigern wollte, kündigte sie an, sie würde mit fünfzig Soldaten wiederkommen. Eine leere Drohung war das nicht, denn die Soldaten hatten sich mit dem Volk verbrüdert, die Stimmung war eindeutig auf der Seite der Revolutionäre, da wurden auch die Wärter freundlich. An einem wunderschönen Frühlingstag besuchte Amalie ihren Gustav zum letzten Mal im Gefängnis. Inzwischen hatte die Offenburger Volksversammlung die Befreiung der politischen Gefangenen beschlossen, und als die Nachricht am Abend des 13. Mai in Bruchsal ankam, stürmte eine Volksmenge mit Äxten bewaffnet die beiden Bruchsaler Zuchthäuser. Noch in derselben Nacht machten sich Struves mit einigen Freunden auf den Weg nach Rastatt. »Wir wußten nicht, ob wir nicht vielleicht einem härteren Gefängnisse oder gar dem Tode entgegenfuhren«, erinnert sich Amalie. Trotzdem herrschte Hochstimmung unter den Reisenden.

Doch auch diese dritte Volkserhebung war bald wieder am Ende. Nach wenigen Wochen waren die politischen Führer hoffnungslos zerstritten, die Organe der provisorischen Regierung handlungsunfähig, das Revolutionsheer von preußischen Truppen, die der Großherzog zu Hilfe gerufen hatte, vernichtend geschlagen. Wieder blieben Amalie und Gustav Struve nur Flucht und Exil, zunächst in der Schweiz, dann in London und schließlich in den Vereinigten Staaten, wo sie sich in Stapleton auf Staten Island im Bundesstaat New York niederließen.

Beide rechneten fest damit, wieder nach Deutschland zurückzukehren. »Auf Wiedersehen in der teutschen Republik!«, hatte Amalie ihren Rastatter Unterstützern und Unterstützerinnen nachgerufen. Tatsächlich kehrten nach einer Amnestie im Jahr 1862 viele emigrierte Achtundvierziger wieder heim. Amalie Struve gehörte nicht dazu, sie starb am 13. Februar 1862 kurz nach der Geburt ihrer dritten Tochter mit erst 37 Jahren im Exil. »Sie war die Sonne meines Lebens«, schreibt Struve. Und: »Wie arm an Thaten, wie klein an Kraft und Erhebung waren die 40 ersten Jahre meines Lebens! Wie reich, wie bedeutungsvoll vergleichsweise die kurze Zeit der folgenden 16 Jahre! Es fehlten [...] der Schwung, den ich erst schöpfte aus dem reinen Born des Herzens Amaliens.«

# Wilhelmine von Hillern
*wird schwanger vor der Ehe*

Wilhelmine war das sechste Kind, das ihre Mutter zur Welt brachte, und das einzige, das am Leben blieb. Alle anderen starben kurz nach der Geburt, und man kann sich vorstellen, dass die Mutter, damals schon 36, ihr Ein und Alles wie ihren Augapfel hütete. Die Mutter, das war Charlotte Birch-Pfeiffer, die meistgespielte Theaterautorin ihrer Zeit und eine berühmte Schauspielerin, zuerst in München, dann in Wien. Später leitete sie das Stadttheater in Zürich. Seit 1844 war sie am Königlichen Schauspielhaus in Berlin verpflichtet. Ihre populären Rührstücke wurden zwar von der Kritik verrissen, aber wen kümmerte das, solange sie volle Häuser garantierten und die Theaterdirektoren nicht genug davon kriegen konnten.

Frau Birch-Pfeiffer produzierte emsig, schrieb außerdem Novellen, adaptierte die Bestseller ihrer Zeit für die Bühne und veränderte dabei ungeniert den Gang der Handlung, um dem Guten zum Sieg und der Heldin zur Hochzeit zu verhelfen. Die Firma Birch-Pfeiffer florierte, und das war gut so, denn nicht nur Charlottes Eltern und Geschwister hingen zeitweilig von ihrem Verdienst ab, sondern auch ihr Mann. Der hatte als Schriftsteller und Journalist wenig Fortüne, aber ein Talent zum Schuldenmachen. Auch der gehobene

Lebensstil und das gastfreie Haus, in dem die deutsche Theaterprominenz verkehrte, wollten finanziert sein, sodass trotz Charlottes Geschäftstüchtigkeit jede größere Ausgabe einem finanziellen Jonglierkunststück gleichkam.

Wilhelmine, genannt Minna, wächst zu einem wilden, kapriziösen Geschöpf heran, mit großen, dunklen, seelenvollen Augen, »ebenso hochbegeistert als hochbegabt für alles, was Poesie, was Schönheit, was phantastisch war«, erinnert sich ihr Jugendliebster Felix Dahn, der spätere Autor von »Kampf um Rom«. »Es war aber jene manchmal irrwischhaft umher fahrende Ungezogenheit nicht deine Schuld, sondern die deiner, nein: *unserer* lieben Mutter, welche das zarte und häufig kränkelnde Töchterlein scharf anzufassen nie über ihr weiches Herz brachte: so wardst du denn, o Theure, maßlos verzogen, wardst unglaublich launenhaft [...] lachtest und lärmtest, gelltest und weintest in verblüffender Geschwindigkeit des Wechsels durcheinander und setztest durch dieses liebliche Gemengsel gemeinhin Alles und Jegliches durch, was du dir im Kleinen und im Großen in deinen ungestümen Kopf (mit seinen schönen, dunklen Haaren darauf) gesetzt hattest: und zwar gegen Alle.«

Als Minna Schauspielerin werden will, ist Mutter Birch gar nicht begeistert. Sie möchte Minna nicht gehen lassen und fürchtet, dass das schlanke, hoch aufgeschossene, zarte Mädchen den Strapazen des Theateralltags nicht gewachsen sei. Dann setzt sie aber doch alle Hebel in Bewegung, um der Tochter mit der »Feuerseele« und dem »starken, energischen und klaren Geist« Ausbildung und Engagement zu ermöglichen, damit Minna ihr später einmal keine Vorwürfe machen kann. Schon die Kostüme, die eine Schauspielerin selbst zu stellen hat, kosten ein kleines Vermögen. »Allein es ist meine Pflicht, *Alles* zu thun, was ich vermag für mein einziges Kind, und so arbeite, schreibe und arrangire ich Tag und Nacht und komme zu nichts!«

Im August 1856 wird Minna Birch, mittlerweile 20 Jahre alt, »glückselige Großherzoglich-Badische Hof- und National-

Charlotte
Birch-Pfeiffer
mit Tochter
Wilhelmine
(sitzend) in
unbekannter
Gesellschaft

schauspielerin zu Mannheim«. Sie bekommt eine kleine Wohnung, Hausrat, ein Dienstmädchen und eine Zahnsanierung –
»*prachtvolle* Zähne, die ihr Leben hindurch halten«, schwärmt
Mutter Birch. Sie hat an nichts gespart, denn diese Investitionen in Minnas Zukunft seien das Letzte, was sie für die Tochter tun könne, erklärt sie ihrem Mann. Zurück in Berlin, wird
ihr beim Einpacken all der persönlichen Dinge, die sie Minna nach Mannheim nachschicken muss, ganz weh ums Herz:
»Jezt erst fühle ich, daß ich sie verloren habe – es ist so gut,
als hätten wir sie verheirathet, sie gehört uns nicht mehr an.«

Julie Dungern, ein Fräulein von Ende dreißig, und Hof-
gerichtsrat Hermann von Hillern nehmen Minna unter ihre
Fittiche. »Mamma Tanne und Pappa Tonne« nennt sie die bei-

den, die gute Ratschläge geben, sie aber nicht daran hindern, ihre Freiheit zu genießen. Minna kleidet sich gern »reich«, aber unbekümmert um die Mode und manchmal etwas nachlässig. Genauso unbekümmert empfängt sie, der herrschenden Konventionen ungeachtet, ihre Kollegen vom Theater, Hillern und dessen Freunde in ihrer Wohnung.

Hermann von Hillern entstammt einer 1739 geadelten Familie von Biberacher Honoratioren, bei der die Theaterbegeisterung Tradition hat. Im bürgerlichen Beruf ist er Stellvertreter des Staatsanwalts am Mannheimer Hofgericht. Daneben schreibt er Gedichte und Kritiken für die Zeitung und steht auf bestem Fuß mit der Theaterleitung. Eine sehr nützliche Bekanntschaft also. Von Minna ist er hingerissen, nicht nur in künstlerischer Hinsicht. Klein, dick und glatzköpfig, ist der fast 20 Jahre ältere Hillern keine Starbesetzung für die Rolle des Liebhabers. Aber er betreibt sein Liebeswerben derart inständig und manchmal hart an der Zudringlichkeitsgrenze, dass Minna sich bald erobern lässt.

Während seine (in)brünstigen Briefe bereits ein erfülltes Liebesleben bezeugen, versichert Minna der etwas beunruhigten Mutter immer noch, dass ihr von Hillern keine Gefahr drohe: »Es fehlt ihm das dämonische Element, was mir bei einem Manne nie imponirt und sein ganzes Wesen wiegt sich zu sehr in dem beschaulichen Bewußtsein: der Schönste, Erste, Beste zu sein. – Das ist zu deutsch: *Eitelkeit* und diese Schwäche verzeihe ich nicht bei einem Manne.« Selbstverständlich muss die Affäre geheim bleiben, sonst wäre es um den guten Ruf der jungen Schauspielerin und – trotz bester Verbindungen – die Verlängerung ihres Engagements geschehen. Nach guter alter Komödienart wird doppeltes Spiel getrieben. Den formellen Briefen, die sie Fräulein Dungern zeigen und »herumfahren« lassen kann, »um die naseweise Welt zu betrügen und zu belügen«, liegen erhitzte Liebesbotschaften bei. Und weil der eifersüchtige Hillern der Mutter Andeutungen über Minnas Hang zum Flirten gemacht hat, erklärt Minna dieser kategorisch: »In einer Epoche, wo es sich mit jedem Tag, mit jeder Rolle um das ganze Lebensschicksal handelt – hat man für solche Liebeleien keinen Sinn.« Zu diesem Zeitpunkt hat sich ihre eigene Schicksalswende bereits vollzogen: Minna ist schwanger.

Doch es braucht ziemlich lange, bis Hillern, der seine Junggesellenfreiheit fast so sehr liebt wie Minna, sich zur Heirat entschließt. Ein freies Liebesverhältnis mit einer umschwärmten Schauspielerin ist etwas anderes als eine bürgerliche Ehe. Als Frau von Hillern müsste Minna die Bühne verlassen und den Reiz des Extravaganten mit den Tugenden einer Hausfrau vertauschen. Hinzu kommt das liebe Geld, vielmehr: dessen Mangel. Als badischer Beamter gehört Hillern nicht zu den Großverdienern, und was für die Bedürfnisse eines Junggesellen genügt haben mag, reicht nicht aus, um eine Familie zu ernähren und ein Haus zu führen. Ohne eine kräftige Finanzspritze von Mutter Birch – Minna denkt an 600 Gulden pro Jahr – ist das gar nicht zu schaffen.

»Ich faße es nicht«, schreit diese auf, wenn auch nur brieflich. Jetzt, wo Minna ihre Lehrjahre hinter sich und erste Erfolge errungen hat, will das Mädchen die Karriere wegwerfen, um Beamtengattin zu werden! Hillern sei doch kein Mann für sie, erklärt sie entsetzt, Minna verwechsle Dankbarkeit mit Liebe. Für ein Bürgermädchen mochte so eine Ehe ja Glück bedeuten. »Aber DU – DU? Aufgewachsen in den großartigsten *Kunstverhältnißen*, stolz auf den Namen und die Beziehungen Deiner *berühmten Mutter* – glühend für alles Erhabene, für eine Kunst, von der Nichts Dich abhalten konnte – was willst Du in den kleinlichen, beschränkten Verhältnißen einer kleinen Stadt, eines kleinen Hauses, das Dir von den Krähenwinklern als großes unverdientes Loos angerechnet würde. Du mit Deinem Stolz, mit Deinem Ehrgeiz – über die Achsel betrachtet, mißachtet, die ehemalige Schauspielerin, die sich in eine adlige Familie eindrängt – und nicht einmal Vermögen mitbringt!«

Und sie malt der Tochter das kleine Leben in den schwärzesten Farben aus. Von einem Beamtengehalt leben? Mit dem Pfennig rechnen? Minna ahnt ja noch nicht einmal, was das

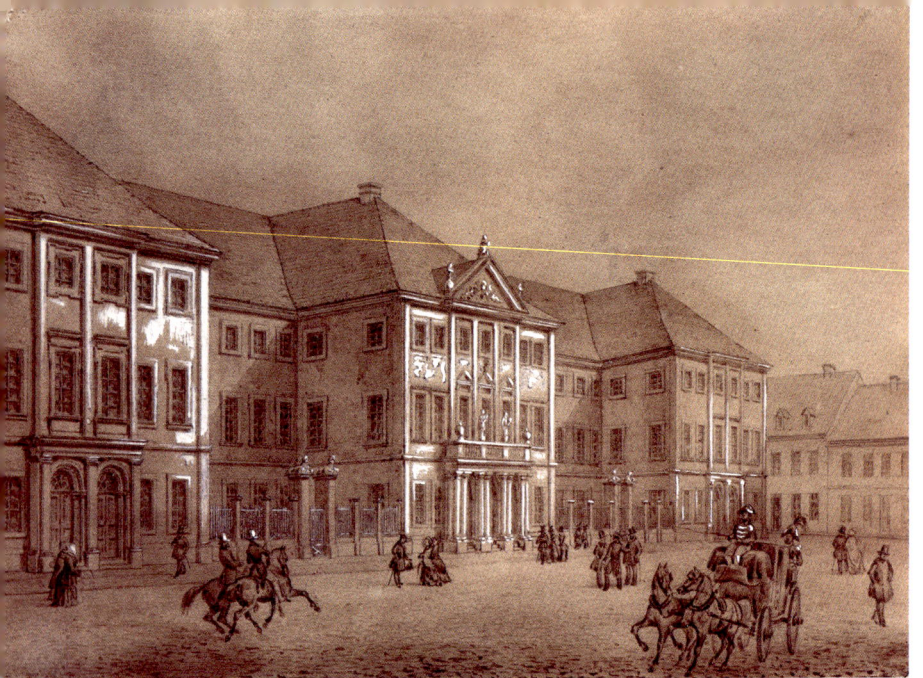

Das Nationaltheater in Mannheim. Zeichnung aus dem 19. Jahrhundert

bedeutet: »Du hast bis jezt nur reife Früchte gekannt, die Dir vollsaftig in den Schooß fielen, nachdem ich sie gesäät, gepflegt und gereift hatte – darum kennst du ihren Werth nicht.« Und wie kommt Minna überhaupt auf die Idee, die Mutter könnte 600 Gulden im Jahr aus dem Ärmel schütteln? Charlotte rechnet ihr vor, dass sie dafür ein Kapital von 15 000 Gulden, zu vier Prozent verzinst, besitzen müsste. Das hat sie aber nicht. Die 600 Gulden jährlich sind überhaupt nur aufzubringen, solange Mutter Birch ein Engagement hat und sich alle möglichen Einschränkungen auferlegt.

Charlotte Birch-Pfeiffer ist 57 Jahre alt und ausgepowert. Nicht nur Minnas unbedachtes Ansinnen schmerzt sie, sondern auch der Gedanke an all die Opfer, die sie in den letzten Jahren für die Ausbildung der Tochter gebracht hat. Als Investitionen in Minnas Zukunft waren sie gedacht. Auf eigenen Füßen sollte das Kind stehen können, wenn die Kräfte der Mutter nachließen. Und nun? Anstatt bald den verdienten Ruhestand zu genießen und eine Stütze an der Tochter zu haben, soll sie sich auf unabsehbare Zeit erneut vor den Karren spannen lassen – für eine Heirat, »*die Dein und sein Unglück* wäre«! Denn natürlich würde Minna in dieser Krähwinkel-existenz keine Befriedigung finden, sich und ihrem Mann das Leben zur Hölle machen und nach zwei, drei Jahren auf und davon gehen, um auf die Bühne zurückzukehren. Und wenn dann die Mutter nicht mehr wäre, die sie protegieren könnte, was dann? »O welch ein Alp hast Du auf meine Brust gewältzt, welches Messer mir ins Herz gestoßen!«, ächzt die Schwergeprüfte.

Minna beschwichtigt die Mutter, die den wahren Grund der Heiratspläne noch nicht einmal ahnt, und vertagt das Problem. Nach der Spielzeit fährt sie zur Kur nach Reichenhall. Dort soll sie einen Arzt konsultieren. Ob zur Vergewisserung über ihren Zustand oder wegen einer Abtreibung, ist nicht bekannt. Hillern schreibt schlechte Gedichte und sehnsüchtige Briefe. Und er hat Angst vor der Ehe: »Ein bisher behagliches Leben hat mich vor der Ehe zurückgeschreckt. Ein sorgenvolles, entsagungs- und entbehrungsreiches ängstet mich.« So geht der Juli zu Ende. Minna ist nicht beim Arzt gewesen, aber sie weiß inzwischen auch so, dass sie ein Kind bekommt. Nun bleibt ihr nur noch eines: der Mutter die Wahrheit zu gestehen.

Diese ist am Boden zerstört, aber tatkräftig wie immer. Jetzt geht es um Schadensbegrenzung und das heißt: Heirat und zwar schnell. »Daß wir durch müßen und eher Alles opfern als die Ehre – darin sind Du und ich Eines – was dann kommt, walte Gott«, schreibt Charlotte an ihren Mann. Denn die Ehre, das ist kein Hirngespinst, sondern soziales Kapital, an der Ehre hängt die gesamte Existenz. Ein uneheliches oder vor der Ehe gezeugtes Kind würde nicht nur dem Ansehen von Wilhelmine und Hillern schaden, sondern auch Charlotte Birch-Pfeiffer schwer in Mitleidenschaft ziehen. Bei der guten Gesellschaft wäre sie unten durch, und wer würde ihre moralingesättigten Dramen denn noch spielen wollen, wenn deren Autorin in einen Skandal verwickelt wäre?

Während Minna im Bett liegt und geschont werden muss, kümmert sich Mutter Birch um die Anschaffung des Nötigen: Brautkleid, Möbel, Hausrat, Tafelsilber, Tisch- und Bettwäsche, alles vom Feinsten, auch eine Kücheneinrichtung. »Wie schön«, jubelt die Freundin Julie Dungern über Letzteres, »denn das hätte Hillern nie gekauft!« Charlotte bezahlt alles und muss Schulden dafür machen, denn der angehende Schwiegersohn »kann ja nichts geben als sich selbst«. Und dabei heißt es noch, gute Miene zum bösen Spiel zu machen, »das Kind, auf dem unsere Zukunftshoffnung ruhte, einem Mann in die Arme zu werfen, der sie vielleicht glücklich macht, uns aber *systematisch* um den Stolz und die Stütze des Alters betrogen hat«. Und vor den Leuten muss man so tun, als würde man sich riesig freuen: gute Partie, Adel, Minna wird Frau von Hillern. Charlotte ist in jeder Hinsicht erschöpft. Und als Hillern, von dem es heißt, er sei kein großer Held im Schaffen, über die ungewohnten Mühen mäkelt, kontert sie ungehalten: »Haben Sie für 5 Mann Arbeit – ich habe desgleichen für 10 Frauen.«

Am 27. August 1857, zwei Tage nach Hillerns 40. Geburtstag, ist Hochzeit. Hillern hat um seine Versetzung nach Freiburg gebeten, um dem Klatsch in Mannheim zu entgehen. Aber geredet wird sowieso, hier wie dort, über die überstürzte Heirat und die doch merkwürdig fortgeschrittene Schwangerschaft der jung verheirateten Frau. Denn Minna unternimmt keine allzu großen Anstrengungen, um ihre Umstände zu verbergen. Zunächst noch lebt das junge Paar vergnügt in Hillerns Mannheimer Junggesellenwohnung, bis der erfährt, dass ihm durch seine Versetzung ein lukrativer Posten in Mannheim entgeht. Er tobt und weint wie ein Kind. Aber rückgängig machen lässt sich die Sache nicht.

Nach einem chaotischen Umzug steht für Minna ein Rollenwechsel ins Haus, müssen Aufgaben bewältigt werden, auf die sie nicht vorbereitet ist: einen Haushalt leiten, taugliches Personal einstellen und überwachen, dafür sorgen, dass der Mann etwas Rechtes auf den Tisch bekommt. »Er, um zu spa-

Die Gerüchte-
küche brodelte
in Mannheim.
Zeitgenössische
Darstellung des
Mannheimer
Marktplatzes

ren, äße Schuhleder und Schuhwichse aufgewärmt. Ein starker Mann, wie Hillern, muß aber gute Nahrung haben«, findet
Julie Dungern, die Buch über Minnas Defizite als Hausfrau
führt. Auch habe das verwöhnte Mädchen noch nicht begrif-
fen, dass der Mann die Nummer eins im Hause ist, den es mit
kleinen Dienstleistungen zu verwöhnen gelte. Und Ordnung
muss sie lernen und eine vernünftige Zeiteinteilung. Ein Brief
Minnas aus dem neuen Heim an die Mutter in Berlin beginnt
mit poetischem Schwung und endet mit einer Aufzählung der
Lebensmittelpreise.

Inzwischen ist es Herbst geworden, November, und Minna
ist im achten Monat. Höchste Zeit, etwas zu unternehmen.
Das ist der Plan: Minna verlässt Freiburg, entbindet in aller
Heimlichkeit, lässt ihr Kind bei der Hebamme, reist nach Berlin zur Mutter, spielt weiterhin die Schwangere, bis es Zeit
ist, der Welt ein »Siebenmonatskind« zu präsentieren. Das ist
schwieriger, als es klingt, denn es geht um nichts weniger, als
nach einer wirklichen Niederkunft – mit der Ende Dezember
zu rechnen ist – im März noch eine fingierte zu inszenieren
und ein voll ausgetragenes, drei Monate altes Baby als Sie-

benmonatskind auszugeben. »Iß doch, um Gottes Willen, keine *Äpfel* mehr«, beschwört Charlotte ihre Tochter, »ist denn Niemand, der Dir das sagt?« Denn von nichts werde ein Kind so groß und stark wie von Äpfeln, nach denen Minna jetzt Gelüste hat.

Minna und Hillern verhalten sich merkwürdig passiv. Sie überlassen alles den bewährten Händen von Mutter Birch, die sich nun doch überfordert fühlt, aber als einzige den Überblick bewahrt. In Berlin bei der Mutter kann Minna nicht entbinden, wie stellt die Dungern, deren Idee es ist, sich das vor? Das ließe sich unmöglich verheimlichen. Charlotte hat große Angst vor einem Skandal, wenn der Schwindel aufkommt: »Criminell darf mein Name am lezten in Deutschland genannt werden – denn Niemand hat so *viele* und listige Feinde wie ich – da Niemand so viele Neider hat! Das wäre ein viel größeres Unglück, als wenn die Welt Euch nachsagte, Du hättest 4 Monate zu früh ein ausgetragenes Kind geboren – Ihr seid jezt verheirathet und das Kind ist ein eheliches – Tausende haben ein ähnliches Schicksal gehabt.« Trotzdem soll die Komödie durchgezogen werden.

Berlin kommt also nicht in Frage. Aber auch ein abgelegener Ort eignet sich nicht: Es gibt kein größeres Klatschnest als ein kleines Dorf. Es müsste schon in der Anonymität einer großen Stadt geschehen. Aber wo? Minna muss nach der Niederkunft noch eine Zeitlang unerkannt dort bleiben können, denn »wie willst Du nach der ersten Rückkehr vor Deiner Köchin verbergen, daß Du Wöchnerin bist? Meinst Du, das sei mit dem Niederkommen abgethan? Du müßtest nach der Rückkehr mindestens 10 Tage liegen [...] und wie willst Du die Wäsche verbergen, an der man eine Wöchnerin durch 4 Wochen erkennt – und wie willst Du die Hemden verbergen, in denen die abfließende Milch, die jede Frau bekommt, unverkennbare Flecken macht?«

Es müsste auch ein tüchtiger Arzt zur Hand sein sowie eine gute Hebamme – und zwar eine bestechliche, die bereit ist, das Neugeborene gar nicht oder unter falschem Namen bei den Behörden anzumelden. Außerdem wird eine Geburtsurkunde benötigt mit dem »richtigen«, also einem falschen, späteren Datum. Ein Bürgermeister, der so etwas ausstellt, macht sich strafbar. Es müsste ein zuverlässiger Freund gefunden werden, der dazu bereit ist. Das ist Hillerns Aufgabe. Er ist Jurist, er soll jemanden ausfindig machen. Charlotte schlägt Homburg als Geburtsort vor, in einer Spiel- und Bäderstadt sei die Polizei weniger skrupulös: »Man drückt dort über Alles zwei Augen zu, was Geld in die Stadt bringt.« Charlotte denkt an jedes Detail, traut sich aber wegen ihrer Prominenz nicht, selbst zu agieren.

Die Zeit läuft, noch sechs Wochen bis zur Geburt. Hillern unternimmt lange nichts, ihm gefällt die ganze Trickserei nicht. Aber er traut sich auch nicht, ein Machtwort zu sprechen und beispielsweise Minna die Reise zu verbieten, wozu er als Familienvater kraft Gesetzes berechtigt wäre. Minna hat Angst. Vor dem Skandal und dem Gerede, aber mindestens genauso viel vor einer Entbindung in der Fremde. Denn lange nicht jede Geburt verläuft glücklich. Manchmal kostet das Kind der Mutter das Leben und manchmal nimmt die Mutter das Neugeborene mit ins Grab. Und nun soll Minna allein zu fremden Leuten. In der schwersten Stunde ihres Lebens! Sie will zur Mutter nach Berlin und kündigt ihr Kommen an. Aber die wehrt ab, der Schwindel könnte auffliegen! Es schmerzt Mutter Birch, dass sie ihrer Tochter nicht beistehen kann, aber »es geht nicht«.

Charlotte drängt ihren Schwiegersohn zum Handeln, der setzt sich nun endlich in Bewegung und wird in Erfurt fün-

»... das Beste, was wir sein können, werden wir doch nur aus eigener Kraft.« – Die junge Autorin Wilhelmine von Hillern

Hermann von Hillern – ein Stammhalter war ihm nicht mehr vergönnt.

dig. Der Bürgermeister verspricht ihm, die Angelegenheit zu regeln und sich nach einer diskreten Hebamme umzutun. Am 15. Dezember steigt Minna in den Zug, eine hochschwangere Erstgebärende, zwei Wochen vor dem Termin. Und nur ein unerfahrenes Dienstmädchen, das sich zwar durch Ergebenheit, aber nicht durch Kompetenz auszeichnet, begleitet sie. In Berlin warten derweil die Eltern auf Nachricht von Minna, doch es kommt keine. Entweder ist sie gar nicht in Erfurt eingetroffen oder sie befindet sich in einem Zustand, der ihr das Schreiben nicht erlaubt. Am späten Abend des 19. Dezember endlich steht eine verschleierte Frau vor der Tür, Minnas Dienstmädchen, und berichtet atemlos, dass Minna im Hotel »Belvue« abgestiegen sei. In Erfurt habe man nicht bleiben können. Die diskrete Adresse hat sich als üble Absteige erwiesen, die Leute dort als ordinäres, erpresserisches Pack. Erleichtert möchte Charlotte zur Tochter eilen, traut sich aber nicht, »denn mich kennt jeder Kellner, jeder Portier in Berlin«.

Für den Notfall hat Mutter Birch sich der Dienste einer Hebamme versichert und bei ihr auch ein Zimmer für Minna gemietet, dieses aber wieder gekündigt, nachdem entschieden war, dass Minna in Erfurt entbinden würde. Jetzt verbringt sie eine bange Nacht, bis sich herausstellt, dass das Zimmer noch zu haben ist. Minna zieht in eine Stube der Hebamme Mützel. Mutter Birch ist des Lobes voll für diese tüchtige, gebildete, fromme, saubere und diskrete Person. Und nun heißt es warten. Das Weihnachtsfest bietet einen wunderbaren Vorwand für den Transport von allerlei Päckchen und Paketen mit Kindswäsche und Kinderbettchen. Am 27. Dezember bringt

Minna einen Jungen zur Welt, ein lebhaftes, strammes Kerlchen mit kräftigen Lungen und ganz der Papa, wie die glückliche Großmutter zu betonen nicht müde wird. Und Minna, die Zarte, hat alles wunderbar überstanden und ist überhaupt viel zäher als alle dachten. Jetzt liegt sie selig lächelnd in ihrem Bett, sieht ganz allerliebst aus und alles ist gut.

Zu gut. Denn das Kind gedeiht prächtig, es wird jeden Tag hübscher, ein gesünderes und kräftigeres Baby hat die ebenso glückliche wie beunruhigte Großmutter noch nicht gesehen. Wie soll man diesen Wonneproppen in einigen Monaten als schwächliches Siebenmonatskind »verkaufen«? Minna, die jede Menge Milch hat, darf ihr Kind nicht stillen, damit es nicht zu stark wächst, und leidet Qualen, körperlich und seelisch. Der Kleine bekommt Kuhmilch mit Wasser verdünnt – damals eine riskante Form der Säuglingsernährung, zu der man nur im Notfall greift, weil viele Kinder daran sterben. Aber der Kleine – er hat immer noch keinen Namen – gedeiht weiter. Doch die tüchtige Hebamme weiß Abhilfe. Sie gibt ihm Rhabarbertropfen, die als magenstärkend gelten und auch Säuglingen als Abführmittel verabreicht werden. Jetzt endlich gibt der Prachtbub klein bei und fängt an zu kümmern.

Minna soll, sobald ihre Milch versiegt ist, zur Mutter ziehen und dort weiterhin die Schwangere spielen. Der Kleine soll, bis er der Gesellschaft präsentiert werden kann, bei Hebamme Mützel bleiben. Minna möchte ihr Kind nicht allein lassen: »Das kann mir Niemand wehren, ich muß mein Kind all paar Tage sehen!« Aber wo bleibt da die Vorsicht? Bisher ist zwar alles gut gegangen, aber irgendwann könnte Minna im Haus der Hebamme jemandem begegnen, könnte erkannt werden. Das ist ihr inzwischen allerdings ziemlich egal. Wenn nur der Junge gedeiht, kann die Gesellschaft ihr gern die kalte Schulter zeigen. Ihre Mutter beharrt jedoch darauf, dass der Schein gewahrt bleibt. Denn wenn die Sittenkomödie – die gerade dabei ist, sich in ein Trauerspiel zu verwandeln – jetzt aufgedeckt würde, dann stünde sie, Charlotte Birch-Pfeiffer, als Mitwisserin und Mittäterin da. Das muss unbedingt vermieden werden. Charlotte hat einen Ruf zu verlieren. Dass Minna ein Kind zu verlieren hat, nehmen die Beteiligten entweder billigend in Kauf oder es wird ihnen erst klar, als es zu spät ist.

Hillern will nicht, dass das Kind bei der Hebamme gelassen wird. Er verlangt, dass Minna bei dem Kleinen bleibt oder eine Amme angestellt wird. Aber er kommt nicht nach Berlin, um seiner Autorität Geltung zu verschaffen. »Unsere Ehre ist so ziemlich vor dieser elenden Welt gesichert. Nun gebe Gott, daß wir dieser ›Ehre‹ nicht unser Glück, den Frieden unseres Lebens opfern! Das Kind macht mir namenlose Angst; es erträgt die Waßermilch nicht und doch ist nichts anders zu machen, wenn nicht der ganze Scandal preisgegeben werden soll«, schreibt Minna nach Freibung. Inzwischen dämmert der Kleine still dahin, aber wenigstens muss »das arme Herz« nicht leiden. Das Ende ist unaufhaltsam, erkennt Charlotte, die selbst zu viele Kinder verloren hat, um sich über die Anzeichen zu täuschen. Am 10. Januar 1858 stirbt das Kind: »Unser Engel hat vollendet – still und friedlich ging er ein zur Ruh! Ihm ist wohl! Gott stärke Euch!«, tröstet Charlotte und ermahnt den unglücklichen Schwiegersohn, der seine Vaterfreuden nur kurz und aus der Ferne genießen konnte: »Faßen Sie Ihre Kraft zusammen, seien Sie ein Mann, Hermann.«

Der muss nun mit dem rätselhaften Umstand fertig werden, dass sein Stammhalter sich binnen weniger Tage von einem gesunden, kräftigen Prachtkerl in einen nicht voll ausgetragenen Säugling mit überreifem Kopf, unreifem Körper und unterentwickelten Verdauungsorganen verwandelt hat. Ungetauft und unter falschem Namen wird das Kind beerdigt, das Corpus delicti ist aus der Welt. »Sie müßen nun mit kecker Stirn die Maske fest halten, die Sie *selbst* gewählt, und können es um so mehr, da kein frisches, gesundes Kind Sie Lügen straft.« Minna ist jung, es werden weitere Kinder kommen. »Ich habe *fünfe* begraben und *lebe*!«

Nun muss zur Rettung der Ehre nur noch der letzte Akt über die Bühne gebracht werden. Minna ist die gute Meinung

Hillern droht den Verleumdern im »Mannheimer Anzeiger« vom 21. Januar 1858.

der Gesellschaft, der sie ihr Kind geopfert hat, inzwischen herzlich gleichgültig. Nur auf Druck ihrer Eltern mimt sie im Salon der Mutter die gute Hoffnung. Diese »sündhafte Komö-die« muss sie durchhalten, bis ihre Periode wieder einsetzt, damit man eine Fehlgeburt inszenieren kann. Noch einmal tritt die Hebamme Mützel in Aktion, dem gutgläubigen Haus-arzt wird die blutige Wäsche vorgeführt. Eine »fausse cou-che«, eine Fehlgeburt, im vierten Monat – niemand in Berlin zweifelt daran. In Mannheim allerdings kursieren weiterhin Gerüchte, deren »nichtswürdigen Urhebern« Hillern in einer Zeitungsanzeige »weitere Schritte« androht, aber nach und nach wächst Gras über die Geschichte.

Ein Jahr nach dem Tod ihres Sohnes bringt Minna eine Tochter zur Welt, zwei weitere folgen. Ein Stammhalter ist Hillern nicht mehr vergönnt. Dass ihn das schmerzt, bezeugt sein Versuch, einem seiner Schwiegersöhne Namen und Adel zu vererben. (Diese Prozedur gestaltet sich jedoch derart umständlich, dass Hillern, inzwischen Landgerichtspräsident in Freiburg, 1882 darüber stirbt.) Nach der Geburt der dritten Tochter verbannt Minna ihren Mann aus ihrem Schlafzimmer. Seine fleischlichen Gelüste solle er bei Prostituierten befriedigen, teilt sie der Mutter mit, sie habe keine Zeit für weitere Kinder. Minna hat einen Haushalt und einen Salon zu führen – und sie hat zu schreiben begonnen.

»In dem Mädchen steckt ein wunderbarer Schatz, den aber nur die Hammerschläge des Geschicks heben werden – denn sie ist zu *faul* zu literarischer Arbeit«, hat Charlotte Birch-Pfeiffer einmal über ihre Tochter gesagt. Die legt jetzt los. Die Heldinnen ihrer Romane und Dramen trotzen elterlicher Autorität und gesellschaftlichen Konventionen. Schauplätze in der Bergwelt der Alpen eröffnen ihnen einen Freiraum von den Zwängen bürgerlicher Enge. Mit ihrem Roman »Aus eigener Kraft«, der 1870 in der viel gelesenen Familienzeitschrift »Die Gartenlaube« veröffentlicht wird, gelingt ihr der Durchbruch. »Das Beste, was wir sein können, werden wir doch nur aus eigener Kraft«, heißt es dort. Auf ihre eigene Kraft ist Minna nun auch angewiesen, weil sie mittlerweile ohne mütterliche Zuwendungen auskommen muss. Charlotte Birch-Pfeiffer ist 1868 gestorben, ohne Vermögen zu hinterlassen. Aber als beliebte Autorin der »Gartenlaube« verdient Minna gutes Geld. Richtig berühmt wird sie 1875 mit ihrem Roman »Die Geier-Wally«, der in viele Sprachen übersetzt wird. Minnas Bühnenbearbeitung wird an zahllosen Theatern gespielt, zuallererst in Mannheim, wo sie ein Vierteljahrhundert zuvor ihre kurze Schauspielerinnenkarriere beendet hat. Sogar die Oper nimmt sich des Stoffes an und später auch der Film.

Nachdem alle ihre Töchter verheiratet sind, zieht Minna von Hillern nach Oberammergau. Im Alter wendet sie sich dem Katholizismus zu. Ihren Lebensabend verbringt sie in Hohenaschau bei Prien, wo sie am 25. Dezember 1916 stirbt.

# Anna Sutter
*wird vom Liebhaber ermordet*

» **E**s gibt Menschen, leider nur wenige, die Sonnenschein bringen, wohin sie kommen, um sie gleißt es wie ein Schimmerkleid des Lebenslichtes. [...] Wenn wir uns zur Stunde der Probe vor dem Theater einfanden [...], manchmal bedrückt von lastender Arbeit, von Verstimmung und Mißmut, dann kam *sie* daher, mit ihrem graziösen, tänzelnden Gange, im feschen Kleidchen, die Partitur unterm Arm. Lustig glänzten die Augen, ein heiterer Frohsinn lag über der ganzen Erscheinung, eine Lebensfreude, eine Arbeitsglückseligkeit. Denn sie kam zu ernster Arbeit wie zu einem Feste.«

Sie hieß Anna Sutter und sie war tot, als diese Worte geschrieben wurden. Ermordet von einem verschmähten Liebhaber, der ohne sie nicht leben konnte und auch nicht wollte, dass sie ohne ihn weiterlebte, weshalb er sie und sich selbst erschoss, um wenigstens im Tod mit ihr vereint zu sein. »Wie in Carmen lag sie da«, meldete der »Schwäbische Merkur«.

Die Titelrolle der Oper von Georges Bizet war ihre Glanzrolle gewesen. Nun hatte ein eifersüchtiger Don José sie umgebracht, »eine der genialsten deutschen Soubretten«, wie es in einem Nachruf hieß.

Das musikalische Talent lag in der Familie, auch Annas Vater war Musiker. Es war ihm allerdings nicht vergönnt, die Triumphe seiner Tochter mitzuerleben. Er starb, als Anna fünf Jahre alt war. Die Mutter, nun allein mit ihren beiden Töchtern, setzte alles daran, um die begabte Ältere zu fördern. Sie verließ die Schweiz, damit Anna am Münchner Konservatorium Gesang studieren konnte. Es folgten Jahre voller Opfer und Entbehrungen. Jedes Schmuckstück musste verkauft werden, aber auch viel Unentbehrliches, um Annas Ausbildung zu finanzieren. »Jahre, die ich nicht beschreiben kann«, vergingen, so erinnert sich ihre Mutter, bis die Tochter im September 1891 in einer Gesangsposse am Münchner Volkstheater debütierte. Da war Anna knapp zwanzig, und von nun an ging es ziemlich steil bergauf.

Am Stadttheater Augsburg, ihrer nächsten Station, fand man ihr Spiel »herzig nett«, bald bekam sie Hauptrollen zu singen und fand zu ihrem Fach als Soubrette. Mit dem ihr eigenen komödiantischen Talent verkörperte sie künftig verschmitzte Kammerzofen, muntere Mädels aus dem Volk, kecke Dämchen und lebenslustige Witwen in Oper und Operette. Ihr Agent pries sie beim Königlichen Hoftheater in Stuttgart an, einem der führenden Häuser in Deutschland. Ihr erstes Gastspiel dort brachte ihr viel Beifall, aber eine vernichtende Kritik in der Presse. Ihre Stimme sei zwar einschmeichelnd, ihr Spiel aber eher plump, von Verinnerlichung und seelischer Vertiefung keine Spur. Kurz – das Fräulein stehe an den Anfängen seiner Künstlerlaufbahn, und die Hofbühne sei wohl kaum das passende Versuchsfeld, um sich das fehlende Können anzueignen. Anna wähnte Missgunst oder gar eine Intrige hinter dem Verriss. »Oder muss man wirklich, wie man mir sagte, auf dem Altare der Kritik einige Banknoten opfern?« Aber Anna war tapfer. Sie versuchte es ein halbes Jahr später noch einmal, wenn auch nicht mit der »nämlichen Zuversicht u. Freude«, und dieses Mal klappte es. In Augsburg ließ man die Sopranistin nur ungern ziehen, wünschte ihr aber alles Gute und fand: »Selten haben wir ein junges Ta-

Anna Sutter
als Carmen:
»Allein für die
Tragik standen
ihr nicht immer
die erforderli-
chen Accente zu
Gebot.«

lent so überraschend aus sehr bescheidener Umgebung auf-
tauchen sehen und sich so ungewöhnlich rasch und sicher
entwickeln sehen.«

Auch in Stuttgart wuchs Anna dem Publikum bald ans
Herz, das sie liebevoll »unser Sutterle« nannte und ihr sogar den unsoliden Lebenswandel mit Schulden, Liebesaffären

Nach dem Brand des Hoftheaters ging das Ensemble den Rest der Spielzeit auf Tournee.

und zwei unehelichen Kindern verzieh. »S'ischt ebe so e netts Freile!«, schwäbelte Kapellmeister Aloys Obrist, ihr späterer Mörder, entzückt. Ein »Freile«, ein Fräulein, ist Anna Sutter für ihre Zeitgenossen immer geblieben, selbst noch als Mutter. Ihre Lebenslust, ihr Humor, ihr Charme machten ihr im Kollegenkreis viele Freunde. Und ihr Schweizer Akzent, »durch den sich das charakteristisch schnurrende R wie ein roter Faden zog, wirkte so herrlich erfrischend und lieb«, erinnert sich der Hofschauspieler Egmont Richter. »Wer hört sie nicht fragen: ›Herr Rrichterr, wie klingt heut' meine Stimm'?‹ ›War ich brrav in dem Akt?‹ ›Gell, 's Koschtüm isch nix, aufrrichtig und ehrlich?!‹«

»'s Koschtüm« wurde von der Intendanz vorgeschrieben, doch musste es laut Dienstvertrag bei zeitgenössischen Stücken von den Künstlerinnen selbst bezahlt werden, einschließlich der dazu gehörigen Hüte, Perücken, Handschuhe, Schuhe, Dessous, Schminke und sonstigen Accessoires. Das alles konnte ja auch im Privatleben getragen werden und warum sollte das Theater für die Privatgarderoben seiner Schauspielerinnen und Sängerinnen aufkommen? So fraßen die bühnengerechten Gewänder einen beträchtlichen Teil der Gage, denn viele Stücke spielten in den höheren Gesellschaftskreisen, das Publikum erwartete Abwechslung, und bei einem Engagementwechsel konnte die teure Garderobe meist nicht wieder verwendet werden. Verstöße gegen diese Kleiderordnung ließ die Intendanz nicht durchgehen. Als sie Anna fürs Tragen eines eigenmächtig gewählten Kostüms 35 Mark Strafe aufbrummte, muckte sie auf. Es sei doch ein hübsches, passendes Kostüm, der Regisseur habe seine Zustimmung gegeben, da sei es doch wirklich kleinlich, ihr deswegen einen Strafzettel zu schicken, noch dazu »an einem solchen Kunst Institut«, protestierte sie. »Wenn man seine Pflicht dadurch vernachlässigt hätte [...], dann wäre es etwas Anderes. Aber man kommt sich vor, wenigstens ich, wie ein Schulmädchen, das wegen jeder Kleinigkeit bestraft wird.« Sie sei im Recht und zahle die Strafe nicht und drohte, an die Öffentlichkeit zu gehen. Diese Kraftprobe gewann dann aber doch die Intendanz, die ihre Strafe wegen des »in keiner Weise angemessenen Tones« noch erhöhte, allerdings nicht ohne einlenkend zu vermerken, dass man in Anrechnung ihrer Erregung Milde walten lasse und sich mit 10 Mark zusätzlich zufrieden gebe.

Andere Verstöße waren schwerwiegender. Ein Jahr nach Anna trat im September 1894 ein junger Kapellmeister in die Hofoper ein. Er hieß Richard L'Arronge und war der Bruder des Komödienautors Adolph L'Arronge, der wiederum ein Freund des Stuttgarter Intendanten Joachim von Putlitz war. Baron Putlitz freute sich nicht, als sich zwischen seinem Protégé und Fräulein Sutter eine Liaison anspann, denn Liebesverhältnisse zwischen Theatermitgliedern verschiedener Rangstufen wurden im Interesse von Ordnung und Disziplin nicht geduldet. Von einem Kapellmeister erwartete man so viel »Taktfestigkeit«, nicht mit einer Sängerin anzubändeln. Putlitz nahm den Kapellmeister ins Gebet, wie es seine Pflicht als Chef war. L'Arronge versprach auf Ehrenwort, die Affäre zu beenden, hielt sich aber nicht daran. Er spielte die Geschichte herunter,

Den »Tanz der sieben Schleier« ließ Anna Sutter nicht von einer Balletttänzerin doubeln.

wiegelte ab, es sei nichts Ernstes, und stellte sich als den Verführten dar. Putlitz hingegen meinte, dass er es sei, der »die Macht, die er über das Mädchen zu haben scheint, nach Kräften auszunutzen strebt«, und ließ den jungen Mann nicht ungern ziehen, als dieser um seine Entlassung einkam. Auf einen Kapellmeister, dessen Kraft durch eine unstatthafte Liebesbeziehung so absorbiert war, dass er »mit Lust und Liebe eigentlich nur noch da arbeitet, wo die Geliebte beschäftigt ist«, konnte er verzichten. Doch schon ein paar Wochen nach dem Ende der Spielzeit versuchte L'Arronge gut Wetter zu machen und bat um seine Wiedereinstellung. Auch Anna setzte sich für den mittlerweile zum Verlobten avancierten Liebsten ein: »Ach Gott, es ist der Gedanke aber für mich nicht zu ertragen, daß ich mich von Herrn L'Arronge trennen sollte! Können sie es denn wirklich nicht noch machen, Herr Baron?« Und L'Arronge versprach statt dem Ende der Liaison vollkommene Diskretion, was Putlitz aber nicht genügte. Anna jedoch ließ er wissen: »An Ihnen liegt mir sehr wohl.«

An Anna lag Putlitz auch dann noch sehr viel, als sie – für die Zeit und für das biedere Stuttgart eigentlich undenkbar – ein uneheliches Kind erwartete. Nachdem die Beziehung zu L'Arronge in die Brüche gegangen war, hatte sie sich dem fünf Jahre jüngeren Dragonerleutnant Hans Freiherr von Entress-Fürsteneck zugewandt. Und das war nicht ohne Folgen für den Spielplan geblieben, der zwischen Ende Januar und Ende März 1900 Fräulein Sutters Ausfälle wegen »Unpässlichkeit« anzeigte. Danach wurde sie nicht mehr besetzt, bis sie sich im Juli mit einem Billet an den Intendanten offiziell gesund meldete, das den ebenso übermütigen wie rührenden Zusatz »mit Tochter« unter ihrer Unterschrift trug.

Die Tochter hieß Mathilde wie Annas Mutter und wurde Thilde gerufen. Entress kam zwar für ihren Unterhalt auf, aber es dauerte 25 Jahre, bis er Thilde legalisierte und sie seinen Namen tragen durfte. Eine Ehe zwischen dem Freiherrn und der Opernsängerin wird wohl aus Standesrücksichten vonseiten des Kindesvaters wie auch aus beruflichen Überlegungen der Kindesmutter gar nicht erst in Erwägung gezogen worden sein. Heirat bedeutete für eine Bühnenkünstlerin fast immer das Ende ihrer Karriere. Das Theater hatte das Recht, einer Künstlerin bei Eheschließung den Vertrag aufzukündigen. Verheiratete Schauspielerinnen und Sängerinnen brauchten die Unterschrift ihres Mannes auf ihrem Dienstvertrag, aber meist erwartete der Mann, dass seine Frau der Bühne entsagte, denn die Würde einer Ehefrau vertrug sich nicht mit öffentlichen Auftritten.

Die Ehe war also keine Option für eine Frau, die es ernst mit ihrer Kunst meinte, und alles andere war sittenwidrig, anstößig, unmoralisch. So kam es, dass sich bei Annas nächster Liaison mit dem Kapellmeister Hugo Reichenberger das demütigende Versteckspiel wiederholte, das schon ihre Beziehung mit Richard L'Arronge vergiftet und den gutmütigen Baron Putlitz düpiert hatte. Auch hier wieder: Tarnen, Täuschen, Lügen. Intendant Putlitz erklärte: »Ich bin gewiß der Letzte, der bei jungen Leuten menschliche Schwächen und Leidenschaften nicht in Rechnung zieht. Wenn jemand aber Rücksichten in dieser Beziehung verlangt, so kann das nur auf der Basis offener Aussprache erfolgen. Sobald Unwahrheiten in dieser Beziehung unterlaufen, hört jede Möglichkeit der Rücksichtnahme auf.«

Am 11. November 1902 wurde Anna zum zweiten Mal Mutter. Diesmal konnte sie die Schwangerschaft lange verbergen. Ein Brand in der Nacht vom 19. zum 20. Januar 1902 zerstörte das Alte Hoftheater. Die Operntruppe ging für den Rest der Spielzeit auf Tournee. Dann kamen die Theaterferien. Das Interimtheater wurde erst im Oktober eingeweiht. Besorgt erkundigte sich Anna vor ihrer Entbindung bei Putlitz, ob er sie denn noch haben wolle. Der wusste, was er an ihr hatte, und versicherte ihr, er habe nie daran gedacht, »die Krankheit, welche Sie jetzt befallen hat, dazu zu benützen, um Ihren Vertrag zu lösen«. Die Schwangerschaft war schwierig, die Geburt erfolgte durch einen Kaiserschnitt, und Anna brauchte lange, um sich zu erholen. »Mich wundert, daß ich noch lebe«, schrieb sie an Putlitz. Ihr Sohn Felix blieb bei Freunden in München, wo er geboren worden war. Womöglich glaubte Anna, dem Stuttgarter Publikum nicht noch ein »Kind der Liebe« zumuten zu können. Man lebte in einer sittenstrengen Welt, in der sogar das Libretto des *Figaro* von Anzüglichkeiten gereinigt wurde.

Nach der Geburt von Felix wurde das Verhältnis zwischen Anna und Reichenberger für die Theaterleitung vollends untragbar. Putlitz sah sich zum Handeln genötigt. Das war eine Sache unter Männern. Der Intendant forderte seinen Kapellmeister auf, den unhaltbaren Zustand zu beenden, sei es durch Heirat, sei es durch Trennung, und als nichts geschah, blieb nur noch eines: Reichenberger musste gehen. Ein Kapellmeister ließ sich ersetzen, der Star und Kassenmagnet nicht. Den brauchte man nach dem Theaterbrand nötiger denn je. Allerdings machte Putlitz aus seiner Verstimmung gegenüber Anna keinen Hehl, sodass diese sich in einem Brief aus ihrem Sommerurlaub 1904 über seine Kühle beklagte und sich beinahe kleinlaut erkundigte, »ob Sie mich behalten wollen, oder nicht, wenn ich mich im Herbst verheirathe?« Dieses Mal war der Glückliche kein Kapellmeister, sondern ein Druckereibesitzersohn namens Dieterich, und Putlitz äußerte sich – allerdings nicht gegenüber Anna – recht abfällig: »Der junge Mann ist nichts und hat nichts, aber es lässt sich gegen die neue Laune wohl nichts machen.« Die Erlaubnis zur Ehe wurde gnädigst gewährt, aber eine Hochzeit zwischen den ungleichen Brautleuten gab es aus Gründen, die wir nicht kennen, keine.

So unbeständig Anna Sutters Privatleben sich gestaltete, so stabil war ihre Position am Stuttgarter Hoftheater. Ihre Stimme, ihre Schauspielkunst, ihre Bühnenpräsenz machten sie zum Star. Ihr unkonventioneller Lebenswandel scheint mit zu ihrem Image gehört zu haben, denn auch auf der Bühne verkörperte sie Frauen, die sich erotische Freiheiten herausnehmen und den Männern, die ihnen zu Füßen liegen, ihren Willen aufzwingen. Zum Beispiel Carmen. »Und lieb' ich dich, nimm dich in acht!«, warnt sie ihre Verehrer. Lan-

Kapellmeister Dr. Aloys Obrist, Kollege und – Mörder

ge hatte Anna in Bizets Oper nur eine Nebenfigur gegeben. »Dürfte ich denn nicht einmal – die Carmen singen«, bat sie im Sommer 1899 den Intendanten. »Nur einmal. Studirt habe ich sie schon, während der Ferien. Ach bitte, Herr Baron!« Der Herr Baron ließ sich nicht lange bitten und tat gut daran. Er bekam eine Carmen, auf die alle gewartet hatten.

Das »Neue Tagblatt« jubelte: »Carmen, das graziöse Ungeheuer, den wetterwendischen Sprühteufel, haben wir schon in vielen Variationen und Wandlungen gesehen und von den namhaftesten Darstellerinnen, bald als tragische Heldin, bald als glutvoll dämonisches Weib, als verzehrend sinnlichen Vampyr und als herzlose Kokette, die nur dem Fatalismus und ihrem unbändigen Temperament unterthan ist, kurz, in allen Nüancen und jeglichem Persönlichkeitsschiller.« Anna Sutter verkörperte »dieses mit soviel Teufelsextrakt durchsetzte Wesen« mit Dolch am Gürtel und Zigarette in einer neuen Spielart: »Der Hauptgrundzug des Wesens ihrer Carmen war das verliebte, leidenschaftliche Temperament, das nur seine Objekte wechselt, wie Feuer sie verzehrt, selbst aber weiter flammt, gepaart mit dem schillernden pikanten Liebreiz, der Männerherzen bethört. Gesanglich ist Frl. Sutter ohne Zweifel eine der besten Carmen, die wir je hier gehört haben. [...] Auch ihr Spiel war voll von sprühendem Leben und Temperament, allein für die Tragik standen ihr nicht immer die erforderlichen Accente zu Gebot.« Aber für die Tragik sollte schließlich das Leben selber sorgen.

Bizets Oper hatte bis dahin, bei nur mäßigem Anklang, zum Stuttgarter Standardrepertoire gehört. Dank Annas Carmen gab es jetzt bei jeder Aufführung ein ausverkauftes Haus. Das hielt Putlitz auch der Hofdomänenkammer entgegen, als die Herren von der königlich-württembergischen Vermögensverwaltung im Jahr 1903 glaubten, die Spitzengage der Sopranistin drücken zu können, weil sie ihre Jugendblüte mittlerweile hinter sich habe. In einer Sprache, die die Herren des Geldbeutels verstanden, machte Putlitz den Beamten klar, dass Fräulein Sutter so etwas wie ein Markenzeichen der Hofoper sei und man sie, schon im Interesse der Kasseneinnahmen, so lange wie irgend möglich an der Residenz halten sollte.

Im Jahr 1906 wurde ihr der ehrenvolle Titel einer königlich-württembergischen Kammersängerin verliehen. In der Spielzeit 1906/07 brillierte sie gleich in zwei ganz unterschiedlichen Rollen. Die Partie der charmanten Hanna Glawari in Franz Lehárs Operette *Die lustige Witwe*, in der sich das erotische Wetterleuchten zwischen einem uneingestandenen Liebespaar nur über den Tanz ausdrückt, war für Annas »Tanzgenie« wie geschaffen. Dieses brachte sie auch in der Titelrolle von Richard Strauss' Salome zur Geltung. Die Oper war nach Oscar Wildes gleichnamigem Drama entstanden und 1905 an der Dresdner Semperoper uraufgeführt worden. Ein unerhörtes Werk, fanden die Zeitgenossen. Nicht nur, weil Strauss mit seiner »subtilen Nervenkontrapunktik« bis an die Grenzen ging, sondern vor allem auch wegen ihrer skandalträchtigen Handlung. Eine Frau – Salome – begehrt mit aller Leidenschaft einen Mann, Jochanaan, Johannes den Täufer. Als der sie zurückweist, macht sie sich die Geilheit ihres Stiefvaters Herodes zunutze, um ihn zu vernichten, und küsst im Liebestaumel die Lippen des enthaupteten Propheten. Der laszive »Tanz der sieben Schleier«, mit dem sich Salome den Kopf von Jochanaan auf einem Silbertablett erwirkt, wurde in Stuttgart nicht, wie sonst üblich, von einer Balletttänzerin gedoubelt. Anna Sutter, inzwischen immerhin Mitte dreißig, tanzte ihn selbst, in einem für die Zeit gewagten Kostüm, und überzeugte als jugendliche Verführerin.

Damals könnte der Funke zwischen ihr und Kapellmeister Dr. Aloys Obrist übergesprungen sein, vermutet der Musikwissenschaftler Georg Günther, der das Leben und Sterben von Anna Sutter erforscht hat. Aloys Obrist – Schweizer auch er – war in Weimar aufgewachsen und hatte 1893 die elf Jahre ältere Schauspielerin Hildegard Jenicke geheiratet – auf Wunsch seiner Mutter, die die tragische Liebhaberin am Weimarer Hoftheater sehr verehrte. Und Fräulein Jenicke, der man »echtes heißes Theaterblut« nachsagte, hatte für ihren »jugendschönen Gatten« die Bretter, die die Welt bedeuten, aufgegeben. 1895 trat Obrist ein Engagement als Kapellmeister am württembergischen Hoftheater an. Seine verhängnisvolle Affäre mit Anna Sutter lag noch in ferner Zukunft, als er Stuttgart fünf Jahre später wieder verließ.

Die Kreise der lebenslustigen Soubrette, die hauptsächlich in Spielopern und Operetten auftrat, und die des promovierten Musikwissenschaftlers, enthusiastischen Wagnerianers und vergeistigten Intellektuellen dürften sich damals beruflich wie privat kaum berührt haben. Anna war in jenen Jahren erst mit Richard L'Arronge, dann mit Freiherrn von Entress liiert und schließlich mit Tochter Mathilde schwanger. Der weltmännisch-elegante Kapellmeister nebst Frau Gemahlin zierte die feingeistigen Salons der schwäbischen Residenzstadt. Und Frau Obrist-Jenicke, die ihren eigenen Beruf aufgegeben hatte, engagierte sich in Stuttgart als Vorsitzende des Vereins für weibliche Angestellte, als Kuratorin und Lehrerin am Mädchengymnasium sowie als Autorin – für die Berufschancen von Frauen.

Wieder in Weimar widmete sich Obrist seiner wissenschaftlichen Tätigkeit, arbeitete als Kustos des Lisztmuseums und Mitherausgeber der Gesamtausgabe von Franz Liszts Werken, er komponierte, sammelte alte Musikinstrumente und machte sich als Kenner und Förderer zeitgenössischer Musik einen Namen. Als man in Stuttgart Ersatz für einen kurzfristig ausgefallenen Kapellmeister suchte, zeigte sich Obrist »gar nicht abgeneigt«, einzuspringen und während der Spielzeit 1907/08 an seiner alten Wirkungsstätte zu gastieren. Und irgendwann während dieser Zeit muss der melancholische Kapellmeister Feuer gefangen haben.

Nach dem Bericht eines engen Freundes von Aloys Obrist muss man sich die Situation so vorstellen: Der introvertierte, etwas altfränkisch wirkende Musiker hatte gerade die Vierzig überschritten und steckte in einer Lebenskrise, aus der ihn seine Gefühle für Anna herausrissen. Was als Affäre begonnen hatte und für Anna vermutlich auch geblieben war, mutierte für Obrist zu etwas geradezu Heiligem. Durch Anna fühlte er den Elan seiner Jugendjahre wieder erwachen, spürte, wie ungekannte schöpferische Kräfte sich in ihm regten. Das, was der tüchtige Kapellmeister immer so schmerzlich vermisst hatte, »das sprühend Geniale« – durch Anna flog es ihm zu. Anna hatte ihm ein neues Lebensglück geschenkt! Und nun wollte er sie erlösen, sie aus ihrem oberflächlichen Lebenswandel emporheben, sie von den Niederungen der leichten Musik zu den Weihen ernster, hoher Kunst führen. Was Anna ziemlich verstiegen vorgekommen sein muss, und bald hatte sie den zwar gut aussehenden, aber langweiligen Liebhaber satt.

Im September 1909 debütierte in der Stuttgarter Oper ein neuer Bass-Bariton. Er hieß Albin Swoboda, war zwölf Jahre jünger als Anna und wurde ihr Geliebter. Obrist wollte die Trennung nicht wahrhaben. Er wollte mit Anna zusammenbleiben, mit ihr leben, sie heiraten. Er verließ seine Frau und

zog wieder nach Stuttgart. Vergebens bemühte er sich um eine neue Anstellung am Hoftheater. Dort wusste man um die Hintergründe seiner Bewerbung, und vielleicht hatte auch Anna, die den lästigen Verehrer gerne los geworden wäre, sich dafür stark gemacht, dass man ihn nicht in Betracht zog. Schließlich nahm Obrist eine Stelle als Musikredakteur beim »Schwäbischen Merkur« an, die weit unter seinen Fähigkeiten lag. Beharrlich suchte er Annas Nähe. Er musste sie eben zu ihrem Glück überreden! Und dabei legte er eine beunruhigende Hartnäckigkeit an den Tag. Dr. Aloys Obrist wurde, wie man heute sagen würde, zum Stalker. Als Anna ihn nicht mehr empfing, ging er in jede ihrer Vorstellungen, verfolg-

te sie bei Wohltätigkeitsveranstaltungen, Theaterfesten und anderen Anlässen, bei denen sie sich seiner Gegenwart nicht entziehen konnte. Er soll, als sie sich seine Annäherungsversuche energisch verbat, in seiner Verbitterung sogar Morddrohungen gegen sie ausgestoßen haben, die aber offensichtlich niemand ernst nahm, noch nicht einmal Anna.

Irgendwann kam es zum Eklat. Irgendwann muss Anna ihm ins Gesicht geschleudert haben, dass es ihr niemals ernst mit ihm gewesen sei, und, schlimmer noch, ihn und seinen Traum von einer zweiten Jugend ins Lächerliche gezogen haben, berichtet Obrists ungenannter Freund in einem Artikel im »Neuen Tagblatt«. Es war wie bei *Carmen*. So wie Don José durch seine Liebe zu dem »wetterwendischen Spühteufel« aus seiner pflicht- und gesetzestreuen Lebensbahn hinauskatapultiert wird, so geriet Obrists bürgerliche Existenz durch Anna völlig aus den Fugen. Wie Don José, dem Carmen seinen Ring vor die Füße wirft, fühlte auch Obrist sich zutiefst gedemütigt. Und wie Carmens selbstbewusste Kundgabe, sie wolle frei leben und frei sterben, ihr zum Verhängnis wird, so musste auch Anna ihre Verweigerung mit dem Leben bezahlen.

Nach einem Theaterfest am Ende der Spielzeit lud Obrist einige Freunde zu einem musikalischen Teenachmittag ein. Ganz der liebenswürdige Gastgeber und feinsinnige Kenner, zeigte er seinen Gästen seine Musikaliensammlung, spielte auf seinen historischen Instrumenten, führte mit Stolz und Wärme seine erlesene Bibliothek internationaler Musikliteratur vor, so als ob er sich und seinen Gästen noch einmal zeigen wollte, wer er eigentlich war. Zwischendurch führte er, von den meisten Gästen unbemerkt, ein kurzes Telefongespräch, anscheinend eine Absage, vermutlich von Anna. Jedenfalls reagierte Obrist betroffen, fing sich aber gleich wieder, spielte eine träumerische Melodie auf einer 100-jährigen kleinen Kirchenorgel, um dann abrupt auf einen Walzer umzuschwenken. »Ach, ich wollte Ihnen nur zeigen, wie das auf diesem Instrument klingt«, meinte er auf unseren scherzenden Protest und fiel dann zurück in ein paar wehmütig anschwellende

Akkorde: ›Jesus, meine Zuversicht‹. Das war das Letzte, was er gespielt hat.« Man wunderte sich zwar über den schrägen Humor des sonst so geschmackssicheren Musikers, aber auf das, was tags darauf passieren würde, war niemand gefasst.

Es war der 29. Juni 1910, ein Feiertag, Peter und Paul. Gegen neun Uhr morgens verließ Dr. Aloys Obrist, mit zwei geladenen Pistolen der Marke Browning bewaffnet, seine Wohnung in der Eugenstraße. Man konnte diese einfach zu handhabende Pistole, die sich bequem in einer Jackentasche unterbringen ließ, ohne Umstände im Handel erwerben. In seiner Brieftasche trug Obrist einen Zettel bei sich: »Wenn mir was Menschliches passieren sollte, bitte telepho-

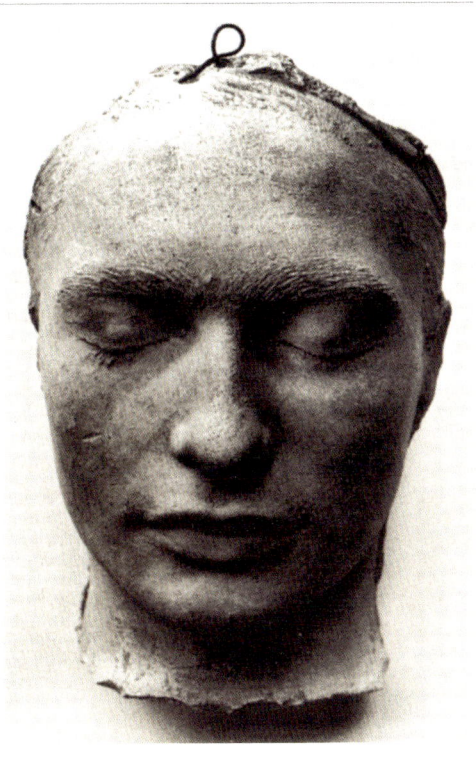

Die Totenmaske der Anna Sutter (1871–1910)

nisch meinen Bruder in München-Schwabing zu benachrichtigen.« Unterwegs trank er ein Glas Wein und kaufte einen Blumenstrauß. Vor Annas Wohnung in der Schubartstraße 8 spielte Annas Tochter Thilde auf der Straße. Sie wollte den Onkel mit dem Blumenstrauß hinaufbegleiten. Er hatte sie während einer Krankheit gepflegt, vielleicht mochte sie ihn, vielleicht wollte sie, dass die Mutter wieder gut mit ihm sei. Aber Obrist wehrte freundlich ab, Thilde solle nur bei ihren Freundinnen bleiben. Im ersten Stock schob er das Dienstmädchen, das ihn nicht einlassen wollte, zur Seite und drang in Annas Schlafzimmer ein. Dann fielen Schüsse. Als das Dienstmädchen samt den Hausbewohnern und Nachbarn, die es zu Hilfe geholt hatte, ins Zimmer trat, waren beide tot.

Die Ermittlungsakten sind nicht überliefert. Man kann sich nur daran halten, was nach der Tat in der Zeitung stand und im Theater erzählt wurde. Demnach sei Albin Swoboda bei Anna gewesen, habe sich auf ihre Bitte versteckt und hilflos mit ansehen oder -hören müssen, was geschah. »Du bringst mich ja zur Verzweiflung«, soll Anna gerufen haben. Unbeeindruckt habe Obrist sich zu ihr aufs Bett gesetzt und gefragt: »Willst du mich oder nicht?« Und auf Annas heftiges Nein zog er die Pistole. Der erste Schuss traf sie in die Schulter, der zweite ins Herz, er war tödlich. Die restlichen fünf Schüsse des Magazins feuerte Obrist auf sich selbst ab. Schon um die Mittagszeit erschien ein Extrablatt und bald wusste ganz Stuttgart: »Unser Sutterle ist tot!« Man konnte die schreckliche Nachricht kaum fassen.

Zu ihrer Beerdigung strömten Tausende von Trauergästen. Und ganz unbemerkt von allen, die schon lange vor Beginn der Feierlichkeit auf dem Pragfriedhof ausharrten, wurde im 100 Meter entfernten Krematorium in aller Stille der Leichnam von Aloys Obrist eingeäschert. »Anna ist wie eine Fürstin zu Grabe geleitet worden«, schreibt ihre Mutter in stolzer Trauer. »70 Polizisten bildeten Spalier u. als der Sarg vorbei getragen wurde, salutirten sie, das heißt auf Einen Schlag ziehen sie die Säbel heraus, berühren damit die Stirn u. ebenso schneidig senken sie ihn blitzschnell zur Erde.« Wunderschön habe Anna ausgesehen, die Züge verklärt von erhabener Ruhe und tiefem Frieden und wie eine Braut habe sie im Sarg gelegen, mit einem Kranz aus weißen Rosen im Haar und einem Damastkleid, das aus dem Sarg wallte. »Es schien, als wollte sie sagen, wie gut es tut, so zu ruhen.«

Ihr letzter Geliebter, Albin Swoboda, brauchte lange, bis er den Schock verkraftet hatte. Er blieb in Stuttgart, wo er am 5. Januar 1970 im Alter von fast 87 Jahren starb. Die roten Rosen, die ihr ein unbekannter Verehrer noch viele Jahre lang täglich aufs Grab gelegt hat, könnten von ihm gewesen sein.

# Literaturhinweise

Die im Text verwendeten Zitate stammen aus den genannten Werken.

## Sabina von Bayern

**Brendle, Franz:** Dynastie, Reich und Reformation. Die württembergischen Herzöge Ulrich und Christoph, die Habsburger und Frankreich. Stuttgart 1998.

**Frasch, Werner:** Ein Mann namens Ulrich. Württembergs verehrter und gehaßter Herzog in seiner Zeit. Leinfelden-Echterdingen 1991.

**Raff, Gerhard:** Hie gut Wirtemberg allewege I. Das Haus Württemberg von Graf Ulrich dem Stifter bis Herzog Ludwig. Stuttgart 1988.

**Sauter, Frida:** »Herzogin Sabine von Wirtemberg«. In: Zeitschrift für Württembergische Landeskunde. VIII. 1944–1948, Seite 298–355.

## Anna Büschler

**Ozment, Steven:** Die Tochter des Bürgermeisters. Die Rebellion einer jungen Frau im deutschen Mittelalter. Reinbek 1997.

**Wunder, Gerd:** Die Bürger von Hall. Sozialgeschichte einer Reichsstadt 1216–1802. Sigmaringen 1980.

## Anna Matzet

**Behringer, Wolfgang (Hrsg.):** Hexen und Hexenprozesse in Deutschland. München 2006.

**Lorenz, Sönke und Schmidt, Jürgen Michael (Hrsg.):** Wider alle Hexerei und Teufelswerk. Die europäische Hexenverfolgung und ihre Auswirkungen auf Südwestdeutschland. Ostfildern 2004.

**Topalovic, Elvira und Hille, Iris:** Perspektivierung von Wirklichkeit(en) im Hexenprozess. In: www.historicum.net/themen/ hexenforschung/thementexte/ unterrichtsmaterialien/hille/

**Weiß, Elmar:** »Thomas Schreiber – ein Streiter gegen den Hexenwahn in Mergentheim«. In: Mainfränkisches Jahrbuch für Geschichte und Kunst, 38 (1986), Seite 131–141.

**Wohlschlegel, Karin:** »Deutschordenskommende Mergentheim«. In: Wider alle Hexerei und Teufelswerk, Seite 387–402.

**Wohlschlegel, Karin:** »Die letzten Hexen von Mergentheim: Auswertung der Verhörprotokolle aus den Jahren 1628 bis 1631«. In: Württembergisch Franken, Bd. 79, 1995, Seite 41–115.

### Wilhelmine von Grävenitz

**Oßwald-Bargende, Sybille:** Die Mätresse, der Fürst und die Macht. Christina Wilhelmina von Grävenitz und die höfische Gesellschaft. Frankfurt a. M. 2000.

**Sauer, Paul:** Musen, Machtspiel und Mätressen. Eberhard Ludwig – württembergischer Herzog und Gründer Ludwigsburgs. Tübingen 2008.

### Marianne Pirker

**Berger, Ute Christine:** Die Feste des Herzogs Carl Eugen von Württemberg. Tübingen 1997.

**Casanova, Giacomo Girolamo:** Geschichte meines Lebens. Hrsg. u. eingel. v. Erich Loos. Bd. 6, Berlin 1965.

**Krauß, Rudolf:** »Marianne Pirker. Ein deutsches Künstlerleben aus dem Zeitalter Herzog Karls«. In: Württembergische Vierteljahresschrift für Landesgeschichte. Neue Folge. XII. Jahrgang, 1903, Seite 257–283.

**Walter, Jürgen:** Carl Eugen von Württemberg. Ein Herzog und seine Untertanen. Mühlacker 1987.

## Elisabeth Gaßner

**Arnold, Ernst:** Oberdischingen. Der Malefizschenk und seine Jauner. Nachdruck der Ausgabe von 1911 erweitert um die Oberdischinger Diebsliste von 1799. Oberdischingen 1993.

**Machnicki, Monika:** ›Sie trug stets das Brecheisen unter dem Rock – aber hat sie es auch benutzt?‹ Zur Rolle der Frauen in den Räuberbanden des 18. und 19. Jahrhunderts.« In: Schurke oder Held? Historische Räuber und Räuberbanden. Ausstellung des Badischen Landesmuseums Karlsruhe. 27. September 1995 bis 7. Januar 1996 im Karlsruher Schloss. Hrsg. Harald Siebenmorgen. Seite 143–153. Sigmaringen 1995.

**Pflug, Johann Baptist:** Aus der Räuber- und Franzosenzeit Schwabens. Die Erinnerungen des schwäbischen Malers aus den Jahren 1780–1840. Neu hrsg. von Max Zengerle. Weißenhorn 1966.

**Schrode, Franz:** Der Malefizschenk und die schöne Viktor. Ulm 1956.

**Wiebel, Eva:** »Die ›Schleiferbärbel‹ und die ›Schwarze Lis‹. Leben und Lebensbeschreibungen zweier berüchtigter Gaunerinnen des 18. Jahrhunderts«. In: Kriminalitätsgeschichte. Beiträge zur Sozial- und Kulturgeschichte der Vormoderne. Hrsg. Andreas Blauert, Gerd Schwerhoff. Seite 759–800. Konstanz 2000.

## Anna Maria Ohnmaiß

**Koss, Thea:** Kindesmord im Dorf. Ein Kriminalfall des 18. Jahrhunderts und seine gesellschaftlichen Hintergründe. Tübingen 2006. »Über Gesetzgebung und Kindermord (1783) – Einführung«: In: www.heinrich-pestalozzi. de/de/dokumentation/zeit_ leben_werke/level2/level_3/ gesetzgebung_und_ kindermord_einfuehrung/

**Viehöfer, Erich:** »Das letzte Kapitel: Strafvollzug an Räubern«. In: Schurke oder Held? Historische Räuber und Räuberbanden. Hrsg. von Harald Siebenmorgen. Seite 171–178. Sigmaringen 1995.

**Weber, Beat:** Die Kindsmörderin im deutschen Schrifttum von 1770–1795. Bonn 1974.

## Juliane von Krüdener

**Arnim, Achim von:** Schriften. Band 6. Hrsg. von Roswitha Burwick u. a. Frankfurt a. M. 1992.

**Baur, Wilhelm:** »Krüdener: Barbara Julie v. K.« In: Allgemeine Deutsche Biographie. Bd. 17, Seite 196-212. Leipzig 1883.

**Döbele-Carlesso, Isolde:** »Barbara Juliane von Krüdener. Weltdame, Schriftstellerin, Pietistin«´. In: Barbara Juliane von Krüdener. Valerie. Neu hrsg. von Isolde Döbele-Carlesso. Seite VII-XXV. Brackenheim 2006.

**Föll, Renate:** Sehnsucht nach Jerusalem. Zur Ostwanderung schwäbischer Pietisten. Tübingen 2002.

**Freystedt, Karoline von:** Erinnerungen aus dem Hofleben. Hrsg. von Karl Obser, Heidelberg 1902.

**Kittel, Andrea:** »Seherin, Prophetin, Betrügerin, Wahnsinnige«. In: Weib und Seele. Frömmigkeit und Spiritualität evangelischer Frauen in Württemberg. Katalog zur Ausstellung im Landeskirchlichen Museum Ludwigsburg vom 16. Mai bis 8. November 1998. Seite 71–80. Ludwigsburg 1998.

**Lippoth, Rolf:** »Maria Gottliebin Kummer aus Cleebronn – eine Prophetin im Umkreis der Frau von Krüdener«. In: Pietismus-Forschungen. Hrsg. von Dietrich Blaufuß. Seite 295–383. Frankfurt a. M. 1986.

**Mertens, Erich:** »Jung-Stilling und der Kreis um Frau von Krüdener«. In: Zwischen Straßburg und Petersburg. Hrsg. von Peter Wörster. Seite 41–96. Siegen 1992.

**Planert, Ute:** Der Mythos vom Befreiungskrieg. Paderborn 2007.

**Obser, Karl:** »Frau von Krüdener in der Schweiz und im badischen Seekreis«. In: Schriften des Vereins für Geschichte des Bodensees und seiner Umgebung. 39 (1910), Seite 79-93.

**Richter, Erhard:** »Die ›Erweckungstätigkeit‹ der Baronin Juliane von Krüdener in Basel und am Grenzacher Horn in den Jahren 1816 und 1817«. In: Das Markgräflerland. 1/1999, Seite 64-77.

**Wuhrmann, Willy:** »Frau von Krüdener in Romanshorn und Arbon«. In: Schriften des Vereins für Geschichte des Bodensees und seiner Umgebung. 54 (1926), Seite 243–257.

**Zimmerling, Peter:** Starke fromme Frauen. Gießen 1996.

## Luise Karoline Gräfin von Hochberg

**Borchardt-Wenzel, Annette:** Die Frauen am badischen Hof. Gefährtinnen der Großherzöge zwischen Liebe, Pflicht und Intrigen. Gernsbach 2001.

**Diemel, Christa:** Adelige Frauen im bürgerlichen Jahrhundert. Hofdamen, Stiftsdamen, Salondamen. 1800–1870. Frankfurt a. M. 1998.

**Freystedt, Karoline von:** Erinnerungen aus dem Hofleben. Hrsg. von Karl Obser, Heidelberg 1902.

**Furtwängler, Martin:** »Luise Caroline Reichsgräfin von Hochberg. Hofdame, morganatische Ehefrau und Fürstenmutter. 1768–1820«. In: Lebensbilder aus Baden-Württemberg XXII, Seite 108-135. Stuttgart 2007.

**Hug, Wolfgang:** Kleine Geschichte Badens. Stuttgart 2006.

**Kühn, Joachim:** »Madame Sanssouci«. In: Joachim Kühn. Ehen zur linken Hand in der europäischen Geschichte. Seite 258-291. Stuttgart 1968.

**Lauts, Jan:** Karoline Luise von Baden. Ein Lebensbild aus der Zeit der Aufklärung. Karlsruhe 1980.

**Oster, Uwe A.:** Die Großherzöge von Baden. 1806–1918. Regensburg 2007.

**Schiener, Anna:** Markgräfin Amalie von Baden. 1754–1832. Regensburg 2007.

## Susanna Catharina Striffler

**Akermann, Manfred und Siebenmorgen, Harald (Hrsg.):** Hall in der Napoleonzeit. Eine Reichsstadt wird württembergisch. Ausstellung d. Stadt Schwäbisch Hall in d. Johanniterhalle Schwäbisch Hall, 17. Juli bis 6. September 1987. Sigmaringen 1987.

**Kienitz, Sabine:** Sexualität, Macht und Moral. Prostitution und Geschlechterbeziehungen Anfang des 19. Jahrhunderts in Württemberg. Ein Beitrag zur Mentalitätsgeschichte. Berlin 1995.

## Christiane Ruthardt

**Bühler, Susanne:** Gift für den Gatten. Ein Stuttgarter Mordfall im 19. Jahrhundert. (Frauenstudien Baden-Württemberg; 5) Tübingen 1995.

Kurze Beschreibung des – von der Christiane Ruthardt, gebürtig in Stuttgart, an ihrem Ehemanne, dem Goldarbeiter Eduard Ruthardt von Ludwigsburg, verübten Mords. Amtl. Ausg. Stuttgart [1845].
Lebensbeschreibung der Giftmischerin Rudhardt mit ihrem Bildniß und der Rede am Grabe ihres Mannes. Stuttgart [1845].

**Linder, Jochen und Schönert, Jörg:** »Ein Beispiel, Der Mordprozeß gegen Christiane Ruthardt (1844/1845). Prozessakten, publizistische und literarische Darstellungen zum Giftmord«. In: Literatur und Kriminalität. Die gesellschaftliche Erfahrung von Verbrechen und Strafverfolgung als Gegenstand des Erzählens. Deutschland, England und Frankreich 1850–1880. Hrsg. von Jörg Schönert. Tübingen 1983.

**Kleinke, Rouven:** Ein Blick auf die Körperspende des Jahres 1845. Diss. Berlin 2007. www.diss.fu-berlin.de/diss/receive/FU-DISS_thesis_000000003181

## Amalie Struve

**Bassermann, Friedrich Daniel:** Denkwürdigkeiten. 1811–1855. Frankfurt a. M., 1926.

**Finkele, Daniela:** »›Auch Frauenzimmer hat es, welche die Fürsten würgen wollen.‹ Frauen in der Badischen Revolution 1848/49. Eine Spurensuche in Untersuchungs- und Prozeßakten«. In: Allmende (56/57) 1998, Seite 86 99.

**Freund, Marion:** »Mag der Thron in Flammen glühn!« Schriftstellerinnen und die Revolution von 1848/49. Königstein i. Taunus 2004.

**Götz von Olenhusen, Irmtraud:** »Gustav Struve – Amalie Struve: Wohlstand, Bildung und Freiheit für alle«. In: Die Achtundvierziger. Lebensbilder aus der deutschen Revolution 1848/49. Hrsg. Sabine Freitag. Seite 63–80. München 1998.

**Grau, Ute:** »Emanzipiert Revolution? – Auf der Suche nach den Frauen der Revolution 1848/49«. In: Frauen und Revolution. Strategien weiblicher Emanzipation 1789 bis 1848. Hrsg. von Frauen & Geschichte in Baden-Württemberg, Redaktion Mascha Riepl-Schmidt. Seite 58–80. Tübingen 1998.

**Grau, Ute und Guttmann, Barbara:** »Revolution ohne Frauen?«. Anmerkungen zum gegenwärtigen Stand der Forschung zur weiblichen Revolutionsbeteiligung 1848/1849 in Baden«. In: 1848/1849 – Wege zur Revolution. Allmende (56/57) 1998, Seite 53-67.

Heftiges Feuer. Die Geschichte der badischen Revolution 1848, erzählt von Amalie und Gustav Struve. Mit einer Einführung von Irmtraud Götz von Olenhusen. Freiburg i. Br. 1998.

**Hug, Wolfgang:** Kleine Geschichte Badens. Stuttgart 2006.

**Hummel-Haasis, Gerlinde:** »›… ein ganzes Regiment Weiber, um für das Vaterland zu kämpfen‹. Badische Frauen in der revolutionären Demokratie 1848/49«. In: Allmende (3) 1983, Seite 40–49.

**Junk, Anne:** »›Wir rufen an die Kraft Eures Willens, die Güte Eures Herzens, den Fleiß Eurer Hände.‹ Frauen in Offenburg engagieren sich für die Revolution 1848/49«. In: Allmende (56/57).

**Kienitz, Sabine:** »Frauen in der Revolution von 1848/49. Handlungsspielräume und Geschlechtersymbolik«. In: Südwestdeutschland. Die Wiege der deutschen Demokratie. Hrsg. Otto Borst. Seite 166–184. Tübingen 1997.

**Marcello-Müller, Monica (Hrsg.):** Frauenrechte sind Menschenrechte! Schriften der Lehrerin, Revolutionärin und Literatin Amalie Struve. Herbolzheim 2002.

**Schraut, Sylvia:** »Emanzipiert die Revolution? Weibliche Teilhabe an revolutionären Zeiten: das Beispiel Mannheim«. In: Revolution 1848/49: Ereignis, Rekonstruktion, Diskurs. Hrsg. Gudrun Loster-Schneider. Seite 133–147. St. Ingbert 1999.

## Wilhelmine von Hillern

**Ebel, Gisela:** Das Kind ist tot, die Ehre ist gerettet. Frankfurt a. M. 1885.

**Spaude, Edelgard:** »In den Zwängen der Bürgerlichkeit, Wilhelmine von Hillern. 1836–1916«. In: Eigenwillige Frauen in Baden. Seite 31–55. Freiburg i. Br. 1999.

**Zier, Hans Georg:** »Ein Direktor des Badischen Generallandesarchivs aus Oberschwaben. Justin Heinrich von Hillern und seine Familie«. In: Neue Beiträge zur südwestdeutschen

Landesgeschichte. Festschrift
für Max Miller. Seite 317–332.
Stuttgart 1962.

## Anna Sutter

**Günther, Georg:** »Es liegt Mord
und Selbstmord vor. Die Stuttgarter Künstlertragödie Obrist-
Sutter von 1910«. In: Musik in
Baden-Württemberg, Jahrbuch
2000, (Bd. 7), Seite 79–130.
Stuttgart 2000.

**Günther, Georg:** »Einlagen, Res-
pektstage, Disciplinar-Gesetze:
Opernalltag in Stuttgart um
1900«. In: Musik und Musiker am Stuttgarter Hoftheater
(1750–1918): Quellen und Stu-
dien. Hrsg. Reiner Nägele. Seite
260–293. Stuttgart 2000.

**Günther, Georg und Seil, Michael:**
Carmen. Letzter Akt. Begleit-
band zur Ausstellung »Die
Künstlertragödie Sutter-Obrist
von 1910 und die Stuttgarter
Oper um 1900« des Staatsar-
chivs Ludwigsburg und des
Stadtarchivs Stuttgart. Ludwigsburg 2001.

# Bildnachweis

Herzogin Sabina von Bayern

Luise Karoline Gräfin vo

Anna Büschler

Anna Matzet

Elisabeth Gaßner

Wilhelmine von Grävenitz

Susann

Anna Maria Ohnmaiß

Julian

Wilhelmine von Hillern